《冰点周刊》最佳专栏“钩沉”获奖词

一个出色的专栏，最难得的品质在于“吾道一以贯之”。徐百柯的“钩沉”专栏就符合这种品质。从《冰点周刊》创刊之日起，他独自承包了这个专栏，从历史记忆深处，为今天的人们钩出一个个已被遗忘的人物和一段段鲜为人知的历史。

“钩沉”专栏的出色之处在于：它是史与诗、学与识、才与情、旧与新的融汇贯通。它像一壶陈年佳酿，越品越有滋味。“钩沉”絮絮叨叨、呢呢喃喃、没完没了，其实在向读者叙述一个主题：曾经有那样一个时代，曾经有那样一批人物。他们那样地想着，那样地活着。他们离我们今天并不遥远，但他们守护、在意、体现的精神、传统、风骨，已与我们相去甚远。读着他们，我们感到恍若隔世；抚摸历史，我们常常浩叹不已。

将这些过往人物，端上今天的报面，首先要有一个充足的新闻由头，才能将历史和现实嫁接起来。徐百柯很好地解决了这一难题。他总是从今天相关的人物或场景切入，从而“激活”一段陈年往事。

将本年度《冰点周刊》“最佳专栏”奖给徐百柯：以独立的判断和诗一般低徊的笔触，唤醒了一段正在消逝的历史。

民国风度

《民国那些人》典藏版

徐百柯 著

九州出版社
JIUZHOUPRESS

目 录

2 明月独举 气节长存

3　一校之长，今安在

4 前辈已逝，不可追

5 真名士自风流

6 背影渐远犹低徊

延伸阅读

序言

底子上都有一个“士”字守着

2004年6月《冰点周刊》创办时，我主持《冰点·人物》版，“钩沉”便是其中的一个专栏。事实上，这个专栏是为百柯量身定做的。说起来也没有太多的道理，《冰点周刊》初创时，可谓兵强马壮，仅记者就有10人，而百柯只是其中的一个新人：到报社工作尚不满一年，还未写出让大家印象深刻的作品。但有关百柯没有继续留在北大读博如何可惜等等传言，我还是有所耳闻的。这让我笃定他是这个专栏的不二人选。

此前和百柯的过从谈不上甚密。他硕士毕业来报社应聘，恰巧那次我是面试人员之一。问：过去读不读《中国青年报》？百柯厚道一笑，但毫不忸怩，回答：没怎么读过，原因是身边找不到这份报纸。知道这以前百柯还参加过报社摄影部的一次考试，据说笔试第一。可当摄影部主任问他：过去拍过新闻照片吗？回答竟是：没有。又问：为什么想到摄影部工作？回答：听说《中国青年报》摄影部在摄影圈里最牛。

这样的回答别人不知如何看待，反正在我这里是加分的。百柯后来留在采访中心当记者，我们成了同事。尽管没有业务上的直接合作，但他写的东西我还是要读的。很快他这一批来的记者被派往地方记者站锻炼，百柯到了下面写的东西不多，人像消失了一样。直到《冰点周刊》创刊，在报社招兵买马时，我才又想到了他。

“钩沉”这个专栏，定位是故去的学人。有的故去久一些，有的故去不久一些，但大抵都是民国过来的那批学人。那批学人生活在一个很不一样的时代：新旧交替、中西碰撞、风云际会，因而形成一种与今天的学人迥然不同的风度、气质、胸襟、学识和情趣。他们的个性或迂或狷或痴或狂，可谓千人千面，但内里全不失风骨、风趣或风雅，底子上都有一个“士”字守着。总而言之，是一批不失“硬朗”，而又“好玩”、“有趣”的人。

这样的调子确定下来，编辑的工作也就差不多完成了大半，接下来的工作，从选人、选材、立意，到钻故纸堆、寻访相关采访对象，全由百柯来做，我是大撒手。每周到了拼版前一天或两天，打开稿库，“钩沉”一准候在那里。最初几篇，我还需要在文字上“推敲”一番，及至后来，百柯甚至连文字“推敲”的空间也不给我留。他是一个做事情有标准的人。

从《冰点周刊》创刊之日起，百柯每周为“钩沉”提供一篇1600字左右的文字，不间隙写了将近两年时间，从故纸堆里或人们的记忆中，钩起70多个人物。这些人物有些是我们些许熟识的，而他突出的往往是其鲜为人知的那面。还有一些人物，百柯如果不写，恐怕将会被时间或时代彻底湮没与忘记。这些神态各异、个性多样、观点不一、命运多舛的学人，汇集起来便成了眼前这本《民国那些人》①。作为这些文字的原始编辑，今天重读这本书稿，一时间竟变得恍惚起来：这是经我之手编辑的那些“钩沉”的文字吗？尽管当初设置这个专栏时就有了将来出书的打算，但每周读一篇和一口气读完的感受还是很不一样的。这大约就是所谓“整体大于部分之和”的道理吧。

百柯通过“钩沉”，已经聚起一批小众读者。这个至今尚不足而立之年的年轻人，经常被拥趸们误以为早已过了不惑之年。而他也确实从当初开“钩沉”专栏时的那个新手，历练成今日《冰点周刊》的核心人物之一。

我相信，百柯做了一件有意义的事情，而这本书的出版又让这种意义变得重要了起来。

杜涌涛

《中国青年报》副总编辑

---

① 本书首次出版名为《民国那些人》（中央编译出版社，2007年9月），时为《中国青年报·冰点周刊》主编的杜涌涛欣然作序。杜涌涛现为《中国青年报》副总编辑。

再版代序

谈谈“民国那些人”[1]

——钱理群在北大的演讲

今天，我是来和大家一起读这本书的。

最近出版的《民国那些人》，作者徐百柯原来是北大中文系的研究生，毕业以后在《中国青年报》“冰点”副刊当编辑，他写这本书，是因为感觉到自己，以及周围年轻人的生活中，好像缺少了什么东西，主要是一种精神的缺失。于是，就想去看看“民国那些人”，当年那些大学里的老师、学生，那些知识分子，他们是怎么生活，怎么求学、教书、治学，怎么工作，怎么为人、处世；他们追求什么，有什么理想，有着怎样的精神、风范；对我们今天重建自己的生活、理想，有什么启示——我想，这些问题，也是在座的诸位想过，并且感兴趣的。

而“我”今天来领着“大家”一起读这本书，和“民国那些人”相会，这本身就有一个时空的交错，是很有意思的。“民国那些人”是上一世纪初，即“1900年后”的一代人；我出生在1939年，是“1930年后”一代人；而诸位则大多数是“1980年后”一代人。这三代人相遇会出现什么情况呢？

1. 为什么“并不遥远”又“相距甚远”？

我们先来读这段话，它是引起了我的强烈共鸣的：“曾经有那样一个时代，曾经有那样一批人物。他们那样地想着，那样地活着。他们离我们今天并不遥远，但他们守护、在意、体现的精神、传统、风骨，已与我们相距甚远。读着他们，我们感到恍然隔世；抚摸历史，我们常常浩

① 2007年9月13日，钱理群在北大中文系演讲，与同学们分享他阅读《民国风度》的感受。

叹不已。”

我的问题是，为什么“时间上他们其实离我们很近”，而我们又觉得他们“与我们相去甚远”呢？——然而，真的很远吗？我们能不能拉近这样的距离，由“远”而“近”？

我们面对的，正是现实生活中的当代大学老师、学生、知识分子和历史上的大学老师、学生、知识分子的关系。讲到这里，我突然想到，假设“民国那些人”，今天真的来这里参加聚会，在座的大学生、研究生们，和这些前辈有共同的话题吗？这共同话题又是什么呢？

这就是今天我要和诸位讨论的问题。

2. “我们”的问题在哪里?

我注意到书中提到的一位当代大学生的反应，他说：“我们这些自由而无用的灵魂，不会感应那些老先生的。”

这话说得很坦率，也很令人深思。我在很多场合，都谈到我对当代大学生，也即所谓“80后一代人”的看法。我总是强调每一代人都会有自己的问题，这些问题要靠自己解决。但也总有学生对我说，我们也很想听听你作为一个年长者对这一代人存在的问题的看法，至少可以提供我们来思考吧。

这一代人是在应试教育下成长起来的，从小就以“考大学，特别是名牌大学”作为自己人生的全部目的；现在如愿以偿，进入了大学，在最初的兴奋过去以后，就突然失去了目标与方向。这背后其实是一个信仰的缺失的问题。这个问题，不仅你们这一代有，我们也有，“上帝死了”，是一个全球性的问题。我们这一代曾经以“革命”为自己的信仰，现在我们却发现“革命”有许多问题，需要反思、反省，也就有一种失落感。不过，我们年纪已经老了，可以按原先的惯性生活；而诸位不行，一切都还没有开始，不能这样糊糊涂涂地过下去，于是，就有了许多苦闷与烦恼。我读过一位大学生的自述：“岁月让我们变得对一切麻木，变得对一切冷漠，变得对一切无所谓，失去了许多作为人的最纯洁的感动。”“我现在对自己的将来却毫无所知，而且不愿意去知道。就这样，让我们年轻的生命消逝在每天每时的平庸里，整天就这样飘来飘去，没有方向，漫无目标——”或许这里说得有些夸张，但没有信仰，没有目标，什么都不在意，都无所谓，这确实是个大问题，生活中没有了依赖，人就失去了主心骨，脊梁也就挺不起来了。

这一代人的人生道路上，所面临的，就是这样一个“如何建立信仰，确立生活目标与方向”的问题。或许我们正可以带着这个问题，去请教我们的前辈，和他们进行心的交流。

3. “生活里边有个东西，比其他东西都重要”

我们一起来读这一篇：《曾昭抡：不修边幅的名教授》。从表面上看，这都是“名教授”、“名士”的怪癖传闻：“他曾经站在沙滩红楼前，和电线杆子又说又笑地谈论化学上的新发现，让过往行人不胜骇然；一次他带着雨伞外出，天降暴雨，他衣服全湿透了，却仍然提着伞走路；在家里吃晚饭，他心不在焉，居然拿着煤铲到锅里去添饭，直到他夫人发现他饭碗里有煤渣；他忙于工作，很少回家，有一次回到家里，保姆甚至不知道他是主人，把他当客人招待，见他到了晚上都不走，觉得奇怪极了；而他所穿的鞋，联大学生几乎都知道，是前后见天的；他平日里走路，总是低着头，不是不理人，而是根本就看不见。”

且莫把这些都看成逸闻趣事仅作谈资——我知道，做学生的，最大的乐趣，莫过于晚上熄灯以后，躺在床上，回味、谈论某位教授的逸闻趣事。我们当年做学生的时候就是这样，我深信诸位现在也是如此，这也是学生的“传统”。但我们又不能仅止于此，还要想一想隐藏在其背后的东西。

费孝通先生有一个十分精到的分析。他说：“在他心里想不到有边幅可修。他的生活里边有个东西，比其他东西都重要，那就是‘匹夫不可夺志’的‘志’。知识分子心里总要有个着落，有个寄托。曾昭抡把一生的精力放在化学里边，没有这样的人在那里拼命，一个学科是不可能出来的。现在的学者，当个教授好像很容易，他已经不是为了一个学科在那里拼命了，他并不一定清楚这个学科追求的是什么，不一定会觉得这个学科比自己穿的鞋还重要。”——“生活里边”有没有“比其他东西都重要的东西”，有没有“不可夺”之“志”，这是一个关键、要害：有了，你的心就有了“着落”，你的精神就有了“寄托”，人就有了“安身立命”之处，于是，就总要有所“在意”，有所“守护”；没有，心无所系，精神无所寄托，你就没着没落，既无法“安身”，也无以“立命”，也就不“在意”什么，一切都“无所谓”，也就自然谈不上要“守护”什么了。

可以看得很清楚，对曾昭抡这样的学者，学术就是他的“比什么都重要的东西”，就是他的“不可夺”之“志”。他对化学学科，有一种使命感，有一种生命的承担，因此他愿意为之拼命、献身。前面说到的他的那些逸闻趣事，正是这样的拼命、献身，以至达到忘我境地的一个外在的表现。学术、学科，对于他，就不仅是一种谋生的职业，谋取名利的手段，而是他的情感、精神，生命的寄托、依靠，是安身立命的东西。这就是这一代学者和费孝通先生所说的“现在的学者”根本不同之处。

我最近写了一篇文章，也是讲这一代学者、知识分子，题目是《有承担的一代学人，有承担的学术》。也就是说，这一代人，做人做事，都是有承担的。我还谈到这样的承担，是有三个层面的：对国家、民族、人类，对历史、时代、社会、人民的承担；对自我生命的承担；对学术的承担。

我读这本《民国那些人》，感触最深的，也就是这“三承担”——让我们一一道来。

4. “铁肩担道义”：对社会、历史、民族的承担

这本书写到了几位以身殉道、殉职的学人、报人，其中就有因拒收张作霖三十万元“封口费”而惨遭杀害的民国名记者邵飘萍。他有一句座右铭：“铁肩担道义，辣手著文章。”我想，“铁肩担道义”是可以概括这一代人共同的“不可夺”之“志”的，也是他们对国家、民族、人类，对历史、时代、社会、人民的承担意识的集中体现。这也是对自我在社会、历史中的角色、立场的一个选择、认定：用今天的话来说，他们都自命为“公共知识分子”，他们代表的，不是某个利益集团的利益，更不是一己的私利，而是社会公共利益，是时代的正义和良知的代表，即所谓“铁肩担道义”。

本书在写到被公认为“宋史泰斗”的北大历史系教授邓广铭时，特地提到他的老友季羡林先生在回忆文章中所提到的一个词：“后死者”——这是一个极其深刻的概念。这里讨论的是一个学者，特别是历史研究者，他和他的研究对象的关系：不仅是“研究者”与“被研究者”的关系，更是“后死者”与“先行者”的关系。因此，先行者对后死者有“托付”，后死者对先行者有“责任”和“承担”，后死者不仅要研究、传播先行者的思想、功业，还负有“接着往下讲，往下做”的历史使命。在这里，我可以向诸位坦白我的一个追求：我研究鲁迅，不仅要“讲鲁迅”，而且要“接着鲁迅往下讲，往下做”。这就是一种历史的承担意识；在我看来，这才是一个历史学者、一个知识分子，他所从事的历史研究的真正意义和价值所在。

知识分子、学者，对社会、国家、民族、人类的承担，我觉得在两个时刻，特别显得重要。一个是民族危难的时刻。本书写到曾任辅仁大学校长、北京师范大学校长和故宫博物院图书馆馆长的史学大师陈垣老先生，在北平沦陷时期就这样对启功先生说：“一个民族的消亡，从民族文化开始。我们要做的是，在这个关键时刻，保住我们的民族文化，把这个继承下去。”另一位复旦大学的老校长马相伯在抗战时期逝世，弟子于右任的挽联中赞誉他“生死护中华”，说的就是他在民族危亡中对民族文化的承担。

在社会道德失范的时候，在某种意义上，也是一种民族危难的时刻，所以我们的国歌“中华民族到了最危险的时候”，是时刻有着警醒的意义和作用的。危难中显本色，越是社会道德失范，知识分子就越应该承担“精神坚守”的历史责任；大学，也包括北京大学，就越应该发挥“转移社会一时之风气”的“精神堡垒、圣地”的作用。但现实却恰恰相反，许多令人痛心的丑闻都发生在大学校园里。因此，那些有节操，甚至有洁癖的老一代学者，就特别令人怀想。在林庚先生九五华诞时，我写过一篇文章，题目就叫《那里有一方心灵的净土》。我这样写道：“无论如何，老人们仍然和我们生活在这个世界上，这个事实确实能够给人以温暖。”“因为这个越来越险恶，越来越令人难以把握的世界，太缺少他这样的人了——这样的好人，这样的可爱的人，这样的有信仰的、真诚的、单纯的人了。”因为“经不起各种磨难，我们心中的‘上帝’已经死了，我们不再有信仰，也不再真诚和单纯，我们的心早就被油腻和灰尘蒙蔽了”。这就是北大校园里的林庚和他那一代人的意义：“幸而还有他，不然，我们就太可怜、太可悲了。当我陷入浮躁，陷入沮丧、颓废、绝望时，想起燕南园那间小屋里那盏灯，我的心就平静起来，有了温馨与安宁，有了奋进的力量。是的，那里有一方心灵的净土。”

5.“把心思用在自己怎么看待自己”：对自我生命的承担

这本书给我印象最深刻的，是作者所描述的三位教授的三堂课，我想把它称之为“最迷人的课”。

第一堂课，是西南联大的刘文典教授开设的《文选》课。刘老先生讲课不拘常规，常常乘兴随意，别开生面。有一天，他讲了半小时课，就突然宣布要提前下课，改在下星期三晚七点半继续上课。原来那天是阴历五月十五，他要在月光下讲《月赋》——同学们不妨想象一下：校园草地上，学生们围成一圈，他老人家端坐其间，当着一轮皓月，大讲其《月赋》，俨如《世说新语》里的魏晋人物：这将是怎样的一番情景！

第二堂绝妙的课是四川大学教授蒙文通的考试课：不是先生出题考学生，而是学生出题问先生，往往考生的题目一出口，先生就能知道学生的学识程度。如学生的题目出得好，蒙先生总是大笑不已，然后点燃叶子烟猛吸一口，开始详加评论。考场不在教室，而在川大旁边望江楼公园竹丛中的茶铺里，学生按指定分组去品茗应试，由蒙先生招待吃茶。

这样的课，绝就绝在它的不拘一格，它的随心所欲，显示的是教师的真性情，一种自由不拘的生命存在方式、生命形态。因此，它给予学生的，就不只是知识，更是生命的浸染、熏陶。在这样的课堂里，充满了活的生命气息，老师与学生之间，学生与学生之间，生命相互交流、沟通、撞击，最后达到了彼此生命的融合与升华。这样的生命化的教育背后，是一种生命承担意识。

而将这样的意识提升到理论高度的，是我亲自聆听的林庚先生的“最后一课”。当时我刚留校当助教，系主任严家炎老师要我协助组织退休的老教授给全系同学开讲座。林先生欣然同意，并作了认真的准备，花了一个多月的时间，反复琢磨，讲课的题目都换了好几次。最后那天上课了，先生穿着整洁而大方，一站在那里，就把大家震住了。然后，他缓缓地朗声说道："什么是诗？诗的本质就是发现：诗人要永远像婴儿一样，睁大了好奇的眼睛，去看周围的世界，去发现世界的新的美。"顿时，全场肃然，大家都陷入了沉思。先生又旁征博引，任意发挥，足足讲了两个小时，还意犹未尽，学生们也听得如痴如醉，全然忘记了时间。但我扶着先生回到家里，先生就病倒了。先生是拼着生命的全力上完这最后一课的，这真是"天鹅的绝唱"。

我们现在再来仔细体会林庚先生的这段话，这是他一生做人、治学、写诗经验的凝结，是道出了文学艺术、学术研究、科学、教育、学习，以至人生的秘密与真谛的。这里的关键词是"好奇"和"发现"：首先要保持婴儿那样第一次看世界的好奇心，用初次的眼光和心态，去观察、倾听、阅读、思考，去上你已经上了无数次的课，去写已经成为你职业任务的文章，你就会不断产生发现的渴望与冲动，而且你果真会不断有新的发现、新的创造。这样，你就会有古人说的"苟日新，日日新，又日新"的感觉，也就是每日每时每刻都在进入生命的新生状态。长期保持下去，也就有了一颗"赤子之心"。你们看，我们前面说到的老人，无论是曾昭抡，还是刘文典、蒙文通，以及所有的"民国那些人"，哪一个不是终生都完整地保持着生命的"赤子"状态？我曾经说过：北大"大"在哪里？就"大"在有一批大学者。大学者"大"在哪里？就"大"在他们始终保有赤子般的纯真、无邪，对世界、社会、学术永远有好奇心与新鲜感，因而具有无穷无尽的创造力。这就是沈从文说的"星斗其文，赤子其心"！

这是能够给我们以启示的：那一代人，无论做学问、讲课、做事情，都是把自己的生命投入进去的，学问、工作，都不是外在于他的，而是和自我生命融为一体的。这样，他们所做的每一件事情，都会使他自身的生命不断获得新生和升华，从中体会、体验到自我生命的意义、价值和欢乐。本书就记述了这样一个很有名的故事：金岳霖教授在西南联大讲逻辑学，有学生（我记得这是后来成为巴金夫人的萧珊）觉得这门学问很枯燥，就问先生："你为什么要搞逻辑？"金教授答："好玩。"大语言学家赵元任也是对他的女儿说，自己研究语言学是为了"好玩儿"。诚如作者所说，"在今人看来，淡淡一句'好玩儿'背后藏着颇多深意。世界上许多大学者研究某种现象或理论时，他们自己常常是为了好玩。'好玩者，不是功利主义，不是沽名钓誉，更不是哗众取宠，不是一本万利'。"还可以补充一句：不是职业式的技术操作，不是仅仅为了谋生，而是为了自我生命的欢乐与自由。

本书特地提到了费孝通先生对他的老师潘光旦的评价："我们这一代很看重别人怎么看待自己，潘先生比我们深一层，就是把心思用在自己怎么看待自己。"——这话颇值得琢磨："看重别人怎么看自己"，在意的是身外的评价、地位，那其实都是虚名；而"心思用在自己怎么看待自己"，在意的是自己对不对得住自己，是自我生命能不能不断创造与更新，从而获得真价值、真意义。我们一再说，对自我生命要有承担，讲的就是这个意思。而我们的问题，也恰恰在这里：许多人好像很看重自己，其实看重的都是一时之名利，对自己生命的真正意义、价值，反而是不关心，不负责任的，因而也就无法享受到"民国那一代"人所特有的生命的真正欢乐。"自己对不起自己"，这才是真正的大问题。

6. "舍我其谁"：对学术的承担

关于学术的承担，前面在讲曾昭抡先生时，已有论及，这里再作一点发挥。

又是刘文典先生在西南联大的故事：一日，日本飞机空袭昆明，教授与学生都四处躲避。刘文典跑到中途，突然想起他"十二万分"佩服的陈寅恪目力衰竭行走不便，就连忙率几个学生折回来搀扶着陈先生往城外跑去，一边高喊："保存国粹要紧，保存国粹要紧！"这时只见他平素最瞧不起的新文学作家沈从文也在人流中，便转身怒斥："你跑什么跑？我刘某人是在替庄子跑，我要死了，就没人讲《庄子》了！你替谁跑？"

这大概有演义的成分，但刘文典的"狂"却是真的；所谓"狂"无非是把自己这门学科看成"天下第一"，把自己在学科中的地位看得很重：我不在，这门学科就没了！这种"舍我其谁"的狂傲气概，其实是显示了学术的使命感、责任感，自觉的学术承担意识的。所谓“天生我才必有用”，天生下我来就是做学问的；所谓“天将降大任于斯人也”，这些学者就是为某个学科而生的，如曾昭抡为化学而生，刘文典为《庄子》而生，林庚为唐诗而生，等等。

因此，在他们眼里，学术就是自己的生命，学术之外无其他。哲学家金岳霖如是说：“世界上似乎有很多的哲学动物，我自己也是一个。就是把他们放在监牢里做苦工，他们脑子里仍然是满脑子的哲学问题。”

这里还有一个例子。具有世界声誉的古希腊经典著作翻译家罗念生，人们说他的一生，只有一个单纯的主题：古希腊。他自己也说：“每天早上，我展开希腊文学书卷，别的事全都置诸脑后，我感到这是我平生的最大幸福。”他一生充盈着古希腊，用古希腊著作的精神来对待世界。儿子小时候接受的故事全是古希腊的；和友人聚会，他讲的笑话全部不出古希腊；好友失恋要自杀，他劝好友：“去看看《俄狄浦斯王》吧，你会明白人的意志多么宝贵。”他儿子回忆说，当年自己劝说父亲不妨去争取一些头衔和荣誉，父亲凑近他，带着一种混合着顽皮、满足和欣喜的神态，轻声说：“我不要那个，那个是虚的。”——他的生命中有了古希腊，就足够了。18世纪，德国艺术史大师温克尔曼称，古希腊艺术是“高贵的单纯和静穆的伟大”，罗念生的一生浸泡其间，他的生命也获得这样的“高贵的单纯和静穆的伟大”。

什么叫“学院派”？这就是真正的学院派！什么叫“为学术而学术”？这样的以学术为“生命的自足存在”，才是真正的“为学术而学术”！没有生命承担的学术，谈不上真正的学术！

对这样的把握了学术真谛的学者，学术是无所不在的，他们无时无刻不处在学术状态中。这里又有一个“建筑史上应该记录的有趣的饭局”：上世纪五十年代初，中国最负盛名的两位建筑师杨廷宝和梁思成，以及他们的学生辈，在北京东安市场一家饭馆就餐。谈话间，杨廷宝突然从座位上站起来，又坐下，又站起来，打量着面前的桌椅，然后从怀中掏出卷尺，量好尺寸，一一记录在小本上——原来他发现，这套桌椅只占了极小的空间，而坐着甚为舒服，这在餐厅建筑设计上是有参考价值的，而他总是随身带着量尺与小本子，以便随时记录的。

我们在前面谈到过的著名记者邵飘萍也有这样的经验：记者要时刻生活在角色中。闲谈中，众人皆醉，唯我独醒，“新闻脑”始终紧张活动；一旦提笔行文，则又“状若木鸡，静穆如处子”，倾注整个身心。

这时时刻刻“倾注整个身心”，其实就是一种对学术、对自己的工作的痴迷。痴迷到了极点，就有了一股呆劲、傻气。人们通常把这样的学者称为“书呆子”，在我看来，在善意的调侃中，是怀有一种敬意的：没有这样的“书呆子”气，是不可能进入学术，升堂入室的。

这样的有承担的学者、教授、知识分子，就自有一种精神。在我看来，主要是独立精神、自由精神与创造精神。

7. 独立精神：“匹夫不可夺志”

1944年，著名的历史学家傅斯年在参政会上向行政院长孔祥熙发难，揭发其在发行美金公债中贪污舞弊，会后，蒋介石亲自请他吃饭，为孔说情。席间，蒋介石问：“你信任我吗？”傅斯年答曰：“我绝对信任。”蒋介石于是说：“你既然信任我，那么就应该信任我所任用的人。”傅斯年立刻说：“委员长我是信任的，至于说因为信任你也就该信任你所任用的人，那么，砍掉我的脑袋我也不能这样说。”——有人说，这样的对话，“当今之士，且不说有过，又可曾梦想过？”

还是那位刘文典教授。1928年蒋介石掌握大权不久，想提高自己的声望，曾多次表示要到刘文典主持校务的安徽大学去视察，但刘拒绝其到校“训话”。后来，蒋虽如愿以偿，可是他在视察时，校园到处冷冷清清，并没有领袖希望的那样隆重而热烈的欢迎场面，一切皆因刘文典冷冷掷出的一句话：“大学不是衙门！”后来安徽发生学潮，蒋介石召见刘文典。见面时，刘称蒋为“先生”而不称“主席”，蒋很是不满，进而两人冲突升级，刘文典指着蒋介石说：“你就是军阀！”蒋介石则以“治学不严”为由，将刘当场羁押，说要枪毙。后来多亏蔡元培等人说情，关了一个月才获释——后人叹曰：“今天，这样的知识分子已无处寻觅，所谓‘风流总被雨打风吹去’。”

名士习惯于“见大人，则藐之”：不仅“笑傲王侯”，对“洋大人”也如此。研究现代英美诗的叶公超教授在出任“驻美大使”时，对朋友说：“见了艾森豪威尔（美国总统），心理上把他看成大兵，与肯尼迪（美国总统）晤谈时，心想他不过是一个花花公子，一个有钱的小开而已。”

小故事里有精神。什么精神？孔夫子说的“三军可夺帅，匹夫不可夺志”的独立人格、气节和风骨也。

我还要向诸位郑重介绍一篇北大校史上不可忽视、却长期淹没的雄文，我也是在读本书时才知道的。1939年前后，国民政府教育部三度训令西南联大必须遵守教育部核定的应设课程，全国统一教材，举行统一考试等等——这样的在当今中国教育中已被视为“理所当然”的行政干预，却遭到了联大教务会议的拒绝，并公推冯友兰教授起草《抗辩书》。其文写得不卑不亢，对教育部的训令，“同人所未喻”，不明白者有四：“夫大学为最高学府，包罗万象，要当同归而殊途，一致而百虑，岂可刻板文章，勒令从同”，此“未喻者一也”。“大学为最高教育学术机构”，“如何研究教学，则宜予大学以回旋之自由”，岂可由“教育行政机关”随意指令，此“未喻者二也”。“教育部为政府机关，当局时有进退；大学百年树人，政策设施宜常不宜变。若大学内部甚至一课程之兴废亦须听命教部，则必将受部中当局进退之影响，朝令夕改，其何以策研究之进行，肃学生之视听，而坚其心智”，此“未喻者三也”。“今教授所授之课程，必经教部指定，其课程之内容亦须经教部之核准，使教授在学生心目中为教育部一科员之不若”，此“未喻者四也”。最后又归结为一点：“盖本校承北大、清华、南开三校之旧，”自有其传统，“似不必轻易更张”。

作者说：“今人读之，拍案称绝，继而叹息良久。知识分子的尊严应该是这样的，政府、官员尽可以发号施令，但请注意，我们不敢苟同更拒绝执行——此之谓‘同人不敏，窃有未喻’。知识分子的矜持也应该是这样，不滥说成绩，但内心怀有对学术的自信和对传统的期许——故‘不必轻易更张’。”

我们已经有了陈寅恪纪念王国维的雄文，为学人立出“独立之精神，自由之思想”的境界，让我们永远怀想；而现在，面对冯友兰这篇“抗辩”雄文，所立起的“力争学术自由，反抗思想统制”的标杆，不禁发出感叹：魂兮胡不归，大学之独立精神！

8. “还是文人最自由”

这是叶公超教授的一句醒悟之言。他先当教授，后又去从政；但终因“放不下他那知识分子的身段，丢不掉那股知识分子的傲气”而弃官，回来当教授，于是，就有了“还是文人最自由”的感叹——然而，“毕竟文人最天真”，不久，有关方面便来干预，向校方施压。叶教授的课匆匆上了一个学期，便被迫收场。

但说“还是文人最自由”，仍有部分的道理：我们在包括叶公超先生在内的这一代学人身上，还是可以看到一种自由精神：所谓身子被捆着，心灵是自由的。

这样的自由精神，在我看来，不仅表现在这一代人大都具有的传统“名士”的真性情、真风流，更是一种“大生命”的“大自由”。

我们谈到了这一代的“大承担”，其实，“大承担”的背后，是一个“大生命”的观念。如鲁迅所说：“无穷的远方，无数的人们，都和我有关。”所谓“心事浩茫连广宇”，在他们的心目中，整个民族、整个人类、整个宇宙的生命都和自己的生命息息相关。只要国家、民族、人类、宇宙有一个生命是不自由的，他们自己也是不自由的。有人说，真正的诗人是能感受到天堂的欢乐和地狱的痛苦的，看到别人被杀，是比自己被杀更苦恼的。因此，他们追求的个体精神自由是包含着博爱精神，佛教所说的大慈悲情怀的。这是一种“天马行空”的境界，独立不依他的、不受拘束的，同时又可以自由出入于人我之间、物我之间的，大境界中的大自由状态，这是令人神往的，也是这一代人的魅力所在。相形之下，我们一些人所追求的一己之“自由”，就显得太萎琐了。

9. 人的创造力究竟有多大

读这本书，最强烈的感受，就是“民国那些人”的创造力，实在惊人。

请看这位语言学大师赵元任教授：他一生最大的快乐，就是到世界任何地方，当地人都认他做“老乡”。“二战”后，他到巴黎车站，对行李员讲巴黎土语，对方听了，以为他是土生土长的巴黎人，于是感叹：“你回来了啊，现在可不如从前，巴黎穷了。”后来他又去德国柏林，用带柏林口音的德语和当地人聊天。邻居一位老人对他说：“上帝保佑，你躲过了这场灾难，平平安安地回来了。”赵元任的绝活，是表演口技“全国旅行”：从北京沿京汉路南下，经河北到山西、陕西，出潼关，由河南入两湖、四川、云贵，再从两广绕江西、福建到江苏、浙江、安徽，由山东过渤海湾入东三省，最后入山海关返京。这趟“旅行”，他一口气说了近一个小时，“走”遍大半个中国，每“到”一地，便用当地方言土语，介绍名胜古迹和土货特产。这位被称为“中国语言学之父”的奇才，会说三十三种汉语方言，并精通多国语言。人们说他是一个“文艺复兴式的智者”——恩格斯早就说过，文艺复兴是一个出“巨人”的时代，而思想文化学术上的巨人，是不受学科分工的限制的，是多方面发展的通才；而未来学术的发展，将越来越趋向综合，所呼唤的正是新一代的通才。

还可以举一个例子：前面提到的北大西语系的吴兴华教授也是这样多才多艺的通才、全才。别的不说，他打桥牌的做派就是朋友圈里的美谈，十足“谈笑风生，睥睨一切”：他一边出牌，一边讲笑话，手里还拿着一本清代文人的诗集，乘别人苦思对策的间隙，扭过头去看他的书。你可以说这是“逞才”，但却不能不叹服其过人的才气，而才气的背后，是充沛的创造活力。逼人的才情，逼人的创造力，人活到这个份儿上，就够了。

面对这一代思想学术上的创造，我常想：人的创造力究竟有多大，真的是无穷无尽，无穷无尽！在前辈面前，我们也不必自惭形秽，因为就人本来的资质而言，我们并不缺乏创造力。前人做得到的，我们也能做到，年轻人应该有这样的志气。

10. 把“承担、独立、自由、创造”的精神化为日常生活伦理

这就是“民国那些人”：这是有承担的一代学人，这是有独立、自由、创造精神的一代知识分子，他们因此而成为民族的脊梁，中国现代思

想文化学术的顶天大柱，并且如鲁迅说的那样，为我们“肩住了黑暗的闸门”。作为后人，得以得到这一代人精神的守护与滋养，是人生之大幸。但斯人远去，黑暗依在，只有我们自己来肩住闸门，自己来承担，自己来坚守前辈留下的独立、自由、创造的精神，这是你们这一代，“80后”这一代的历史使命，也是你们“建立信仰，确立生活目标与方向”的一个关键。

我最后要说的是，体现在这一代身上的“承担、独立、自由、创造精神”，也就是我们所要追寻的大学精神，所要倾听的知识分子的真声音。追随这样的精神，倾听这样的真声音，将把我们带入人生的大视野、大境界、大气概——如果我们只是咀嚼一己的悲欢，并且视其为整个世界，我们就太卑琐、太可怜了。但我们还要自觉于、善于把这样的“承担、独立、自由、创造”的北大精神化为日常生活伦理，落实到具体而微的生活实践中，这就是我经常说的“想大问题，做小事情”。今天的中国大学生，应该继承这样的大学精神、知识分子精神，发扬光大，使自己成为既目光远大，又脚踏实地的更为健全的新一代大学生：这都是“后死者”应有的历史承担。

1　一抹背影 悠悠水长

曾经有那样一个时代，曾经有那样一批人物。他们那样地想着，那样地活着。他们离我们今天并不遥远，但他们守护、在意、体现的精神、传统、风骨，已与我们相去甚远。

李　济　李赋宁　冯友兰　赵元任　梅汝璈
顾维钧　叶企孙　吴大猷　丁文江　何　廉
谭其骧　陶孟和　蒋廷黻　卢作孚

李济
最后一个迷人的“学阀”

他有一个梦想。

这个年轻的中国学生在“自撰简历”的最后写道：“要是有机会，还想去新疆、青海、西藏、印度、波斯去刨坟掘墓、断碑寻古，找些人家不要的古董来寻绎中国人的原始出来。”

那一年，他22岁，即将去哈佛攻读人类学。后来，他果真去“刨坟掘墓寻古迹”了，只不过并没有去新疆、青海、西藏、印度或是波斯，而是在中原的河南、山西和山东。

1926年主持山西夏县西阴村仰韶文化遗址发掘，他成为第一位挖掘考古遗址的中国学者。1930年主持济南龙山镇城子崖遗址发掘，他让龙山文化呈现于世人面前。

如今，仰韶文化和龙山文化已成为中国远古历史的标志性术语，许多对考古学

李济（1896～1979），字济之，湖北钟祥人，清华毕业后留美，获哈佛大学人类学博士学位。中国考古学开山之人，曾主持安阳殷墟等重大考古发掘。

一窍不通的人竟也耳熟能详。只不过，大多数人对他却是闻所未闻。

1928年至1937年，他主持了震惊世界的河南安阳殷墟发掘，使殷商文化由传说变为信史，并由此将中国的历史向前推移了数百年。直至今日，它依旧被视为人类文明史上最重大的发掘之一。

在中国现代学术史上，这是一个相当重要的名字——李济。

我们关于商代的知识很大程度上是由李济给我们划定的。他领导的安阳发掘，对20世纪整个下半世纪的中国考古学的发展起了决定性的影响——包括中国社会科学院考古所所长夏鼐、台湾中研院史语所所长高去寻在内的中国考古学界领袖人物，都是在安阳接受的考古学训练。

1928年至1937年，李济主持了震惊世界的河南安阳殷墟发掘，使殷商文化由传说变为信史，并由此将中国的历史向前推移了数百年。图为李济在殷墟发掘现场。

已故的考古人类学大家张光直以台湾中研院院士、美国国家科学院院士、哈佛大学教授的权威身份，曾对自己的导师李济做过评价：近60年的岁月里，一开始作为中国考古学之父，随后又作为中国考古学掌门人，他的学术思想一直在中国这门学问的发展中占据支配地位。

如果不将张光直所说的“中国学界”缩小为台湾学界，那么他的判断显然过于乐观了。李济在1948年年底随史语所迁台，这一选择很难以优劣论，但其所造成的尴尬局面却是显而易见的。

1959年，以《考古》杂志为代表的大陆考古学界对李济发起了猛烈的“围剿”。李济的儿子李光谟甚至还收藏了当年的一期《考古》，整整一期都在批判李济。此后，和许多“政治上选择错误”的著名学者一样，这个名字逐渐消逝在我们的阅读视野中。

考古学家李济。

不知道李济对于此种“围剿”的反应如何，但他曾对1949年后大陆的考古发掘报告提出过严厉的批评，认为其中缺乏实际材料，充满了政治术语，对出土地、器物、尺寸等内容居然都号称“保密”。

“我想，按照他一贯的标准，这些根本都够不上考古学。”李光谟对记者感叹道。

据说，直到后来西安半坡遗址的发掘报告出来以后，李济对大陆考古学的印象才有所改变，他自己的文章中也开始引用大陆学界的资料。

李济去世后，留给李光谟一笔遗产，李光谟提出捐赠一部分设立“李济考古学奖学金”。当时社科院考古所本来已经同意了，但经“请示”后，此事却不了了之。李光谟听说，有领导在中国考古学会理事会上讲：不能以一个1949年离开大陆的人的名义来设立奖学金。

李光谟说起此事来直摇头：“那是1981、1982年吧，唉，本来是中国第一个考古学奖学金的……”

儿子眼中，李济相当固执，总是直道而行。“他不知道拐弯的，有时候。”

李济去世后，人们回忆：“他是一个被上级、同僚、晚辈、学生害怕的人，但他对待真心为学的人则给予最大的帮助。”其实岂止“害怕”，在一些人眼中，此人简直就是可恶。台湾名人李敖就曾写过文章，称李济为“最后一个迷人的学阀”。李济因固执而获罪为“学阀”，但饶是刻薄如李敖，也从不否认他身上“迷人”的一面。

1935年李济（左四）与“史语所”同仁在河南安阳袁家花园合影。

李济人生最辉煌的一页是在殷墟，此后，考古学家和他发掘的遗址天各一方，路途迢迢。身不能回大陆的李济，晚年心中是否牵挂殷墟？隔海相望殷墟，心中是怎样一番滋味？

这些问题，由于长期的两岸阻隔，甚至连李光谟也无法回答，但他说：“1977年，李济生前最后一本著作是《安阳》，可见殷墟在他心中的位置。”

李赋宁
美好的学问竟可以这样朴素

面对李赋宁这样的人物，恐怕很多人对于英语的概念都得修正：1946年，出身西南联大的李赋宁到美国耶鲁大学研究院英文系深造时，乔叟和莎士比亚对于他来说，都算是“驾轻就熟”的题目，难度不足。于是他选择了古英语研究作为博士方向，这是连欧美优等生都认为太过艰深，视为畏途的领域。

李赋宁（1917～2004），陕西蒲城人，西方语言文学大家，中国外语界的一代名师。

莎士比亚不须说，历来被全世界奉为英语语言文学的标志；乔叟何许人也？写出《坎特伯雷故事集》的他被尊为“英国诗歌之父”。

什么叫做英语好？这个问题沉甸甸地压在国人心上，以致有这样的段子：某君说自己英语好，托福多少多少、GRE多少多少。英语系学生一听笑了，哑巴英语，God，你能用英语自如交流吗？英语专家一听笑了，跟谁交流，God，你能背诵莎士比亚吗？老先生一听笑了，莎士比亚，God，古英语呢？法语呢？德语呢？拉丁语呢？

抛开个中戏谑意味，李赋宁确实当得起这般传奇式的“老先生”。他的学博才高久有定评，通晓英语、法语、德语、拉丁语、古英语和古代希腊语等多种语言，治学范围涉及语言学、文学、哲学、伦理学、美学、历史学等学科，开设过专业英语、专业法语、古英语、英语史、拉丁语、古希腊罗马文学、中世纪英国文学、莎士比亚研究、欧洲文学史、英国文学史、法国文学史、莫里哀专题及汉英翻译等课程。

曾任外交部长的李肇星1959年考入北京大学西方语言文学系，他还记得第一次上李先生欧洲文学史课的情景：铃声中，先生准时出现在教室门口，向学生微微鞠躬问好后，说：“Comrades，let me tell you a story，a very short story.（同学们，我给大家讲一个故事，一个小故事）”

故事是关于古希腊诸神的。在李肇星听来，“先生的语言简洁流畅，语调平缓，并无刻意的抑扬顿挫，但在平实之中充盈着高雅。我和同学们都被深深地打动了。原来，美好的学问竟可以这样朴素。”

多年后，李肇星作为外交官多次见到英国女王，他发现，西方学者津津乐道的“皇家英语”或“钦定英语”（Queen’s English）竟也以这般简洁为美。很自然的，他“不禁又忆及李先生的‘小故事’”。

李赋宁对于英语发音的要求应该是相当苛刻的。他留学耶鲁时，以英语好而名世的林语堂来耶鲁演讲，李赋宁的评价居然是：“他的英文虽然写得很地道，但英语语音、语调却不很好。”

1956年李赋宁教授（左二）和夫人徐述华（左四）、儿李星在颐和园与许国璋教授（左一）及夫人黄怀仁（左五）合影。

这是一种天赋，李赋宁从小就已显现出来。11岁时，他随家从西安迁到北京，转学到北京的小学上学。老师让他站起来朗读课文，他用陕西话，同学们纷纷举手，指出他的发音错误。他心里觉得委屈，再去学校时，整整一周不开口说话，当他再次开口时，竟全是标准的普通话了。

李赋宁上课，语言简洁流畅，语调平缓，并无刻意的抑扬顿挫，但在平实之中充盈着高雅。

许多回忆李赋宁的文章都怀念曾经有过的那个年代，中国英语学界人才济济，除了他，还有杨周翰、王佐良、许国璋、周珏良、查良铮（穆旦）等大家，“如今，那一代英杰都逝去了”。

在耶鲁时，李赋宁曾和留学英国牛津大学的同学王佐良、许国璋，以及留学美国芝加哥大学的周珏良通信，相约共同回国执教，“我教中世纪，佐良教文艺复兴和莎士比亚，国璋教18世纪，珏良教19世纪”。

“这就是绝配！”后人感叹。

英语算不上好的我，曾听过被李赋宁夸奖为“发音好”的学生王式仁的“英诗选读”课，如今内容早已记不起来，唯独记得王教授用舒缓而纯正的英式英语朗诵莎士比亚的商籁体诗，“Shall I compare thee to a summer's day?（我怎么能够把你来比作夏天）”，以及他分析玄学派诗人约翰·邓恩的诡谲意象，脑中云里雾里，耳边却兴意盎然。

想来王教授也该到离开讲台的岁数了，不知道现在的学生们，是否还有幸聆听纯正而怀旧的英语。不是为了运用，多数人也许永远也达不到这一步，而只是为了在自己这一生中，有这么一次能感受到除母语之外另一种语言所散发出的逼人的魅力。

国人纷纷开始“疯狂英语”了，英语水平俨然已成衡量一个人“素质”的关键标准之一，然而老先生们也纷纷离去，还有谁在怀念英语作为一种语言的美吗？

冯友兰
两束雄文，一抹背影

曾有那么一个年代，大学教授们矜持而有尊严。

1939年前后，陈立夫以国民政府教育部长身份三度训令西南联大必须遵守教育部新规定，包括教育部核定应设课程，统一全国院校教材，举行统一考试等。联大教务会议决定致函抗辩。此文的执笔者，“舍（文学院院长）冯友兰莫属”。

冯友兰（1895～1990），字芝生，河南唐河人，哲学家、哲学史家。

冯教授说得不卑不亢：“部中重视高等教育，故指示不厌其详，但准此以往则大学将直等于教育部高等教育司中一科，同人不敏，窃有未喻。

“夫大学为最高学府，包罗万象，要当同归而殊途，一致而百虑，岂可刻板文章，勒令从同。惟其如是，所以能推陈出新，而学术乃可日臻进步也。今教部对于各大学束缚驰骤，有见于齐而无见于畸，此同人所未喻者一也。

“教部为最高教育行政机关，大学为最高教育学术机关，教部可视大学研

冯友兰执笔的西南联合大学校歌：

万里长征，辞却了五朝宫阙。暂驻足、衡山湘水，又成离别。绝徼移栽桢干质，九州遍洒黎元血。尽笳吹、弦诵在山城，情弥切。

千秋耻，终当雪。中兴业，需人杰。便一成三户，壮怀难折。多难殷忧新国运，动心忍性希前哲。待驱除仇寇复神京，还燕碣。

究教学之成绩，以为赏罚。但如何研究教学，则宜予大学以回旋之自由。此同人所未喻者二也。

“教育部为政府机关，当局时有进退；大学百年树人，政策设施宜常不宜变。若大学内部甚至一课程之兴废亦须听命教部，则必将受部中当局进退之影响，朝令夕改，其何以策研究之进行，肃学生之视听，而坚其心志，此同人所未喻者三也。

“今教授所授之课程，必经教部之指定，其课程之内容亦须经教部之核准，使教授在学生心目中为教育部一科员之不若。此同人所未喻者四也。

“……盖本校承北大、清华、南开三校之旧，一切设施均有成规，行之多年，纵不敢谓为极有成绩，亦可谓为当无流弊，似不必轻易更张。”

今人读之，拍案称绝，继而叹息良久。知识分子的尊严应该是这样的，政府、官员尽可以发号施令，但请注意，我们不敢苟同更拒绝执行——此之谓“同人不敏，窃有未喻”。知识分子的矜持也应该是这样，不滥说成绩，但内心怀有对学术的自信和对传承的期许——故“不必轻易更张”。

陈寅恪纪念王国维的雄文，为学者立出“独立之精神，自由之思想”的境界。冯友兰的雄文，则被后人赞为铭刻了一所大学“力争学术自由，反抗思想统制”的光荣品质。

冯友兰早年撰文，气象阔大而意义深沉，每每众望所归被推执笔重要文字。1943年，他执笔起草致蒋介石的信函，要求政府为收拾人心而开放政权，实行立宪。据说，蒋当时看信后的反应竟是“为之动容，为之泪下”，即刻表示愿意实行立宪。

其另一雄文《国立西南联合大学纪念碑碑文》，被公认为最能表彰西南联大的精神及其特殊历史意义。与联大渊源颇深的史学大家何炳棣称此文为融古烁今的“至文”、“不朽文章”：

“中华民国三十四年九月九日，我国家受日本之降于南京……河山既复，日月重光，联合大学之使命既成。

“我国家以世界之古国，居东亚之天府，本应绍汉唐之遗烈，作并世之先进，将来建国完成，必于世界历史居独特之地位，盖并世列强虽新而不古，希腊罗马有古而无今，惟我国家亘古亘今，亦新亦旧，斯所谓‘周虽旧邦，其命维新’者也。旷代之伟业，八年之抗战，已开其规模，立其基础，今日之胜利，于我国家有旋转乾坤之功，而联合大学之

1963年11月中国科学院哲学社会科学部委员扩大会议期间毛泽东接见与会者。图为毛泽东与冯友兰教授（左一）亲切交谈，右后为当时文化部长周扬。

使命，与抗战相终始，此可纪念者一也。

“文人相轻，自古而然。三校有不同之历史，各异之学风，八年之久，合作无间，同无妨异，异不害同，五色交辉，相得益彰，八音合奏，终和且平，此其可纪念者二也。

“联合大学以其兼容并包之精神，转移社会一时之风气，内树学术自由之规模，外获民主堡垒之称号，违千夫之诺诺，作一士之谔谔，此其可纪念者三也。

“……联合大学之终始，岂非一代之盛事，旷百世而难遇者哉！”

然而何炳棣在对碑文大加推崇后，随即颓然抱憾：此碑永存，而它所代表的学术自由精神未数载即开始消逝了。

事过30年，冯友兰作《联大纪念碑碑文自识》，评价道：“文为余三十年前旧作。以今观之，此文有见识，有感情，有气势，有词藻，有音节，寓六朝之俪句于唐宋之古文。余中年为古典文，以此自期，此则其选也。承百代之流，而会乎当今之变，有蕴于中，故情文相生，不能自已。今日重读，感慨系之矣。敝帚自珍，犹过于当日操笔时也。”

研究者称，其实冯氏的感慨，岂止是“敝帚自珍”，分明是沉重的历史慨叹。在他所忆那个逝去的年代里，教授们的见识和感情，少有羁绊，发诸笔端，于是成就了一篇篇雄文。

当见识和感情受到羁绊，难以发为雄文，于是便只留下一抹颓唐的背影。及至中年以后，历经数次运动，冯友兰曾就个人历史多次写过检讨交代，甚至不惜上纲上线，却都难以过关。

一天，逻辑学家金岳霖来看望他时，两位大教授竟为检讨的事抱头痛哭。

赵元任
“好玩儿”的语言

赵元任一生中最大的快乐，是到了世界任何地方，当地人都认他做“老乡”。

二战后，他到法国参加会议。在巴黎车站，他对行李员讲巴黎土语，对方听了，以为他是土生土长的巴黎人，于是感叹：“你回来了啊，现在可不如从前了，巴黎穷了。”

赵元任（1892～1982），江苏武进人，国际知名的语言学大师，中国现代语言学的奠基者之一。

后来，他到德国柏林，用带柏林口音的德语和当地人聊天。邻居一位老人对他说：“上帝保佑，你躲过了这场灾难，平平安安地回来了。”

1920年，英国哲学家罗素来华巡回讲演，赵元任当翻译。每到一个地方，他都用当地的方言来翻译。他在途中向湖南人学长沙话，等到了长沙，已经能用当地话翻译了。讲演结束后，竟有人跑来和他攀老乡。

赵元任曾表演过口技“全国旅

行”：从北京沿京汉路南下，经河北到山西、陕西，出潼关，由河南入两湖、四川、云贵，再从两广绕江西、福建到江苏、浙江、安徽，由山东过渤海湾入东三省，最后入山海关返京。这趟“旅行”，他一口气说了近一个小时，“走”遍大半个中国，每“到”一地，便用当地方言土话，介绍名胜古迹和土货特产。

这位被称为“中国语言学之父”的奇才，会说33种汉语方言，并精通多国语言。研究者称，赵先生掌握语言的能力非常惊人，因为他能迅速地穿透一种语言的声韵调系统，总结出一种方言乃至一种外语的规律。

他还被称为罕见的通才、一个“文艺复兴式的智者”。作为与梁启超、王国维、陈寅恪并称于世的清华国学研究院“四大导师”，语言学是他着力最深的领域，然而他同时还兼授物理、逻辑等课程。

他雅好音乐，曾专攻和声学与作曲法，会摆弄多种乐器，毕生都与钢琴为伴。他一生创作过一百多件音乐作品，包括声乐和器乐。他跟他的女儿们，凡有机会聚在一起，就组成一个家庭合唱团，分声部地练习演唱他的新作或旧作。难怪人们说，音乐是他生命的组成部分。

赵元任告诉女儿，自己研究语言学是为了“好玩儿”。在今人看来，淡淡一句“好玩儿”背后藏着颇多深意。世界上很多大学者研究某种现象或理论时，他们自己常常是为了好玩。“好玩者，不是功利主义，不是沽名钓誉，更不是哗众取宠，不是一本万利。”

1921年，赵元任在哥伦比亚唱片公司录制《国语留声片》。

赵元任曾编了一个极“好玩儿”的单音故事，以说明语音和文字的相对独立性。故事名为《施氏食狮史》，通篇只有“shi”一个音，写出来，人人可看懂，但如果只用口说，那就任何人也听不懂

1981年，北大授予赵元任名誉教授，仪式后赵元任与吕叔湘、王力、周祖谟、蒋南翔、朱德熙等合影。

了："石室诗士施氏，嗜狮，誓食十狮。氏时时适市视狮。十时，适十狮适市。是时，适施氏适市。氏视是十狮，恃矢势，使是十狮逝世。氏拾是十狮尸，适石室。石室湿，氏使侍拭石室。石室拭，氏始试食十狮尸。食时，始识十狮尸，实十石狮尸。试释是事。"

语言学家陈原在回忆文章中写道："赵元任，赵元任，在我青少年时代，到处都是赵元任的影子。"少年时，他着迷于赵元任翻译的《阿丽思漫游奇境记》（这本是赵兴之所至偶一为之，却成就了一部儿童文学经典译作）。长大了，想学"国语"，就用赵元任的《国语留声片课本》当老师。后来迷上了音乐，迷上了赵元任的音乐朋友萧友梅介绍的贝多芬《欢乐颂》，也迷上了赵元任谱曲并亲自演唱的《教我如何不想她》。

上世纪20年代，赵元任为商务印书馆灌制留声片，以推广"国语"（即普通话）。有一则轶闻，难断真假，但颇可见赵氏当年的风光。赵元任夫妇到香港，上街购物时偏用国语。港人惯用英语和广东话，通晓国语的不多。他们碰上的一个店员，国语就很糟糕，无论赵元任怎么说他都弄不明白。赵无奈。谁知临出门，这位老兄却奉送他一句："我建议先生买一套国语留声片听听，你的国语实在太差劲了。"

赵元任问："那你说，谁的国语留声片最好？"

"自然是赵元任的最好了。"

赵夫人指着先生笑曰："他就是赵元任。"

店员愤愤："别开玩笑了！他的国语讲得这么差，怎么可能是赵元任？"

梅汝璈
孤寂的大法袍

有天晚上，北京顶银胡同停电。梅汝璈枯坐在家中吱吱作响的藤椅上。黑暗中，他轻轻地哼起了清华学校早年的校歌：

“西山苍苍，东海茫茫。吾校庄严，岿立中央。东西文化，荟萃一堂……”

这一幕发生在上世纪60年代初。今天，梅汝璈的儿子梅小璈回忆自己的父亲时，一下就想到了这一幕。他对记者谈起父亲的晚年时，有些唏嘘。他用了这样一个形容词：“孤寂”。

梅小璈说，虽然上世纪60年代初，父亲尚不足花甲之年，可他心知肚明，属于他的那个“东西文化，荟萃一堂”的时代已经逝去了。

梅汝璈（1904～1973），江西南昌人，著名法学家。1946至1948年，代表中国赴东京任远东国际军事法庭法官，审判日本战犯。新中国成立后，担任外交部法律顾问。

新中国在学科建制上完全照搬“老大哥”苏联，全国只有为数不多的几所大学保留了法律系，且讲授的内容都是苏联的社会主义法学。这让毕业于清华学校、留学于美国斯坦福大学、在芝加哥大学获法学博士学位的梅汝璈常常感到无所适从。他努力按照党对“旧知识分子”改造的要求，虔诚地学习俄语，试图不被形势甩下。

据梅小璈说，现在他家还能找到父亲当年抄写俄文单词的小本。在苏联法学教材上，还有父亲留下的铅笔批注。

作为一个留美法学博士，梅汝璈曾执著坚持的那些法学信念渐渐失去了依托——三权分立；司法独立……这是法哲学奠基人孟德斯鸠奠定的理论，又在杰斐逊等人的实践中加以完善的。

显然，这一切已不合时宜。“文革”中，梅汝璈在一份“检查”里写道：“我实际上只是一本破烂过时的小字典而已。”

“其实，他个人的小环境还是不错的，起码在物质上。如果以季羡林的《牛棚杂忆》为参照系，他并没有受太大的罪。”梅小璈在解释父亲晚年的孤寂心境时如是说，“但他的学科没有了，他的学术没有了。”

在那个年代，“梅汝璈”三字变成一个空洞的符号。充盈其间的，不是这个人的赤子情怀和渊博学识，而是一个随“形势”沉浮的抽象指称。有研究者曾这样评价这位外交部前顾问：“梅汝璈名字出现的频率和受关注的程度，基本上是中日关系的晴雨表。”在上世纪整个50年代和60年代初，一旦中日关系出现“问题”了，他就会被邀请出面撰写文章；而中日关系“良好”时，他的名字则不愿被各方的人们所提及。

1946年，梅汝璈博士受命担任远东国际军事法庭法官，参加东京审判。图为东京审判现场。

但梅汝璈注定名垂青史。这位晚年“孤寂”的大法官，曾书写过现代中国史上浓墨重彩的一笔。

1946年3月19日，受命

担任远东国际军事法庭法官的梅汝璈博士离开上海，远赴东京。

梅汝璈（左一）与父母及女儿合影。

当日，《中央日报》等中国最权威的媒体，同时在显著版面刊出标题：“清算血债：远东国际军事法庭审判官梅汝璈今飞东京”。

东京帝国饭店，盟军最高统帅部中国联络官为梅法官举办接风宴会。宴会上，时任国民政府教育次长兼国立中央大学校长的顾毓琇，将一柄装饰华贵的宝剑赠予梅汝璈。梅汝璈深深鞠躬，双手过顶接剑。他说：“‘红粉送佳人，宝剑赠壮士’。可惜我非壮士，受之有愧。”顾毓琇说：“你代表四万万五千万中国人民和千百万死难同胞，到这侵略国的首都来惩罚元凶祸首。天下之壮烈事，以此为最。君不为壮士谁为壮士！”

听罢，梅汝璈拔剑出鞘，动情地表示：“戏文中常有‘尚方宝剑，先斩后奏’。如今系法治时代，必须先审后斩。否则，我真要先斩他几个，方雪我心头之恨。……对这些战犯必予严惩，非如此，不能稍慰千百万冤死的同胞。我既受国人之托，定将勉力依法行事，断不使战争元凶逃脱法网！”

这位“壮士”实现了自己的诺言。在这场历时达两年半之久、人类司法史上所罕见的大规模审判中，受审的28名日本甲级战犯，除两名病死狱中，1名因精神病终止审判外，东条英机、广田弘毅、松井石根、土肥原贤二、板垣征四郎、武藤章、木村兵太郎等7人被判处绞刑，梅津美治郎等16人被判处无期徒刑，判处有期徒刑者2人。

梅汝璈工作留影。

今天，由梅汝璈亲属捐赠的东京审判判决书底稿和梅汝璈当时身穿的法袍，已被收藏于国家博物馆。

这位慷慨激昂于远东国际军事法庭的大法官，曾经的一席话至今在我们耳边徘徊不去："我不是复仇主义者。我无意于把日本帝国主义者欠下我们的血债写在日本人民账上。但是，我相信，忘记过去的苦难可能招致未来的灾祸。"

顾维钧
从惊讶开始，以赞美告终

对一个24岁获得美国哥伦比亚大学博士学位、27岁成为驻美国公使、34岁出任外交部长的人来说，除了用“光芒四射”形容，你还能说什么？

《联合国宪章》上签署的第一个名字，是三个汉字：“顾维钧”。

1945年6月26日，在宪章签字仪式上，中国代表团因在发起国中按字母顺序列于首位，故代理宋子文担任首席代表的顾维钧第一个在《联合国宪章》上写下了自己的名字。

顾维钧（1888～1985），字少川，上海人。被誉为“民国第一外交家”。

上世纪30年代，一家英国报纸的专栏作家曾提到这个熠熠生辉的名字，认为“中国很少有比顾维钧博士更堪作为典型的人了。平易近人，有修养，无比耐心和温文尔雅，没有哪一位西方世界的外交家在沉着与和蔼方面能够超过他”。

名学者温源宁写过一篇印象记，起

首便是："无论什么时候想起顾维钧博士，人们都会情不自禁地联想到光芒四射的星星。"

那是1934年，温源宁写道："作为一名外交官，他的成就称得上辉煌，要加以逐一列举，人们将不得不从惊讶开始而以赞美告终……他以1912年5月出任内阁秘书开始其政治生涯直到如今，凡是外交官员梦寐以求的最高职位他都已经得到了：驻美国公使（1915~1920）、巴黎和会代表（1918~1919）、国联理事会中国代表、驻英国公使（1920），并自1922年以后多次出任外交总长，而现在是驻法国公使。有一次，顾博士还做过几个月代理国务总理。"

1917年顾维钧与导师穆尔。

50年后，温源宁在台湾去世之前，如果他还记得自己当年这篇充满"溢美之辞"的小文的话，他也许会微笑。因为顾维钧比温源宁文中所写的更加"光芒四射"，他经历了更多的大事件，也得到过更多的高职位。

再后一年，顾维钧在纽约逝世。《纽约时报》、《华盛顿邮报》载文表示哀悼，中国常驻联合国代表、驻纽约总领事前往吊唁。

温源宁笔下让人"从惊讶开始以赞美告终"的顾氏履历还需要加上：中国驻外使节升格后，担任驻法、英、美等国大使；1945年出席旧金山会议，参与起草和签署《联合国宪章》；1957年后担任海牙国际法庭法官、副庭长，直至1967年退休；晚年完成13大卷、五百余万字的《顾维钧回忆录》。

温源宁说："他的朋友和敌人全都会承认，在国外代表中国利益的中国外交官中，再也不可能有比顾博士更好的了……出席巴黎和会时，顾博士已经由于是中国权益既有尊严又有才干的捍卫者而闻名于世。"

年方而立的顾维钧在参加巴黎和会的中国代表团中，位居后进。但当需要向和会最高机构“十人会”报告山东问题时，他的前辈们由于种种原因，或者拒绝出席、或者拒绝发言，是顾维钧勇于任事，出面侃侃而谈，痛陈山东问题的由来以及中国的态度，并从国际法的角度雄辩论证了山东当归还作为战胜国的中国。

27岁的顾维钧出任中国驻美国公使时，在华盛顿的留影。

这场精彩发言成为和会当天的头条新闻。发言刚一结束，美国总统威尔逊、国务卿蓝辛、英国首相劳合·乔治、外务大臣贝尔福纷纷向他表示祝贺。

随后，顾维钧在和会上展开穿梭外交，希望能争取到对于中国最有利的结果。最终，在无望的情况下，中国代表团拒签和约。而根据外交史学者的研究，“此时独力支撑代表团的顾维钧对拒签和约的最终实现起了决定性的作用。”

从踏入外交界那天起，顾维钧的杰出表现一直证明着他的母校哥伦比亚大学校长对他的评价——“这所大学有史以来最有才华的学生”。

顾维钧与蒋经国1954年在撤到大陈岛上的“温岭县政府”前。

写过《顾维钧传》的肖岗回忆：“知道他的名字，始于将他与梅兰芳、汪精卫并称为中国‘三大美男子’的一幅年画。我的学生时代是在抗日战争时期度过的，那时顾维钧的外交活动踪迹，常常是学校师生乃至全国民众关注的焦点：‘顾维钧在国联控诉日本的侵略了’、‘顾维钧主张国共合作，团结抗日’……”

今天，图书馆里，灰蓝色封皮的《顾维钧回忆录》摆放得整整齐齐，积了一层薄薄的灰，显然少有人问津。这个人，已经成为一段传奇，不知能否成为一笔财富？

叶企孙
“地雷战”背后的科学家

直至今日，叶企孙，仍是一个罕为公众所知的人物。即便知道，对不少人而言，他也仅仅意味着一段传奇：清华大学教授，帮助抗日军民造地雷炸药。

这段传奇，不知《地雷战》为何物的少年们不会知道；无数次看过《地雷战》、至今提起还津津乐道的那几辈人，也无从知晓。因为，在这部著名的电影中，你丝毫看不见当年爱国学生的踪影，种种巧妙的地雷和神奇的炸药，全部是农民兄弟创造发明的。

叶企孙（1898～1977），上海人，物理学家、近代中国科学事业的奠基者之一。

事实上，这段历史的真相是，抗战初期，清华大学理学院院长叶企孙最亲密的学生熊大缜投笔从戎，到吕正操将军领导的冀中抗日根据地，利用专业知识为部队制造烈性炸药、地雷、雷管、无线电等军需品。后叶企孙又派一批清华师生职工穿越日军封锁线进入冀中，以技术支援抗日游击战。同时，他本人在天津，在日军监视下组织大学爱国师生秘密生产TNT炸药、无线电发报机等，偷运至冀中供应抗日部队。

美国外交官曾深入抗日根据地考察，回国后在报纸上撰文，称冀中的各色地雷不逊于美国的火箭，美国掌握的技术中国的晋察冀都有了。

叶企孙甚至一度考虑过亲赴冀中，以解决技术上的难题，后被劝阻方才作罢。他的学生回忆："叶先生在天津从事那些活动所冒的风险，一定程度上说比去冀中的风险还大。先生虽有慎行、冷静、超然于政治之外的品性，但在那民族生死存亡之际，祖国需要忠勇之士的时候，他站出来了。"

国难当头，超然的教授挺身而出。在另一场灾难中，超然的叶企孙也未能幸免。

熊大缜从军后不久，被怀疑为钻入革命队伍的特务，由晋察冀军区"锄奸队"秘密逮捕并处决。此案定性为"特务"，株连从平津来冀中参加抗战的知识分子近百人，一律受到逮捕关押和严刑审讯。

"文革"开始后，熊大缜特务案被重新提出并进一步调查。连普通国民党员都不是的叶企孙，竟被诬为国民党中统在清华的头子，说熊大缜是受他的派遣打入根据地，他向抗日军民提供的援助，也被说成是来自国民党反动派。

院系调整中调至北大的叶企孙，被红卫兵揪斗、关押、抄家，并被送往"黑帮劳改队"，突然受到的刺激，曾使他一度精神错乱。1968年，他被正式逮捕关押，在押期间，受过8次连续提审，写过多次"笔供"。关押一年多以后，由于"内查外调"查无实据，他被放回北大，在特务嫌疑犯的莫须有罪名下继续受到打击和监视。

当时叶企孙住进北大的一间斗室，本来风度翩翩的名教授，腰已经弯到了90度。

然而就在叶企孙身陷囹圄——后来人们称这是他生命中最晦暗的时日——被逼"交代"为什么会被国民政府选中担任中央研究院总干事时，他仍坦然且不无自傲地回答："据吾推测……是因为吾对于各门科学略知门径，且对于学者间的纠纷尚能公平处理，使能各展所长。"

他的传记作者虞昊和黄延复感慨：试问，即便在今天，能够“做到这份上”的，有几人？

叶企孙本人是哈佛大学博士，上世纪20年代，他在测定普朗克常数这一实验物理学的重要课题上，获得当时的最佳数据，曾长期在国际上沿用。

归国后，他创建清华大学物理系和理学院，并长期掌舵。他当年延聘的教师熊庆来、萨本栋、周培源、赵忠尧、吴有训等，物理系学生王淦昌、赵九章、钱伟长、钱三强、王大珩、朱光亚、周光召等，理学院其他系学生陈省身、华罗庚、袁翰青等，不下六七十人，几乎都成为国内外科技界的精英和科学院院士。

1949年，陈毅参观清华大学。前排左起：叶企孙，张奚若，陈毅，吴晗；后排左起：潘光旦，张子高，周培源。

清华教授曾昭奋赞叹此为“神话般的成绩”。

另一方面，曾教授却不得不扼腕：“然而这位泰斗的晚年却是那样地孤苦无助。”

1986年熊大缜案平反，次年，叶企孙的平反文件正式公布。1992年，海内外上百位知名学者联名向清华大学呼吁为叶企孙树立铜像，1995年铜像落成。

静观此事的曾昭奋以“不无周折”形容之。尘埃落定后，让他备感神伤的却是：如今，叶先生的胸像就安放在清华新区第三教室楼那个简陋的空荡荡的门厅里，而不是像赵忠尧院士所想象那样，树立在“校园中心区”。

吴大猷
物理学界的“孔子”

两位诺贝尔奖得主在获知自己得奖后，不约而同想到同一个人，并立刻提笔写信给这个人——这项荣誉应归功于这个人。

两位获奖者是大名鼎鼎的李政道和杨振宁。他们分享了1957年的诺贝尔物理学奖，而他们把荣誉献给的那个人，是他们在西南联大时的老师——吴大猷。尽管吴大猷在国际上声名卓著，在国内却多少显得有些落寞。

吴大猷（1907～2000），广东番禺人，国际知名物理学家，被尊称为“中国物理学之父”。

李政道在当天早上接到瑞典科学院的电话通知以后写道：“大猷师尊鉴：科技界通知，杨振宁和我合得1957年物理学诺贝尔奖金……现在的成就大部分是源于在昆明时您的教导，假如在1946年您没有给我这个机会，那就根本不可能有我今天的光荣。生政道。”

杨振宁同样是在接到电话之后致信吴大猷：“大猷师：值此十分兴奋，也是该深深自我反省的时候，我要向您表示由衷的谢意，为了您在1942年曾引导我进入对称原理与群论这个领域，我以后工作的大部分，包括关于宇称的工作，都直接或间接与15年前的那个春天，从您那里学到的概念有关。这是多年来我一直想要告诉您的情意，今天或许是最好的时刻。生振宁上。”

吴大猷的传记作者丘宏义评价：“他在中国物理学界中的影响力之大，恐怕是独一无二的。”丘宏义把吴大猷比作述而不作的孔子，孔子的言论由弟子记录而成《论语》，影响中国社会两千余年，“吴大猷在这一点上和孔子一样，通过他的学生们影响了中国的物理界”。

杨振宁与导师吴大猷（中）1949年摄于美国纽约，右为马仕俊。

吴大猷是第一位将现代物理学引入中国的人。杨振宁评价：“吴教授从美国得到博士学位后，自30年代中开始在北京大学教物理学，就是他把新的、革命性的‘量子力学’带到中国，要知当时中国学量子力学的是绝无仅有的，所以吴教授在北平、后来在昆明所教育出来的学生，后来在中国物理学界发生非常大的影响。”

除了李政道和杨振宁，吴大猷的学生还包括中国科学界的领导人物朱光亚、黄昆，以及诺贝尔物理学奖得主朱棣文的父亲、台湾中研院院士朱汝谨等。

国家最高科学技术奖获得者、著名固体物理学家黄昆院士在西南联大时是吴大猷的研究生。1994年，吴大猷通过杨振宁赠给他一本书，书的扉页上，吴大猷亲笔写下一段话：“此袋内乃1941年秋季在昆明西南联大所授古典动力学课的讲学笔记……该课中约有廿人，有研究生黄昆，四年级学生杨振宁、张守廉、李荫远、黄授书等人，对着这样一群学生讲古典物理中最完美的一部，是最愉快的一大事也。”

1941年的那个秋天，正如狄更斯所言，“这是最好的时代，也是最坏的时代”。吴大猷为了躲避空袭而迁居昆明市郊，为了维持生计而养猪，但他却时常在课后，在西南联大西北角的一扇小门外，在一条很长的轻便铁路边，和“这样一群学生”讨论物理学问题，一如孔子和他的弟子们，安贫乐道，不改其志。

黄昆说：“事隔整整半个世纪，他诲人不倦、乐于教书育人的欣喜心情仍溢于言表。”

在自传中，吴大猷曾谦虚地说：“近年来，李、杨成就卓然，国人常提及二人为我学生，传为美谈。实则我不过适逢其会，在那时那地遇上他们而已。譬如两粒钻石，不管放在哪里，终还是钻石。”

吴大猷生前一再强调，知识分子最应当具备的就是前人所说的“风骨”。他曾在九十寿诞时回忆，自己当年以一介书生劝谏蒋介石“总统”不要禁止留学政策，以及后来反对台湾发展核武器，是他对台湾最大的贡献，“对得起这一代与下一代的年轻人”。

2000年，人们评价：“吴大猷的逝去，似乎象征一个全方位的知识分子时代的幽微。在追怀吴大猷之时，更寄望这一脉中国文人的香火不绝，后继有人。”

2005年是爱因斯坦的相对论发表100周年，又是他逝世50周年，联合国教科文组织宣布今年为国际物理年。在纪念这位伟大的物理学家和知识分子的同时，国人似不应忘记逝世5周年的另一位杰出的物理学家和知识分子——吴大猷。

丁文江
出山要比在山清

作为地质学家，丁文江一生游历。其中最具象征意味的，也许是导致他死亡的那次。

1935年底，丁文江前往湖南调查粤汉铁路沿线的煤矿储量与开采现状。他本不必亲自去，但他说：“我觉得此种任务关系很大，所以我要亲自去看看，方可使将来计划易于实行。”

在湖南，他首先游了衡山，步行直达山顶祝融峰。后来到谭家山煤矿勘察，他又一直下到矿洞底部。回到衡阳，由于伤风，他生了炉火，结果当晚煤气中毒。此后，由于救治过程中的一系列失误，1936年1月，丁文江病逝于长沙。

他的挚友胡适说，丁文江在湖南，“在游兴和责任心的双重诱惑之下，爬上三千多英尺的高山，又走下六百多英尺斜深的矿洞”。

丁文江（1887～1936），字在君，江苏泰兴人，地质学家，民国知识界的领袖人物。

游衡山时，他曾即兴赋诗数首，其中一首《麻姑桥晚眺》写道：“红黄树草留秋色，碧绿琉璃照晚晴。为语麻姑桥下水，出山要比在山清。”

所谓“诱惑”，对于丁文江来说，其实正是根源于一个“出”字。

丁文江对德国地质学家李希霍芬的一段话颇不以为然：“中国读书人专好安坐室内，不肯劳动身体，所以他种科学也许能在中国发展，但要中国人自做地质调查，则希望甚少。”丁文江反驳道：“我们已有一班人，登山涉水，不怕吃苦。”

1914年，在留英回国三年后，丁文江独自到云南进行地质调查。正是在这次调查过程中，他和“万里遐征、奋然西行”的前辈徐霞客实现了神交。后来，他整理《徐霞客游记》，配上地图，并且还编撰了《徐霞客年谱》。

按照研究者的观点，徐霞客在中国的知识谱系中原本并无重要影响，甚至被其同辈和后代称为“离经叛道”，正是身为科学家和文化领袖的丁文江，通过多年努力，才把徐霞客的著作从湮没无闻中“挽救”出来，成为现代中国的思想资源。

1916年，地质研究所首批学生毕业典礼，丁文江代表教师训话，激越地描述了地质调查的莫大乐趣：“此中佳境，虽南面王亦何以易？况吾国西部诸山脉，如昆仑、如南山，皆坐待诸君之游屐，他日登绝顶，揽奇胜，则泰山不过一小阜，西湖不过一泥沼耳。”

如果说这些还只是丁文江作为一个地质学家外出游历的“游兴”的话，那么，一个科学家能被当时知识界尊为领袖人物，恐怕更多在于他兼济天下的出世“责任心”。

当时的中央研究院总干事杨杏佛被暗杀后，院长蔡元培诚聘丁文江出任这一协调全国学术研究的重要职务。因为在蔡元培看来，“在君先生是一位有办事才能的科学家。普通科学家未必长于办事，普通能办事的又未必精于科学，精于科学而又长于办事，如在君先生，实为我国现代稀有人物”。

早在1916年，农商部设立地质调查所，丁文江就任所长。这是中国现代成立最早的科研机构。在丁文江的领导下，该所迅速成为中国“最有光彩”的学术机构，在国际学术界也赢得了声誉。

那时，丁文江的办公室桌上，总放着他用毛笔抄写的胡适为他翻译的一段外国诗句：“明天就死又何妨！只拼命做工，就像你永远不会死一样！”

中国地质事业创始之初因缺乏人才，经北大校长推荐，1913年聘了原北京大学的德籍教授梭尔格（Dr.Solger）为客卿。这一年的冬天，丁文江与梭尔格一起到太行山去做地质调查。图为丁文江（右一）与梭尔格（左一）在河北。

1956年，丁文江去世20年后，胡适写出了《丁文江的传记》。我们读到，当日凌晨3时，胡适落下最后一笔，认定这些丁文江“最喜欢的句子”，是他“最适当的墓志铭”。

丁文江一生保持着“干政”的热情。上世纪20年代，他和同人们办《努力周报》，在军阀割据局势下提倡“好人政府”。30年代，他又参与创办《独立评论》，发表政治时评。他有感于中国近代军事教育的极端落后，一些军官连军事地图都看不懂，曾诚心向军阀孙传芳建议，由他来替孙创办一所现代化的军事学校。

与丁文江同为中国地质学科开创者的章鸿钊，在他去世后曾赠一副对联：“认责任内，无处可放松，治学然，治事亦然，识君以来，始信自强在不息；数交游中，唯真最难得，能让易，能争非易，从今而后，几疑直道与偕亡。”

丁文江早年曾习诗明志曰：“埋骨何须桑梓地，人间到处有青山。”在他1935年所立遗嘱中，提到“于余身故时即以所故之地方区域以内为余葬地”。最后，这个一生受“出”之诱惑的人，果真葬于出行之地，岳麓山下。

何廉
经济学斑斓一叶

小蒋有些茫然地在纸上胡乱写着南开经济研究所的英文简称NKIE（Nankai Institute Of Economics），同屋伸头过来，不解地看了半天，憋出一句话："写错了，大哥，耐克（美国著名运动品牌）应该是NIKE。"

何廉（1895～1975），湖南邵阳人，经济学家，最早将指数研究引入中国，"独开风气之先"。

不久前，北京大学中国经济研究中心的研究生小蒋看到一篇文章：《他们为中国播撒市场经济火种》，作者是"中国大陆目前最活跃的青年经济学家之一"的赵晓。文中梳理了20世纪以来中国经济学家的谱系，其中一段话引起了小蒋的注意：

事实上，早在1923年，云集哈佛、耶鲁、牛津等经济学'海归'博士、类似于今日北大中国经济研究中心的南开经济研究所就已正式开张，其以民间编制的'南开物价指数'享誉全球。但是正如这个研究所的领头人何廉的传记著作封面上飘零的一叶所象征的——这一切注定不过是乱世飘零的一叶而已，不会留下多少痕迹。

竟有如此“牛人”？何廉是谁？小蒋检索自己的记忆，没有丝毫印象。他到学校图书馆查找，发现只有三条目录：旧报刊室收藏的南开经济研究所主办的《经济统计季刊》（1932—1934），曾发表何廉《东三省之内地移民研究》等文章，这个季刊“是解放前经济理论界有影响的刊物”；库本阅览室收藏的何廉、李锐合著的《财政学》，1935年由上海国立编译馆出版；《何廉回忆录》，1988年由中国文史出版社出版，封面是淡淡水纹和落叶——这便是赵晓提到的那本何廉的传记著作了。

如果南开经济研究所当年真有“享誉全球”的影响，现存何廉的资料显然不足以匹配。带着疑惑，小蒋又到国家图书馆查阅，居然也只有四条，除了上述三条以外，还有一本1930年出版的《中国工业化之程度及其影响》，何廉、方显廷合著。

20世纪20年代，何廉从美国耶鲁大学获得博士学位后归国任教于南开大学。在校长张伯苓的支持下，他创办了南开经济研究所，该所被公认为研究中国经济之权威机构，其出版物驰名全球。

他不甘心，又借同学的账号登录号称“全球最大中文数字图书网”的超星数字图书网，点击图书检索，结果，“找到与‘何廉’相关的数字资源0个”。

其实，就连“何廉”这个如今几乎被遗忘的名字，得来本就是一个偶然。根据《何廉回忆录》，他到长沙的邵阳中学念书时，开学已一个月，要想注册，只能补一个上报了名字但没来报到的名额，此人名叫何廉，于是他便以何廉之名入学，“其后一直未能改过来”。

上世纪三四十年代，这个名字和马寅初、刘大钧、方显廷并称为中国四大经济学家，声震海内外。

1926年，何廉从美国耶鲁大学获得博士学位后归国任教于南开大学。在校长张伯苓的支持下，他创办了南开经济研究所，推进经济学教学“中国化”，倡导开展对中国社会经济的研究，带领人员研究中国物价统计，编制并公开发表各类物价和生活指数。

一时间，“南开素以经济系睥视国内，尤以经济研究所获得中外一致的称誉”，该所“被公认为研究中国经济之权威机构，其出版物驰名全球”。

1948年短暂出任南开大学代理校长后，何廉赴美，任教于哥伦比亚大学，后病逝于纽约。

当年在南开，何教授的名言是，每逢放假停课就叹气：“唉，又放假了。”传道授业意犹未尽之情溢于言表。而他过于专心工作，一次竟无意识地提着正冒热气的水壶去浇花，一时传为笑谈。

何廉被称为“我国最早重视农业的经济学家”。他曾领导了对山东、河北向东北移民问题的研究，通过调查他深感研究农村经济的重要性，认定“中国的经济基础大部分建筑在农业上面”，“中国经济建设或经济复兴的问题，我以为首先的是赶快设法增进农产，复兴农村”。

这些观点让小蒋感到震惊：原来七八十年前中国首屈一指的经济学家就已经意识到了近年来成为中国经济学界热门话题的“三农”问题，并付诸研究实践。

本科读中文的小蒋原来一直有种信念，经济学除了数字、公式和模型外，还应该有更人本、更“经世济民”的内涵。这一次，他又深切地体会到，在“经济学热”的此时此地，中国的经济学起码应该保存更多的记忆。

然而，中国经济学史上这色彩斑斓的一叶，毕竟已过早地“飘零”了。他无奈地发出一声叹息。

谭其骧
绕不过的“悠悠长水”

谭其骧祖籍嘉兴，嘉兴古称长水，所以他将自己的论文集命名为《长水集》。这一层意思其实很多人并不清楚，于是将“长水”与他所治的中国历史地理联系起来。他的弟子、复旦大学教授葛剑雄告诉记者，先生倒并不反对外人的这种联想。而在葛剑雄心目中，先生给他留下的印象正是“悠悠长水”。

谭其骧（1911～1992），字季龙，浙江嘉兴人。历史地理学家、中国科学院学部委员（院士）、复旦大学教授，主编《中国历史地图集》。

“他不是滔滔江河，但始终流淌着，就像那长年的流水，滋润大地。”葛剑雄说，“谭其骧的名字已经与中国历史地理学这门学科紧紧地联系在一起，任何一个想学习或研究中国历史地理的人，都将离不开他的著作，都将是他的贡献的受益者。”

按照葛剑雄的话说，但凡研究中国的历史疆域、政区沿革、人口迁移、民族分布，乃至黄河和长江的历史变迁，等等，谭其骧都是“绕不开”的。

1984年，美国总统里根访华，复旦大学是他到上海时的访问单位之一，学校决定将《中国历史地图集》作为礼品。校长向里根赠送礼品时，向他介绍主编这套地图集的就是本校教授谭其骧，里根听后，立刻回过身去与坐在第二排的谭其骧握手。这一场面被摄像机摄下，在美国进行了转播。后来，葛剑雄去美国，在介绍《中国历史地图集》时，不少人都说他们曾在电视上看到过谭其骧与里根握手。有的人并不知道复旦大学，但当葛剑雄提起这件事时，他们就会说："噢，就是向里根总统送一套地图集的那所中国大学。"

当年，学校却给像谭其骧这样的学者们开过一个荒谬的玩笑。1974年，上海学习清华大学经验，对所有正副教授进行"突袭考试"。复旦大学的试卷是本校各科的入学试卷，结果谭其骧对社会主义时期的基本路线只能举其大意，帝国主义的五大特点只写出了三点，"鞍钢宪法"没有答，三大纪律八项注意也没有写全，数理化只做了一亩等于几平方丈这一道题。这番考试的结果，被作为资产阶级知识分子毫无知识、一窍不通、连大学入学资格都没有的事例而广泛宣传。

葛剑雄这样描述他的老师："他的经历很简单，从6岁到82岁都没有离开学校。他的工作很单纯，从20岁登上讲台，就是上课和做研究。他16岁参加共青团，17岁以后就不想再过问政治，但政治却没有放过他，历史给他留下了风霜的印记。"

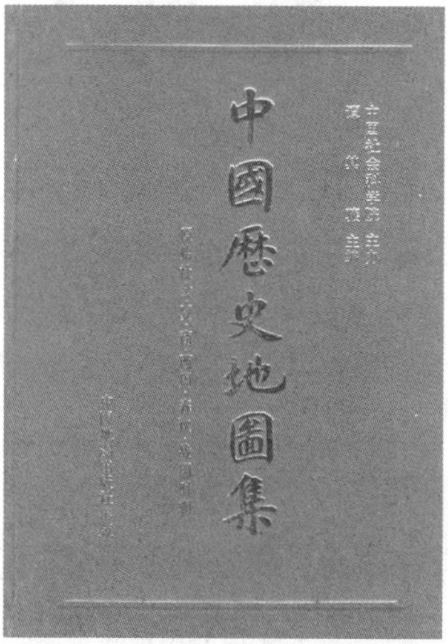

谭其骧主编的《中国历史地图集》书封。

和这般"平淡"的经历相符，谭其骧性情淡泊，寡于交游，疏于应酬，不大愿为学术以外的事花费时间。他在北平时，胡适是北平学界第一名人，青年人都以名为胡适所闻为荣，谭其骧的导师顾颉刚不止一次向胡适介绍过谭，并在信中对谭大加赞扬，但谭其骧却从未去拜见过胡适。

陈寅恪也是泰斗级名教授，不少人攀附惟恐不及。谭的好友俞大纲是陈的表弟，陈曾向他问起过谭的情况，谭其骧知道后，也没有“顺势”去见陈寅恪。

不过谭其骧也并非索然无趣之人。友人曾回忆起上世纪30年代初谭其骧刚从燕京大学研究院毕业后的生活，饶有兴味。“我们白天授课上班，晚上用功，有时觉得困累，闲谈一会儿，季龙活泼勇敢，到东安市场九龙斋买几串冰糖葫芦，吃了酸甜凉食以后，精神复振。”

谭其骧生前的住房面积不大，他的书房兼卧室只能放下一张小书桌，桌上总是堆得满满的，头绪一多，常常找不到东西。一次去昆明开会，住在圆通饭店，房间里有很大一张办公桌，他于是感叹道：“什么时候我家里能放得下这样一张大书桌，我的东西一定不会找不到了。可惜不在这里做事，这样大一张桌子派不了用场。”

谭其骧逝世后一年，子女护送他的骨灰坛登上海轮，到达长江口外的东海，骨灰在夜色中被撒入大海。此情此景，让葛剑雄感慨万千：“这里的水，来自青藏高原、来自长江流域，也来自他的故乡嘉兴和他生活、工作过的杭州、上海。悠悠长水汇入了浩淼大海，他与大自然共存。”

在后辈学人看来，这也许是一位将毕生献给中国历史地理学的长者最好的归宿吧。

陶孟和
把“社会”变成“学”

屋内，一个学者，伏案写作，或叼着烟斗在一排排书架间徘徊；窗外，一个少年，放学途中每日被这灯光吸引，自问：我长大后会不会也有这么一间书房。

陶孟和（1888～1960），原名履恭，生于天津，祖籍浙江绍兴。社会学家，中国社会学的奠基者。

少年日后成名，他叫萧乾；而学者当年是负盛名的大知识分子，如今却淡出了人们的记忆，他叫陶孟和。

那是上世纪20年代初期，陶孟和在北京大学担任教授。此前留学英伦，1912年他20余岁时，便与同学梁宇皋搜集资料用英文编写了《中国乡村与城镇生活》一书，被称为中国社会学的开山之作。

“五四”运动前一年，陶孟和在《新青年》上撰文倡导“社会调查”，宣称：“我向来抱着一种宏愿，要把中国社会的各方面，全调查一番：一则可以知道吾国社会的好处，例如家庭生活种种事情，婚丧祭祀种种制度，凡是使人民全体生活良善之点，皆应保存；一则可以寻出吾国社会上种种凡是使人民不得其所，或阻害人民发达之点，当讲求改良的方法。”

八十余年后，有人重新记起此文，并把它贴到社会学论坛上，称“此文值得一读，发表于1918年，恐怕是近代最早的农村社会经济调查的文献”。

陶孟和曾主持创建北平社会调查所，后与中央研究院社会科学研究所合并，由他长期担任所长。该所进行的一系列研究，蜚声海内外。

1949年后，陶孟和出任中国科学院副院长。名义上，这个职位和他此前的学术声望是相称的，然局内人日后回忆：陶孟和是文科，解放后不兴文科，他在科学院没多少实际的工作（管出版、图书），开会也可以不叫他来。

研究者发现，年过六旬的陶孟和虽是科学院的副院长，却是一个“可有可无不尴不尬”的人物，这从当时某实权人物的回忆中可以看出：“在科学院工作时期，我们相处得十分融洽，科学院的重大事项，郭老（郭沫若）、李老（李四光）、竺老（竺可桢）、范老（范文澜）和我都事先交换意见，统一思想，然后再交院务会议通过。”按说陶孟和也是副院长，但却不在“事先交换意见”之列。

更根本性的打击来自，上世纪50年代后，整个社会学被作为“政治上不正确”的专业予以取消，科学院的社会学所也被改为经济所。据说，此后陶孟和显得很消沉，几乎“随之销声匿迹”。

关注过陶孟和的学者智效民这样评说：“一个德高望重的学者，到头来居然连安身立命的专业都保不住，其内心的痛苦和精神上所受的打击可想而知。”

近十余年知识界风尚，社会学渐成一门“显学”。然而风气之迁移，却更像是断裂后的重生，而非承续中的进化。

在这一点上，著名逻辑学家金岳霖晚年的一番话可算看走了眼。“陶孟和先生是我的老朋友，后来同我发生了矛盾，但是，那是个人之间的小事，作为有大影响的知识分子，他是为当时的人所钦佩，也是应该为后世的人所纪念的。”

如今，遍查北京大学图书馆和国家图书馆的馆藏目录，“陶孟和”名下的十数条书目，均是他上世纪二三十年代印行的旧本。1949年后，他非但没有新著，甚至也没有再版过其旧著。民国大家之中，此种境遇，可谓“悲凉”，或谓“蹊跷”。

抗战胜利60周年之际，关于陶孟和，有一点是切切值得纪念的。从专业出发，他对第一次世界大战交战各方的损失估计和谈判情况相当了解，所以当抗战中社会学所困于四川李庄时，他提出战时经济研究和损失估计务必早日进行，以便为日后谈判赔偿问题提供资料。据此，社会学所进行了大量艰苦的专题研究。

虽然1972年中国政府放弃了对日本的战争赔偿要求，但正如研究李庄学术史的作家岱峻所言，当时毕竟开展了一项很有预见性的工作，“放弃也是一种权利，陶孟和们工作的意义在于，让我们知道放弃了什么和放弃了多少。”

智效民曾写过一篇文章纪念陶孟和。文末引用陶孟和早在上世纪30年代的一段文字，叫做《我们小民的希望》，以一个社会学家的立场向当权者提出三项要求：一是尊重生命，二是尊重财产，三是尊重人格。

有人在网上见到这篇纪念文章，感慨于所引陶孟和数十年前的呼吁，跟帖曰：“我们小民尊重这希望。”

蒋廷黻
“瓷器店中的猛牛”

大大有名的李敖，在人们印象中几乎“无人不骂”，却对一个公众记忆之外的人物大加推崇。在他看来，此人“所要求于知识界的，是动态、是入世、是事业、是实物，是书本以外、是主义以外、是文字以外、是‘清议’以外，是与小百姓同一呼吸”，所以，“这种真正的民胞物与经世致用的精神，才是蒋廷黻的真精神，才是蒋廷黻要求于中国知识阶级的真精神。”

蒋廷黻（1895～1965），湖南邵阳人，历史学家、民国时期外交家。获美国哥伦比亚大学博士学位后归国，先后任教于南开大学、清华大学。1935年始，以非国民党党员的学者身份从政，历任国民政府行政院政务处长、驻苏联大使、救济总署署长等职。

民国人物中，蒋廷黻引人注目，因他自有一种精神，有一股“劲儿”。

曾在联合国共过事的澳洲外交官这样形容蒋廷黻：“他是一个简单的人，不复杂的人。他像一头牛，充满着笨劲，一直往前冲，眼睛只往前看，这使他能够排除万难而达到他的目标。这是

1936年11月，蒋廷黻由国民党行政院政务处长改任中华民国驻苏联大使。因蒋廷黻不是国民党党员，故蒋介石于1937年初亲笔致函劝其加入国民党。

他的可爱之处，也是他成功之处。”

学者许纪霖因此借用一则西谚，形容蒋廷黻为“瓷器店中的猛牛”。

一个研究历史的名教授、一个穿梭国际的外交家，却被形容为“一头充满着笨劲的猛牛”。单凭这一点，蒋廷黻也算得上与众不同了。

猛牛闯进瓷器店，瓷器易碎，然而民国官场的“潜规则”却着实牢固着呢。进入政府之初，蒋廷黻研究了政府部门的结构，结果吃惊地发现，机构臃肿摩擦的现象之严重，大大影响了行政效率。蒋介石要他尽快拿出改革建议，他兴冲冲地拟了一份精简机构的方案，却遭到有关部门官僚和党内政客的激烈反对。

他还按照西方政治的规则，提出官员必须以实名申报财产，但到处游说，无人响应。

如此书生意气地触犯众怒，不久，力邀他入阁的蒋介石也只能下手谕，把他调离岗位。

蒋廷黻认定中国知识分子太爱惜羽毛，不肯牺牲自己的清誉，对此他甚至到了“咬牙切齿”的地步。“我国几千年来最无贡献的阶级是士大夫。我心发火的时候，不免要对秦始皇的焚书坑儒鼓掌。”

为了公务，他甚至经常尖锐地向同僚和朋友发难。朋友们只能连连摇头：“廷黻的湖南脾气又发作了！”

他的传记作者说他的性格过于天真、狷介，他像典型的知识分子一样，将世界上的人分为两种：一种是他看得起的，另一种是他看不起的。对于前者，比如胡适、翁文灏等，他可以与他们争得脸红耳赤，但因为尊重他们，才与他们认真。而对于后者，他会很不礼貌地板起面孔一声不响，最后毫无表情地起身送客。

蒋廷黻治学，“劲儿”也不小。今人评价：自20世纪初至今研究中国近代史的人员已形成一个庞大的群体，出版的各种著作也可谓汗牛充栋，但真正可成为传世之作的却很稀少。蒋廷黻的《中国近代史》一书，仅五万余字，却可谓字字珠玑，堪称“这座偌大著作堆垒成的金字塔”的塔尖。

蒋廷黻在会上发言。

当今史学大家、美国国家科学院院士何炳棣出身清华，他认为，当年的清华历史系在蒋廷黻领导下，隐约形成了一种学派，这是与清华国学院的王国维、陈寅恪迥然不同的另一种清华学派：重分析、重综合、重对历史的整体理解。蒋廷黻本人就是这一学派的身体力行者。

何先生感叹：你看一本薄薄的《中国近代史》，将史料都吃透了，融合在他对历史的独特看法之中。半个世纪以来，又有几本近代史著作超过了它？当今专为获奖的“皇皇巨著”，通通加起来也不及这本小册子的分量。“什么叫经典？这才是经典。”

1949年后，蒋廷黻继续出任台湾国民党政府“常驻联合国代表”、“驻美大使”等职，因此在大陆成为一个被非议、被淡忘的人物。他的《中国近代史》，也因与主流意识形态不合而被排斥。

近年，有人开始关注蒋廷黻，因他既是“中国近代史研究的拓荒者”，又是“民国以来学者从政中最有成就的一位”。

蒋廷黻晚年，故交李济曾问他：“廷黻，照你看是创造历史给你精神上的快乐多，还是写历史给你精神上的快乐多？”他没有正面作答，而是以惯熟的“外交辞令”反问道：“济之，现在到底知道司马迁的人多，还是知道张骞的人多？”

卢作孚
一个没有钱的大亨

在那个阴冷的下午，卢作孚回到重庆民国路20号寓所。他告诉厨工和保姆："我累了，我要休息。"然后直接走进卧室，再没有出来。

1952年2月8日傍晚，家人发现，民生公司总经理卢作孚服安眠药自杀。当日上午，刚开过民生公司"五反"动员大会。

卢作孚（1893～1952），重庆合川人，实业家，创办民生轮船公司，被毛泽东称为中国实业界四个"不能忘记"的人之一。

2004年9月10日，卢作孚长子卢国维在接受记者采访时，似乎不愿再去回忆当时的场景。他递给记者一篇4年前写成的短文《先父去世之日情况》："父亲仰卧床上，呼吸极度微弱。床头柜上有两个空小瓶，那是安眠药瓶，其中一个是平日为帮助睡眠用的，只盛有少数几片，另一瓶是深藏在一只衣箱里的。果然那只衣箱已打开，里面的衣物也翻乱了。"

用钢笔写在略带黄色的毛边纸上的遗嘱交代："民生公司股票交给国家，

卢作孚先生担任交通部常务次长兼全国粮食管理局局长期间，于1941年8月去成都，在著名平民教育家晏阳初先生寓所与长子卢国维（右）和次子卢国纪（左）合影。

借用家具还给民生公司。”而他的寓所，是借金城银行的房子。

在1944年一期《亚洲与美国》的美国杂志上，发表过一篇《卢作孚和他的长江船队》的文章，文中列举了组成他一生的“一大堆不协调”：一个没有受过学校教育的学者，一个没有现代个人享受要求的现代企业家，一个没有钱的大亨。

其实，卢作孚的一生又是最“协调”的。卢国维说：“父亲一生事业和著述，用一句话可以总括——培养建设的力量，边破坏边建设，破坏也是为了建设，是为了更好的建设。”

早年，同为“少年中国学会”会员的卢作孚和恽代英约定：卢搞建设，当时已加入中国共产党的恽搞革命，双方将来要“殊途同归”。

不过，在“革命”浪潮中，建设者卢作孚不知道归向何方。他的孙女卢晓蓉这样解释祖父在“三反五反”运动中的自杀：“祖父一向看得很远，虽然刚解放，但他已经预见到了未来的几十年，他的建设的力量根本就没有用武之地，他又能奈何呢？”

遗嘱中，卢作孚要求：“西南军政委员会证章退还军政委员会。”

卢作孚毕生建设的两项事业是，民生轮船公司和重庆北碚地区。

关于卢作孚的专题片中有这样一段解说词：“1938年秋天，当一个国家民族工业的生死存亡全掌握在一个船运公司企业家手里时，这段故事的传奇色彩就更显浓厚。这个企业家叫卢作孚，他率领民生公司完成了著名的宜昌大撤退。”

宜昌撤退，被称为“中国的敦刻尔克”。时任国民政府交通部次长的卢作孚，运筹帷幄，调动以民生公司轮船为主的所有运力，赶在长江枯水期之前，在40天内将从上海、南京、武汉撤退到宜昌的10万吨兵工器材和战略物资，以及数万人员，抢运到四川，为中国抗战保存了命脉。

这次撤退完成后，卢作孚在回答关于民生公司经营状况的问题时说：“这一年我们没有做生意，我们上前线去了！我们在前线冲锋，我们在同敌人拼命！”

卢作孚不止一次说，他“真正的兴趣不在民生公司，而在北碚”。“我之喜欢北碚，胜于自己所主办的事业”。在卢晓蓉看来，无论民生，还是北碚，其实都是祖父“建设”的“样板”。

卢作孚一生投入大量精力在北碚进行他的城市建设和社会改造实验。著名的华西大学创办者约瑟夫·毕启博士在参观了这个“平地涌现出来的现代化市镇”之后，“夸赞地责备”他的朋友卢作孚：“哎呀！你总是以一种可怕的步伐在前进，不是吗？！”

在《工作的报酬》一文中，卢作孚写道：“最好的报酬是求仁得

1944年美国“Asia and America’s”杂志刊登了一篇文章，文章惊呼北碚是“平地涌现出来的现代化市镇”，是“迄今为止中国城市规划的最杰出例子”。图为当年北碚的景观。

仁——建筑一个美好的公园，便报酬你一个美好的公园；建设一个完整的国家，便报酬你一个完整的国家。这是何等伟大而且可靠的报酬！它可以安慰你的灵魂，它可以沉溺你的终身，它可以感动无数人心，它可以变更一个社会，乃至于社会的风气……”

民生公司的第一艘轮船——民生轮。

另一个毕生的建设者——浮士德，满怀喜悦地喊出“真美呀，请停留一下”，倒地死去。而卢作孚，在建设的途中，还没有得到他“工作的报酬”，累了，休息了。

2　明月独举 气节长存

曾经有那样一个时代，曾经有那样一批人物。他们那样地想着，那样地活着。他们离我们今天并不遥远，但他们守护、在意、体现的精神、传统、风骨，已与我们相去甚远。

邓广铭　雷海宗　潘光旦　吴组缃　徐中舒
傅　鹰　容　庚　蒋天枢　杨廷宝　赵紫宸
蔡公时　蒋百里

邓广铭
拓万古之心胸

邓广铭研究古代史，最早却以新文学为人所知。1932年考入北京大学历史系之前，他曾就读于辅仁大学，恰逢周作人来校讲新文学。周作人自称“既未编讲义，也没有写出纲领来，只信口开河地说下去就完了”，谁知讲完之后，“邓恭三先生却拿了一本笔记的草稿来叫我校阅，所记录的不但绝少错误，而且把我所乱说的话整理得略有次序，这尤其使我佩服”。

邓广铭（1907～1998），字恭三，山东临沂人。历史学家，公认的宋史泰斗。

结果这本笔记当年就以《中国新文学的源流》为名出版了。周作人将稿费送给邓广铭，他用这笔钱买了一部线装二十四史。老友张中行后来感叹，周作人讲课北调搀和南腔，其中又有不少专业知识，颇不易记，邓广铭却像是轻而易举，不止记了，且接着就印成书。“一个初进大学之门的学生，才竟如此之高，学竟如此之富，简直不可理解。”

陈寅恪在《邓广铭〈宋史·职官志

考正〉序》中写道：“华夏民族之文化，历数千载之演进，造极于赵宋之世，后渐衰微，终必复振。”有“复振”的希望，所以“宋代之史事，乃今日所亟应致力者”。然而，这一件工作却并不容易做，因为《宋史》阙误特多，而在诸正史中，卷帙最为繁多，故“数百年来，真能熟读之者，实无几人”。

由此可见，欲治宋史，必须有勇气、有才学。邓广铭无疑就属于这不多的“几人”之列，史学大家周一良甚至认为他堪称“20世纪海内外宋史第一人”。

邓广铭穷毕生之力研究宋史，而他早年读罗曼·罗兰的《贝多芬传》，又萌发了写中华民族英雄人物传的念头，于是以史笔为王安石、岳飞、辛弃疾、陈亮等立传，为他们钩沉、辩诬，对他们作出公允的评价。他写王安石，写的是“天变不足畏，祖宗不足法，流俗之言不足恤”的三不足精神；写陈亮，是写“推倒一世之智勇，开拓万古之心胸”的特立独行气概；写岳飞，写的是“待从头，收拾旧山河”的壮志。

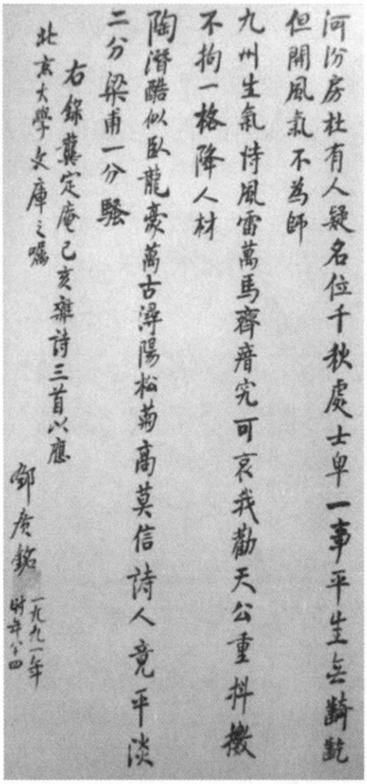

邓广铭手迹

他的《岳飞》被称为名著，1945年抗战胜利之际由重庆胜利出版社出版。“这是一个巧合，出版正赶上那场民族战争的胜利。”邓广铭的女儿邓小南告诉笔者，“书是在抗战中写的，里面寄托着他的慷慨报国之心。”上世纪80年代此书增订再版，印数逾17万册，对于学术著作，这是少见的印数，可知此书受欢迎的程度。

邓广铭写这些豪杰，同时也将此种情怀躬行于自己的人生实践。长期随伺父亲左右的邓小南对父亲的印象是两个词：耿介和磊落。“他们那一辈学人，经过那么多曲折，很多人改变了，但他总体上还是磊落的。他自己在‘运动’中有过违心的言行，这他从来都承认，承认得也很磊落。”

一些老朋友默认学界不良之风，邓广铭会毫不客气地提出批评；他的学术商榷文章，总是直指根本，非常尖刻。家人劝他随和一点儿，他却斥之为“乡愿”。邓小南感叹：“他这是上世纪三四十年代的学界风气，那时的学者坦诚相见，大家习以为常。但现在，已经不是那个时代了。”

时代变了，然而邓广铭依旧沉浸在他以往的理念中，依旧渴求思想的交流甚至交锋。他的不肯屈就，使他在晚年失去了很多本来能够谈话的朋友，以至于家人不时能察觉到他精神深处的孤寂。

邓小南说，其实父亲晚年珍视每一次沟通交流的机会。他耳朵不好，戴上助听器效果也不大，凡有电话找他，他会立即让家人搬来一张小椅子，端坐在那儿，双手把着电话筒，把耳朵紧紧地贴在上面……说到这里，邓小南的声音有些悲凉。

邓广铭一生，有声有色，有棱有角。在临终前的病榻上，他对女儿说：“我死了以后，给我写评语，不要写那些套话，‘治学严谨、为人正派’，用在什么人身上都可以，没有特点。”

也许，葬礼上的一句挽联会符合先生的心愿：“直道挺儒林，矫俗惟凭孤剑勇。”

老友季羡林在回忆邓广铭时提到过一个词：“后死者”，感慨于这个词里面所蕴含着的哀思、回忆、抚今、追昔，还有责任、信托。季老以“后死者”自勉，反观已逝的邓先生，他又何尝不是岳飞、辛弃疾、王安石、陈亮……这些宋代大豪杰们的“后死者”呢？

此情境，“千古知音”一句，足矣。

雷海宗
历史的碎片

雷海宗人生的三个碎片，被他的学生记录如下：

——上课铃响后，只见一位小老头拄着拐杖，一步一步地挪动着双腿，吃力地坐在讲台后的一把椅子上。看着他那痛苦的样子，我不觉生出几分恻隐之心。在那一瞬间，阶级斗争的观念就像是断了线的风筝，无影无踪。此刻，教室里异常安静……

雷海宗（1902～1962），字伯伦，河北永清人，著名历史学家，长期任教于清华大学，1952年院系调整后任教于南开大学。

这是1962年春，雷海宗在南开大学重上讲台。

——他走进教室，摘下那顶旧呢帽放在台子角上，一枚校徽老是倒插在上面，他真没工夫管这些。你看他，喘着气，脸上的红潮还来不及退，他就在黑板上写了一个“战国之社会经济”，信口讲了下去，讲来又是那么的轻快、流利、生动，使历史上一个个人物都活了起来，一件件事都在墙壁上来回地撞……

这是1932年，雷海宗应聘回到母校

清华大学，开设“中国通史”课程，当时的学生刊物《清华周刊》上“教授印象记”描绘的形象。

——会上，有教师和高年级的同学做批判发言。因发言者南腔北调，再加上声嘶力竭，也听不清讲些什么。然而，会场那严肃的气氛，情绪的激昂，震天的口号声，真有刺刀见红的感觉。……最后是被批判者的自我批判，因离得太远，看不清人的模样，只听他说：“我叫雷海宗，反苏反共二十多年……”

这是1957年雷海宗被划为“右派”后，为了对新生进行阶级教育，学校安排新生旁听批判雷海宗的大会。

从1932年到1962年，一位学者的人生在1957年被划断。

雷夫人记得，1957年夏，天津市召开“反右”大会，会上雷海宗被划为“右派分子”，会后他回家进门时弯着腰，很沉痛地对夫人说，“对不起你。”次日，他突然便血两马桶之多。“他躺倒了，从此无人敢进我们家门。我俩终日默默相对，食不甘味，寝不安眠。”历史系叫他作检讨，不知写了多少次，直至骂得自己一无是处，方能通过。

等到雷海宗摘掉“右派”帽子后，系里纷纷来人，对他说，这门课无人教，那门课无人讲，“恨不得他成为孙大圣。”1962年春，患慢性肾炎已3年，严重贫血，乃至全身浮肿、步履艰难的雷先生，坐三轮车来到教室，重上讲台。

史学大家何炳棣上世纪30年代求学于清华历史系。他认为，由于近20年来学界对陈寅恪的研究和讨论十分热烈，目前不少学人认为陈寅恪是所谓“清华历史学派”的核心，但“事实上30年代的清华历史系绝不是以陈寅恪为核心的”。

当时蒋廷黻担任系主任。他采取的革新措施之首就是聘请雷海宗回母校主持“中国通史”这门基础课程。雷海宗在美国芝加哥大学取得博士学位后，回国即开始以文化形态史观试图建树中国通史的宏观理论架构。因此，何炳棣记忆中的清华历史系显然更加多元。“当时陈寅恪先生最精于考据，雷海宗先生注重大的综合，系主任蒋廷黻先生专攻中国近代外交史，考据与综合并重，更偏重综合。”

雷海宗开启了史学界的风气，堪称一代宗师。然而后世研究者看得很明白：他的学术观念和思想，与后来取得学术话语领导地位的马克思主义唯物史观派不尽相同，甚至完全相左。“这样一个声名显赫的资产阶级史学权威，在解放前就曾以与马克思主义唯物史观相违的文化史观闻名于世。虽然，解放后的雷海宗在学习了马克思主义之后，觉得找到了真理，发现了新的世界，‘辩证唯物主义和历史唯物主义的世界观’使其恢复了‘青年时期的热情’，但在当道者眼中他的世界观仍然是资产阶级的，所以必须清算。”

他在1957年的遭遇，被后人称为“蒙难”。当权者甚至拟定了一个为期两年的“批判计划”，“以批判雷海宗的资产阶级学术思想为重点，一共十五项题目。”“披着史学家外衣的、具有二十多年反苏反共政治经验的老牌右派分子”等罪名不断袭来，温文尔雅的雷教授终于声嘶力竭地承认“我叫雷海宗，反苏反共二十多年……”

2002年，雷海宗诞辰100周年之际，南开大学举行了隆重的纪念活动。但有观察者感到遗憾：现在的纪念者大多也是当年历史的亲历者，读他们的回忆文章，还是感觉有些史实较为晦涩，不提也罢。

潘光旦
自己怎么看待自己

有一张著名的照片（见下页）。1951年10月，中国人民政治协商会议第一届第三次会议在北京举行，会议休息时，毛泽东主席从主席台上下来，与政务院文化教育委员潘光旦交谈。

潘光旦（1899～1967），字仲昂，江苏宝山人。早年毕业于清华大学，赴美留学，后长期担任清华大学校务领导，研究社会学、优生学、性心理学、民族史等，卓有成就。

研究者这样解读这张照片：潘光旦上大学时因体育事故，断了一条腿，行走不便。大概是休息时毛泽东见其他人均离席走动，唯潘光旦端坐未起，故特加顾问。毛泽东与别人在一起的照片，大都位置显要，很“露”脸，而这一张，却是个背影，且站在一旁。潘光旦委员情绪饱满，谈锋正健，案几上摞着文件，左手中的烟斗似乎还有余热。建国伊始，知识分子心情舒畅、欲展抱负的情态跃然其间。同时，我们从领袖谦恭的背影里，也不难看出国家爱惜人才、重用人才的殷殷之情。然而，就在六年以后，知识分子即厄运临头，被打入了“另册”，及至“无产阶级文化大革命”更革出了个“知识越多越反动”。潘光旦也未能幸免，1957年被打成右派，1967年含恨辞世。这些遭际，是照片上的那个潘光旦所万万不会想到的。

收录这张老照片，尚需补白一句：“潘光旦或许不为人熟知，在此聊补一笔。潘光旦，社会学家，是梁启超的学生、费孝通的老师。”

2005年费孝通辞世，有人敏锐地指出：“中国社会文化变迁失去了一位最为敏锐的见证人。”在中国社会学史上，费孝通属于第二代学者。尽管在实际的学术活动上，他经常跟上一辈人在一起，但他总是清楚地意识到在为人、为学上两代人的差异。他所感受到的“代”的差异不仅局限在社会学界，而是更广泛地存在于前后两代知识分子之间。

费孝通晚年写了一系列师友回忆文章，不断地试图诠释上一代学者的做人原则与学术探索精神。他曾谈到自己与潘光旦在做人上的差异：“我这一代人可以想到，要在人家眼里做个好人，在做人的问题上要个面子。现在下一代人要不要面子已经是个问题了。我这一代人还是要这个面子，所以很在意别人怎么看待自己。潘先生比我们深一层，就是把心思用在自己怎么看待自己。这一点很难做到。这个问题很深，我的力量不够，讲不清楚，只是还可以体会得到。我这一代人还可以体会到有这个问题存在。”

言下之意，甚为悲凉——下一代人还可以体会到吗？

1951年10月，中国人民政治协商会议第一届第三次会议在北京举行，会议休息时，毛泽东主席从主席台上下来，与政务院文化教育委员潘光旦交谈。

“恐怕很难体会到了。”一位长期研究教育的学者对笔者感叹。“别的因素先不论，我们的教育一直以来就缺失这一环。”

潘光旦在书房。

他说，现在的教育界，了解潘光旦教育思想的人不多，但实际上，研究中国现代教育，潘光旦本是绕不过去的人物。

上世纪三四十年代，潘光旦痛陈教育的误区：在这个“大时代”里，有的是“研究教育”、“专门教育”、“技术教育”、“职业教育”、“国民教育”……而名为教育，实则就理、工、医、农一方面言，十之八九只是训练；就文、法一方面言，十之八九只是宣传……如此下去，岂复有“自由教育”可言！

潘光旦曾写过一篇《国难与教育的忏悔》，认为近代以来所谓新教育，有许多对不起青年与国家的地方，总括起来说就是，教育没能使受教育的人做一个“人”、做一个“士”。中国教育没能跳出三个范围：一是平民教育或义务教育，目的只在普及，而所普及的不过是识几个字，教大众会看简单的宣传文字；二是职业教育或技能教育，目的显而易见只是教人学些吃饭本领；三是所谓人才教育，充其量只不过是培养一些专家或者文官。这三种教育和做人之道都“离得很远”。

他主张教育应当培养出“士”的情志，平时牢守“士不可以不弘毅，任重而道远”，危难中体现“见危授命”、“士可杀不可辱”的志节。

他说，国难的形成自有其内因外缘，若就内因来说，与当时的国民素质有很重要的关系，而归根结底，教育要负很大的责任，因为它忽略了教育一般国民做人做士的根本使命。“教育不知做人造士为何物，因而应该忏悔。”

“读读潘光旦吧，何其相似啊。”说罢，那位学者默然良久。

吴组缃
尊重自己的尺度

吴组缃被称为一位智者。在他的弟子刘勇强眼里："吴先生非常敏锐，很有智慧，聊起天来，滔滔不绝、神采飞扬、妙语连珠。"

他同时又被称为一位勇者。子曰："吾道一以贯之"，吴先生的"尺度"也始终一以贯之。"他从不会因人而变、因事而变、因时而变。"北大中文系教授孙玉石评价道，"他要一个导师应有的尊严。他尊重自己的尺度。"

吴组缃（1908～1994），安徽泾县人，现代作家、著名学者和教育家，曾任清华大学教授、中文系主任，北京大学教授。

1929年，吴组缃考入清华大学经济系，次年转入中文系，毕业后，在清华研究院继续学习，但没读完研究生就离开了。他的传记记述到此往往语焉不详。就此，吴先生的弟子张健曾特意向他探究过其中原委。

据吴先生说，读研究生期间，他曾选了国学大师刘文典的六朝文学课，在学期作业中，他骂六朝文学是娼妓文学，刘教授非常生气，就给了他一个不及格。但刘教授同时也托人带口信给他，只要他改变观点，就可以过关。当时，吴组缃已经结婚生子，全家要靠他的奖学金生活。一门课不及格，就意味着拿不到奖学金，而拿不到奖学金，全家人的生活就没有着落，也就意味着他不能再继续学业。但吴组缃硬是没有收回自己的观点，结果不得不中断学业，经人介绍到南京的中央研究院供职。

和吴组缃有过长期交往的北大中文系教授方锡德讲过一件小事：上世纪40年代，吴组缃曾应聘四川省立教育学院教授，当时是在学期中间，校方希望他开半学期的课，但要支付给他整学期的薪水。吴组缃当即表示："这样怎么行？我明明只上了半学期的课，怎么能拿你们一学期的薪水？"

"文革"期间，吴组缃自己被打成了牛鬼蛇神，夫人被折磨得精神失常，但他在军宣队召集的一次征求意见的座谈会上，仍然坦率直言："想起这场革命，我就有一种毛骨悚然的感觉。"当时许多人很为他着急，怕他挨批，因此劝他承认这个说法不妥，以便了事。但吴组缃执意说这就是他的原始感觉，最终也没有改口。

1985年，刘勇强考取吴组缃的博士生，第一次见到自己的先生，就有一件事给他留下了深刻的印象。那天，正好有一个外地学者来拜访吴组缃，拜访者编了一本清代学者纪昀的《阅微草堂笔记》的选注本，想请吴组缃题签。但吴组缃看后，直率地对那位学者说，自己认为他对纪昀的看法并不妥当，所选的篇目也不理想，因此，不能题写这个书名。

古希腊智者普罗泰戈拉曾经说过一句名言："人是万物的尺度。"他因此被很多人称为"诡辩派"的鼻祖。有些时候，吴组缃倒确实像是一个"诡辩家"：尊重自己的尺度，很多时候固然需要原则和勇气，但另一些时候，则需要机敏和智慧。

吴先生烟瘾很大，茶几上随时一字儿排开十数只形形色色的烟斗，以备轮番取用。子女多次劝他戒烟，但他总是不接受劝告，而且还发明了一套"以毒攻毒"的理论。张健就曾当场领教过"这个固执、可爱的老头"，振振有辞地对子女们阐述他的"以毒攻毒论"。

吴先生的儿子吴葆刚一直认为，“父亲对事物有自己独到的分析和见解，从不人云亦云”。一次，他告诉父亲杂志上讲竹笋虽然好吃，但主要是纤维，并没什么营养。他父亲立刻反驳道：“熊猫只吃竹子，可是长得胖乎乎的，怎么能说这东西没有营养呢？”

“他时常会流露出一种纯真之心。”刘勇强回忆说。有次，他陪吴先生经过未名湖边，看见有个女孩儿用小石子向湖面上打水漂。于是吴先生很认真地说：“这怎么能行呢？如果人人都这样，岂不是要把湖填平了？”

季羡林曾经这样描述他这位老友：“池塘边上，一个戴儿童遮阳帽的老人，坐在木头椅子上，欣赏湖光树影。”

现在，池塘边的木头椅还在，只是“戴儿童遮阳帽”、“欣赏湖光树影”的老人不见了。

徐中舒
学界泰斗的“本分”

徐中舒去世后，同系的一位老教授坐着轮椅赶来吊唁。别人要抬着他上楼，他不许，趴在楼梯上就放声大哭。

三十多年前，在“反右”斗争刚开始时，这位年轻气盛的教师曾是积极分子，认为系主任徐中舒已成老朽，便经常在大会上指名道姓地批评徐先生。孰料形势急转直下，没过两天，反倒是出风头的他本人被打成“右派”。面对如此打击，他想要轻生。可妻子怎么办，5个孩子怎么办？想来想去，他觉得还是几天前自己刚刚批评过的徐先生最为厚道。于是登门找徐先生：托孤！

徐中舒（1898～1991），安徽怀宁人，著名历史学家、古文字学家。早年毕业于清华研究院国学门，师从王国维、梁启超等大家，后长期任教于四川大学历史系。

徐中舒绝口不提此前的恩怨，只是劝他要好好活下去，活下去就会有前途。徐中舒的孙子徐亮工曾看见过祖父写给同样被划成“右派”的叔叔的信，“祖父对自己儿子这样说，对他也这样说。”

于是，此人放弃了轻生的念头，后来还成为卓有成就的学者。不过据徐亮工回忆，这位教授此后一直保持着某种矜持，和徐中舒的来往并不多。但那一哭，足以说明一切，“他们是心心相印的”。

在徐中舒的儿子徐安石眼中，作为学界泰斗的父亲，最恰当的评价却是“本分”二字。“他的话不多，但从不说假话，哪怕是在‘文革’期间。”

开《海瑞罢官》讨论会，当时很多先生已经“学聪明了”，闻到味道不对，于是包括有些和吴晗私交甚好的人“都开始滑了”，说起话来不知所云。但徐中舒说：“吴晗写这个东西，是不是为彭德怀翻案，我不知道，我也不认识吴晗。但姚文元的说法我觉得不对，清官总是比贪官好吧，怎么连清官一块儿批呢？”很快，记录这次会议的小册子就从“学习辅导材料”变成了“供批判用”，徐中舒成为“文革”中四川大学第一个被揪出来的“反动学术权威”。

他常被拖出去批斗，但对此却异常豁达，每次批斗回来，倒头便睡，大概不到5分钟就鼾声大作了。那时，徐亮工还小，但也被逼着写了大字报，要和祖父划清界限。祖母骂他：“小崽子！你祖父这么爱你，你居然要划清界限？”祖父却在一旁笑着说：“他该写啊，他应该写嘛，不写咋个办呢？”

“我觉得他是看穿了，毕竟是研究历史的。”徐亮工说。

历史系的吴天墀先生，1949年之前参加过青年党，在西康省政府任过职，因而被判定有“历史污点”，开除了公职。迫于生计，他只好去拉架子车，同时卖掉了藏书。徐中舒觉得这个人才可惜了，就叫他来家中，问他：“你是应该做学问的人，怎么干起这种事情来了？”吴天墀回答：“一家人总要吃饭啊！”徐中舒当即便说：“你一家人吃饭我来管，你现在还是要做学问！”

据说，吴先生后来也这样对他那些遇到困难的学生。他总是说：“你不要着急，如果说没分你工作，我拿钱给你过日子。我的老师这样对我，我也应该这样对你。”

四川南充一个小学教师，考徐先生的研究生没考上。他家里穷，偏又生病住院，徐中舒托人带钱给他，并劝他，考不上没关系，照样可以做学问。后来此人来拜访，徐中舒当真在饭桌上给他讲起了《左传》。徐安石回忆：“那可是一句一句地讲啊，非常耐心。”

对年轻后学，不管水平怎样，只要说是对学问感兴趣，徐中舒就来劲儿，就高兴得不得了。常有很多青年人写信来问学，徐中舒嘱咐孙子要一一回复。徐亮工不以为然：“这些信还要回吗？不理就完了！”徐中舒却总是说：“唉唉，还是要回的，要回的。”对一些具体问题，他会告诉徐亮工去查哪本书，就可以回答了；对泛泛而谈的，则让徐亮工写些鼓励的话。

“于是我回了好多这样的信！”今天说起这段往事，徐亮工还颇有些“无奈”。

与老友蒙文通相比，徐中舒缺乏幽默。非常难得的一次，他和友人在校园里散步，路过几栋红砖修的楼房，脱口而出：“这不就是又红又‘砖’吗？”而多数时候，他和朋友下棋，可以一两个小时不说一句话。徐亮工遂下一断语：“寡然无味。”

傅鹰

被毛泽东“钦点”的教授

傅本立和他父亲傅鹰一样，一口京腔。

“他这人‘大不吝’，”傅本立从老北京话里搜出这样一个词形容父亲，“也就像是无所谓的意思。‘让我说我就说，什么都不管不顾’。他就这性格。不说假话。”

傅鹰（1902～1979），祖籍福建闽侯，生于北京。著名化学家，中科院首批学部委员。留美归国后历任北京协和医学院、厦门大学、北京大学等校教授。

因为傅鹰的磊落耿介，他曾被毛泽东“钦点”过两次。也正因为这两次“钦点”，他在“反右”斗争中竟奇迹般地与“右派”擦肩而过。不过，这种“大不吝”的性格，最终让他在“文革”中吃尽了苦头。

1957年5月中旬，毛泽东发表了《事情正在起变化》一文，为发动“反右”做了思想铺垫（此文原收入《毛泽东选集》第五卷，《毛泽东著作选读》新编本中没再收录此文）。在这篇文章中，毛泽东提到当时的整风和批评运动时，认为“多数人的批评合理，或者基本上合理，包括北京大学傅鹰教授那种尖锐的没有在报纸上发表的批评在内……他们的批评是善意的。右派的批评往往是恶意的……”

毛泽东还有一篇指示，没有公开发表，但已为许多党史研究者所引用，并收入内部发行的《建国以来毛泽东文稿》中。这就是1957年5月16日，毛泽东为中共中央起草的关于对待当前党外人士批评的指示。其中写道：“自从展开人民内部矛盾的党内外公开讨论以来，异常迅速地揭露了各方面的矛盾……党外人士对我们的批评，不管如何尖锐，包括北京大学傅鹰化学教授在内，基本上是诚恳的，正确的。”

据原中宣部副部长、中央文献研究室副主任龚育之回忆，毛泽东所说的傅鹰的“尖锐批评”，登在中宣部“只供领导同志参考”的党内刊物《宣教动态》（1957年第51期）上。标题是：“傅鹰对党和知识分子的关系提出尖锐的批评”。

即使在今天看来，傅鹰在当年4月底北大化学系接连召开的两次座谈会上的言论也有些“惊世骇俗”。从几个小标题便可见一斑：“党对知识分子的脾气还没摸对”；“党和知识分子关系紧张是党员瞎汇报的”；“年轻党员如同国民党特务”；“我最讨厌思想改造”；“学校里的衙门习气比解放前还重”等等。

这就是傅鹰。上面让“大鸣大放”，他真的就“大不吝”地开始鸣放，把他所看到的现状和盘托出，没有任何隐讳。不过，这一次他是幸运的。按照龚育之的说法，“反右”中，“傅鹰则因为有过毛的这番话，得幸免于这一场灾难”。而据北大化学系的教师回忆，正是由于“毛泽东对傅鹰给予充分肯定，后来，不但先生没有被错划为右派，北大的教授们也都因此而幸免”。

“文革”开始后，傅鹰不再有“反右”中的那种“幸运”。他和北大校长陆平、历史系教授翦伯赞共同成为重点批斗的对象。傅本立回忆说，一次父亲被拉去批斗，眼睛都被打紫了。他陪着父亲回到家，感到很气愤，于是问父亲：早知今日落得这个地步，当初选择回到新中国后不后悔？父亲回答得很干脆：不后悔！

有人曾以“坦荡”形容傅鹰。他在胸前挂着黑牌子挨批时，还不忘要看看别人胸前的黑牌子上都写着什么。

即便是被关进牛棚，傅鹰仍在“大不吝”地发表着自己的评论：“江青提倡‘文攻武卫’，把运动搞乱了”；“‘批林批孔’，干嘛把批林跟批孔联系起来？对孔子要一分为二”；“我担心（周）总理死后，会天下大乱！……天下大乱，这还不明白？邓小平旁边有张春桥，张是要闯乱子的”……

东北大学部分教师合影。坐者左起：刘崇东、傅鹰、陈植、蔡方荫、梁思成、徐宗漱。

曾经有过一本《傅鹰反党言论集》，保存下来一册，作为资料收藏在北大化学系。但据傅本立回忆，傅鹰先生的一个学生，准备写一篇纪念文字，把这本小册子借走了，后来，此人出国，小册子从此不知下落。

2002年，傅鹰诞辰100周年纪念大会在北京大学举行。时任国务院副总理李岚清致函北大：“傅鹰先生是一位忠诚的爱国者。他拥护党的领导，以主人翁的态度向党进言献策，是党的真挚诤友。他刚正不阿，在逆境中仍坚持真理，与恶势力进行斗争。傅鹰先生的事迹感人至深，是我国爱国知识分子的榜样。”

容庚
宁跳江，不批孔

鲁迅曾有一篇轶文，“文革”中在广州被发现。他为了讽刺与自己素来不和的顾颉刚，说中山大学已经聘了一个口吃的顾颉刚，又打算聘请同样口吃的容庚，难道中大喜欢口吃?

中山大学中文系教授曾宪通当年长期担任容庚的助教，被视为容先生的“大弟子”。他告诉记者，容先生确实有一点儿口吃，不过并不严重。

在曾宪通的记忆里，容先生话不多，不属于滔滔不绝善言辞那种学者。他上课，总是用白布巾裹着几部线装书，在讲桌上打开，转身在黑板上写一个古字，站在一旁，问台下这是什么字，然后根据学生的回答，引经据典加以评析。

容庚（1894～1983），字希白，号颂斋，广东东莞人。古文字学家，收藏家，所著《金文编》、《商周彝器通考》等为该领域扛鼎之作。

这位话不多，甚至有些口吃的名教授，却说过不少“名言”。

他有一句口头禅：“把戏人人有，

变法各不同。”以此来点拨自己的弟子，做学问讲究的是变通，取法前人，但须求变。“文革”后期，一位“批林批孔”的干将跑来劝容庚，让他认清形势，参加批判孔子。容庚答曰：“我宁可去跳珠江，也不批判孔子。”

容庚在历次“运动”中被揪住的一个辫子是他曾说过的一句话：“生财有大道，成名有捷径。”似乎相当敏感的前一句，说的其实是收藏的经验之谈。容庚以一介书生收藏青铜器和字画，资力不足，靠的是眼力。他擅长辨别铜器字画的真伪，人家看走眼的，他就以平价购入，再用10倍的价钱卖出，此之谓“生财有大道”。

有人曾在批斗大会上揭发容庚，说他在解放前把贵重文物卖给美国人。他老老实实地回答说：“有！那个鼎是假的，我是把假古董卖给美国人了。”此言一出口，那帮人先是愣了一下，然后哄堂大笑，对他的批斗也就进行不下去了。

曾宪通感慨容先生的耿直，在那么多的“运动”中，他总是怎么想就怎么说。容庚曾对曾宪通说过：“我说的话，是人人心中所有，人人口中所无。”回想起先生的言论，曾宪通笑道：“其实他的言论早够‘右派’了，只是被‘保’了下来。他倒好，还一个劲儿跑到中文系党委去为‘右派’教师说情，说这个不应该是‘右派’，那个不应该是‘右派’，说得党委书记没办法，只得威胁他，‘你都自身难保了，还管别人’。”“文革”中贴容庚的大字报，说是要斩“野马”，砸烂“鬼锁”。曾宪通介绍，此话的出处是容庚在上世纪50年代所写的入党申请书，其中有“我是野马，是鬼锁，是一个自由知识分子，需要一个紧箍咒，需要党的铁一般的纪律来约束自己”之言。

其实，“野马”、“鬼锁”之语，正反映了容庚不愿接受羁绊的内心世界。

容庚甚至和本系另一位教授比赛谁先入党。他声称：“你是讲政治第一，我是讲业务第一，看咱俩谁先入党。”最终，讲究业务第一的容庚，入党申请自然没被批准。“文革”结束后给教授们平反，于是乎“容庚先生其实是一个很好的人”等话甚为流行。谁知他不领情，一本

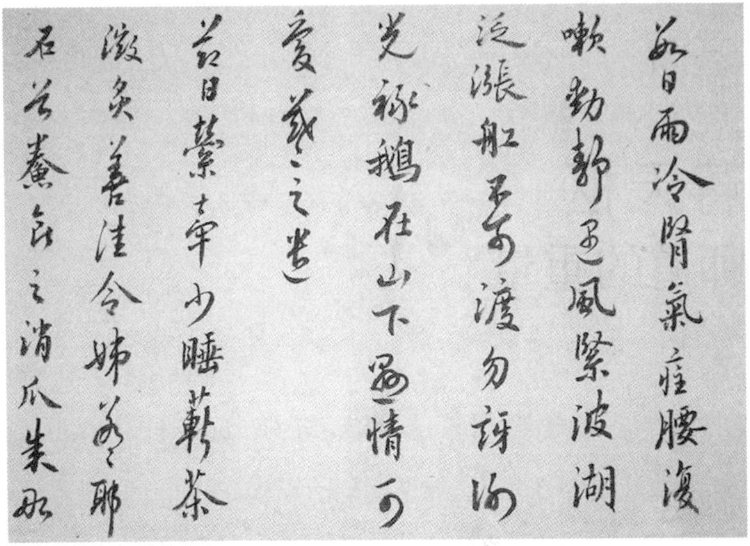

容庚先生手迹

正经地说：“过去你们批判的容庚，实际上没那么坏；现在你们说好的容庚，实际上也没那么好。”

上世纪60年代初，为了修订自己早年的名著《商周彝器通考》，容庚和曾宪通等人跑了全国不少地方。每到一地，他们需要拿着党内“文胆”康生亲笔开具的介绍信，先去拜访宣传部。

容庚习惯的开场白是：“我们到党部来报到。”这可是一个不小的“政治错误”。曾宪通一再提醒他千万不要这么讲，他总是很认真地说：“是吗？哦，那好，我不讲了。”结果每次一进办公室，他还是脱口而出：“我们到党部来报到。”最后无奈，只好不去拜访了。“他根本就不懂这些。”曾宪通笑言，“他以为都是‘党部’，根本就分不清解放前后那些微妙的称谓变化。”

蒋天枢
师道的重量

在近十年来围绕陈寅恪的推崇与传奇当中，他的受业弟子蒋天枢向人们透出一个清矍高瘦、若隐若现的身影。

陈寅恪晚年，在病榻上将编定的著作整理出版全权授与蒋天枢，这被后辈学人视为他一生学问事业的“性命之托”。受托之人蒋天枢，作为陈寅恪早年在清华国学研究院的学生，1949年后，十余年间两人只见过两次面。这十余年间，陈寅恪目睹和经历了太多昔日亲密无间的师友亲朋一夜之间反目为仇的事情，但他信赖晚年只有两面之缘的蒋天枢。

蒋天枢（1903～1988），字秉南，江苏丰县人，文史学家，复旦大学教授。

蒋天枢值得这种信赖。1958年，他在其《履历表》“主要社会关系”一栏中写道：“陈寅恪，69岁，师生关系，无党派。生平最敬重之师长，常通信问业。此外，无重大社会关系，朋友很少，多久不通信。”

当年，批判资产阶级史学权威的政

治运动正如火如荼，蒋天枢在这种只会带来麻烦而不会有任何好处的“社会关系”中，丝毫不掩饰对陈寅恪的敬重之情，足见其为人之笃忠执着。

他也确实没有辜负这份重托。晚年，他放弃了自己学术成果的整理，全力校订编辑陈寅恪遗稿，终于在1981年出版了300余万言的《陈寅恪文集》，基本保持了陈寅恪生前所编定的著作原貌，作为附录还出版了他编撰的《陈寅恪先生编年事辑》。这大概是“陈寅恪”这个名字在大陆重新浮现之始。

当时出版社给他3000元整理费，他一分钱也没有收，全部退还。因为“学生给老师整理遗稿，怎么可以拿钱呢”。后来，陈寅恪突然“走红”，很多人出来自称是陈先生的弟子，蒋天枢却从来没有说过一句话，从来没有借陈寅恪以自重。

在陈寅恪托付毕生著作的那几日见面中，一天，蒋天枢如约上门，恰好陈夫人不在，没有人招呼他，已目盲的陈寅恪也不在意，径直开始谈话，结果蒋天枢就一直毕恭毕敬地站在老师床边听着，几个钟头始终没有坐下。那年，他已年过花甲。

接触过蒋天枢的复旦教师说，“程门立雪”这类传统，在蒋先生心中原是稀松平常之事，一个学生总得有他应该躬行的本分。

有人评说，蒋天枢对老师的尊重，出于一种对文化的负载感，而这种负载感正是传自其师门。陈寅恪在《论韩愈》文中就曾说过：“华夏学术最重传授渊源。”

编撰陈寅恪“事辑”，蒋天枢自己在致友人的信中表示，他的中心意旨是想写出陈先生是“中国历史文化所托命之人”。

蒋天枢出身清华国学研究院，与陈寅恪有师生之谊，并且对自己入学前就已自沉的王国维也严执弟子礼。同行或学生“王国维长王国维短”，即便语气中充满敬意，也会引起他的侧目。在他看来，说“王国维先生”已经大不敬了，何况直呼其名；至于他自己，当然恪守旧例，开口闭口“静安先生”。

同系的名教授朱东润是个性情中人，一次开会，说到得意处随意评了几句“陈寅恪什么什么”，其实未见得有什么不敬之意。还没等在座诸人反应过来，蒋天枢从人群中拔身而起，指着他哼哼了几句，便拂袖而去，只留下朱先生哭笑不得地摊摊手，连声“啧啧”，十足的难堪。

如今复旦中文系的名教授章培恒是蒋天枢的弟子，除了做学问，他显然还受了先生关于“尊师”的教诲。一次，他随蒋先生外出办事，晚上完事后照例送老师回家。途中下了场大雨，车到教师宿舍大门，遍地积水，而蒋先生脚上穿的却是家常的布鞋。章先生提议要背蒋先生，全然不考虑自己也已直逼花甲了，蒋先生自然坚拒了。于是，老师蒋天枢跨出车门，洒脱地直奔寓所，学生章培恒脱下皮鞋，一手拎着，在雨中着一双白袜跟在老师身后。

蒋天枢在1979年为《陈寅恪先生编年事辑》所写的“题识”中说：“余欲纂‘寅恪先生编年事辑’已数年，悠忽蹉跎，今乃得从事辑录，距先生之逝世已将10周年，余亦老矣。”1997年，此书增订再版，章培恒在“后记”中引用了这段文字，随后心有戚戚然：“现在，距离蒋先生的逝世也已将近10周年，而我也已经老了。”

这些都不是虚辞，字里行间，透出师道的重量，后人读来，满页沉甸甸的。先生们都已经老了、逝去，师道传承，今日焉在？

杨廷宝
建筑为了什么

建筑史也许该记录这样一次有趣的饭局：上世纪50年代初，中国最负盛名的两位建筑师杨廷宝和梁思成，以及他们的学生辈，在北京东安市场一家饭馆就餐。谈话间，杨廷宝突然从座位上站起来，又坐下，又站起来，打量着面前的桌椅，然后从怀中掏出卷尺，量好尺寸，一一记录在小本上。

他说，这套桌椅只占了极小的空间，而坐着甚为舒服，所以引起了他的注意。

杨廷宝的学生回忆，他常常提诸如此类的“小”问题：人的最小空间是多少？人的活动空间至少要多少？一张八个座位的餐桌至少需要多大空间？桌椅的高度该是多少？门把手和门锁装在什么高度才合适？他总是随身携带一把钢卷尺、一支笔和一个小记事本，随时记下他所需要的尺寸或画下他认为值得参

杨廷宝（1901～1982），字仁辉，河南南阳人，著名建筑师。长期在中央大学、南京工学院担任教授。

考的速写。

坐在车内，他有时会指着车窗外的城市建筑问学生：这样的处理，合适不合适？好不好？

原杨廷宝住宅（1946），即今天的南京玄武区成贤街104号。建筑语言简洁朴素，仅于入口设立柱门廊，其上为二楼凉台。楼东侧砌葡萄架，绿荫班驳。

给建筑系学生讲演，学生期待着听“这么一位世界知名的建筑师”大谈设计，他却告白：“我来说说台阶的踏步怎么做，好吗？”然后讲了一大通踏步尺寸与人体的关系云云。

后人怀念他：“总之，他一直在关心着建筑师为人类提供的生活和生存环境是否合理、合法、合用。”

清华大学图书馆被视为三代建筑师“契合”的经典作品，1919年由美国建筑师亨利·墨菲设计，12年后由杨廷宝设计扩建，1982年由清华名教授关肇邺第二次设计扩建。关肇邺曾经回忆自己初次见到清华图书馆时的情形。抗战刚胜利，以清华园为伤兵医院的日军撤走不久，到处荒草没膝，满目疮痍，图书馆内大理石地面上满是血污，杂物狼藉，然而“外表的凄凉”丝毫不能掩盖这座建筑一二期设计浑然一体的“内质的壮美”，使人“久久不忍离去”。

关肇邺在杨廷宝的扩建设计中读出了“一种整体思想，一种具有社会责任感的建筑师的设计理念”。

这样一种理念，正是当下中国建筑和整个社会所稀缺的。关肇邺感叹：“经常可以听到人们对不少建筑只想夸张突出自己，标新立异，不顾整体关系的抱怨。这在商业街区上为广告宣传的目的使然，倒也罢了。但这种风气已蔓延到政治性、纪念性、文化教育性建筑中去，实在不能不说是建筑学的一大误区。在市场经济的大潮中，建筑的拥有者、投资商以此来显示炫耀自己；一些建筑师也自觉不自觉地以此突显、表现自己。受害的则是我们的城市整体形象及其潜移默化对社会思想的侵蚀作用。”

上世纪50年代初，国内建筑界热衷搞“大屋顶”，断言这样才算继承民族传统，才具有中国气派。北京市的规划部门甚至规定，不做大屋顶方案，就不发施工执照。然而杨廷宝说：“我不反对大屋顶，但那太浪费钱了。我们搞设计，不能赶浪头、随风倒。”

于是他“顶风”设计了简约美观的北京和平宾馆。这个后来成为中国公共建筑之典范的作品，当时却差点儿被人当作“靶子”来批判，幸亏周恩来发话：“这个建筑不是设计得很合理吗？这座宾馆解决了问题了嘛！”

杨廷宝说“不反对”，确是由衷之言。中国现代建筑的民族风格，正是当年他和吕彦直、刘敦桢等一批建筑师开创的。他早年留学美国宾

由著名建筑师关颂声、杨廷宝设计的中山陵音乐台，建于1932年秋，美国华侨捐造。音乐台建筑风格为中西合璧，是我国唯一的露天大舞台。

夕法尼亚大学，但始终热爱中国那些亲切的带着乡土味的东西，比如天津泥人张的手艺、北京天桥的叫卖……

为了讨教古建筑的秘诀，平时连纸烟也不抽一口的他，可以陪老工匠躺鸦片馆，亲手为老工匠烧烟泡，被熏得够“呛”。事后讲起来，他也并未眉飞色舞，而只是带着他那“诚笃的微笑”。

毫无疑问，杨廷宝属于最配得上“建筑师”称谓的那一类人。人们说，杨老是实干家，最愉快莫过于工作，最难过莫甚于无所事事、相对谈玄。“文革”中，他被戴过“资产阶级反动权威”的高帽、关过牛棚，后来又被“解放”，树为“样板”，又是采访又是拍照，使他疲于应付；业务上，却无人理会，他被冷在一边。

这样的日子里，他的学生记得一个场景：70多岁的老人，用钢笔在大约一尺见方的纸上画着，是一幅精心的设计方案鸟瞰图，线条仍然稳练，但手有点哆嗦。

赵紫宸
工楷写耶稣

那一年的平安夜，并不平安。

狱中的赵紫宸忆起每年燕京大学庆祝圣诞的盛况，不禁凄然，不知夫人孤独在家，情何以堪，又不知天上人间，何等的远隔，于是吟诗曰“圣母有余哀”。圣诞清晨，他听得钟声传响，不由谨肃起来，复吟诗曰“在劫一心宁”。

1941年的圣诞节，燕京大学宗教学院院长赵紫宸是在囚禁中度过的。12月8日，太平洋战争爆发后，日军封闭燕京大学，将十余位教授投入监狱，其中赵紫宸被羁达193天。

赵紫宸（1888～1979），浙江德清人，基督教神学家、诗人，20世纪前半叶中国基督教的代表人物。

他在狱中坚守了中国人的气节和基督徒的信仰。教友本担忧“他的修养才识，拿来应付日虏，是绰有余裕的，但他的身体，并不强健，一旦困身囹圄，横遭暴虐，是否担当得住”，却欣喜发现“紫宸兄没有被痛苦所屈服，肉体的煎熬，精神的窘迫，反而使他更坚强地站立起来……在6个多月的虏狱生活中，他的信仰是更深刻，更超越，更纯化了”。

赵紫宸是耶稣的信徒。

全世界曾有那么多人用那么多种文字描述过那么多耶稣的形象，其中一个人，用了我们最熟悉的语言，赞他为“独举的明月，高映的孤霞”。这是纯粹的汉语的意境，出于中国神学家笔下。

这位中国神学家很清楚，作《耶稣传》、《基督传》的人，这两千年来，已是车载斗量，不可胜数。世界上没有一个人的生平，像耶稣的生平一样被如此广泛的人群研究、解释与宣传；也没有一个人的生平，比耶稣的生平还要难懂、难解释。赵紫宸之所以还要“凑热闹再来一本”，是因为“我们中国人中，到如今还没有人别出心裁，用独到的眼光，脱西洋的窠臼，做过这件事”，也因为他“感觉到我们中国人中，尤其是耶稣的中国弟子之中，很少有人认识耶稣的”。

1935年，赵紫宸在一种巨大的热忱中，22天内“睡得甚少，完全不运动，也不作他事”，一气呵成近17万字的《耶稣传》，这是中国人撰写的第一部耶稣传记。

学术研究谓“本书集中反映了赵先生早期的自由主义神学”，然而对于普通信众乃至国人而言，再单纯不过，赵紫宸是以自身的体认和感悟，塑造了一个所有中国人都可以仿效的、为国为民牺牲自我的人格典范。

这是一本基督教的书，也是一本中国的书。开篇是友人填的《满江

1950年，赵紫宸在燕京大学宗教楼前和燕京大学宗教学院应届毕业同学合影：前排左起：席文荫、赵紫宸、杨周怀；后排左起：张秀、程紫明、刘清芬。

红》二阕，题词是赵本人所填东风第一枝，书末的跋词则是赵所作《满江红》。每章的标题，均为精心辑出的与所述耶稣事迹相对应的中国古籍：

第一章辑文天祥“宇宙方来事会长”，述耶稣时代；第二章辑庄子“而特不得其朕”，述耶稣幼年；第三章辑朱熹“全体大用无不明”，述耶稣的大觉悟……第七章辑杜甫“世上万事无不有”，述耶稣的奇能；第八章辑《论语》“循循然善诱人”，述耶稣的教训……第十二章辑陶渊明“心知去不归”，述耶稣最后一次上耶路撒冷；第十三章辑张载“而浑然中处”，述耶稣末赴耶路撒冷途中的人事；第十四章辑李白“欻起持天钧”，述耶稣挑战耶路撒冷的领袖……第十七章辑李商隐“上帝深宫闭九阍”，述耶稣受难；第十八章辑佛书“如是我闻”，述耶稣受难后的事情。

赵紫宸毕生致力于将基督教与中国文化融会贯通。如今，赵家仍留有他晚年所写的工楷：诸葛亮《前出师表》、文天祥《正气歌》以及张载《西铭》。儿女回忆，家中常见的情形是父亲手握一卷诗词，或是陶渊明、杜甫，或是苏东坡、辛弃疾。

《西铭》有言：“民，吾同胞；物，吾与也。”赵紫宸喜爱的这位宋代大儒，还有“为天地立心，为生民立命，为往圣继绝学，为万世开太平”之语，冯友兰曾赞此语概括了哲学家的最高境界。怀着对耶稣的感念、以工楷抄写《西铭》的那个赵紫宸形象，则见证了中国神学家的境界。

1948年，赵紫宸当选世界基督教协进会六位主席之一，1950年因抗议该会支持朝鲜战争而辞职。至今尚未有另一位中国基督徒担任过如此崇高的职位，因而教会中人视他为“在近二百年中国基督教历史上，一个前无古人、后无来者，拥有世界级领袖身份的杰出人物”。

蔡公时
民国第一位抗日烈士

这是惨烈的一幕。史家称，外交官持节被戕，亘古罕有！

1928年，南京国民政府北伐，日本以保护侨民为由，出兵山东。5月1日，北伐军进入济南，日本军队和浪人在街道上设置防御工事，双方发生冲突。为平息事态，5月3日，国民政府战地政务委员会外交处主任兼山东特派交涉员蔡公时，率领外交随员来到济南与日军交涉。

蔡公时（1881～1928），江西九江人，老同盟会会员，曾留学日本，后任国民政府外交官。

当晚，50余名日本兵闯入交涉署，大肆抢掠，将外交文件、地图等弃置满地，国民政府旗帜和孙中山画像也被撕毁。蔡公时用日语同日本兵理论："这是中国政府外交机关，非军事单位……日本皇军应尊重睦邻友谊和外交礼节……"日本兵不等蔡公时说完，就用枪托将他打翻在地，又将署内其他中方外交人员一齐捆绑，轮番毒打。

此时，一日军士兵进来宣读其司令

官所下屠杀外交官员的命令，蔡公时镇定地将这个消息翻译给大家：“日本兵要剥去衣服，枪毙我们。我们没法，赴死可也。”

日本兵上前，先将蔡公时的耳朵割掉，又残忍地将其鼻子割下，双目剜掉。据后来侥幸逃出的勤务兵张汉儒回忆：“当时我虽已血流满面，痛之彻骨，但还惦记着蔡公时主任不知被日军作践成什么样子。我借手电所见：诸人大多有耳无鼻、有鼻无耳、血肉模糊，其状之惨，令人毛骨悚然。蔡主任被削下鼻子，割去双耳，挖去双目后，整个头部和胸前被鲜血染红。”

蔡公时手书对联

在极度痛楚中，蔡公时仍大声怒斥不止：“日军决意杀害我们，惟此国耻，何时可雪？野兽们，中国人可杀不可辱！”日本兵见蔡公时骂不绝口，便将刺刀捅入他嘴里，使劲旋转，将其舌头剜掉。

是夜，蔡公时与交涉署十余名随员全部被枪毙。他们在赴任不到一天之内，壮烈殉国。

日军进而重炮攻城，5月11月，济南城失陷，日军屠戮中国军民近8000人，是为“五三惨案”、“济南惨案”或“山东惨祸”。史学家称，这是南京大屠杀之前，现代国际史上最惨无人道的一幕。

抗战文物收藏家樊建川说，他在读到蔡公时的殉国遗言时，热泪盈眶。“回想蔡先生非常状态之下的声嘶力竭之语：野兽们，中国人可杀不可辱！我垂首，无语。”

记者问他，“无语”后面的语言是些什么，他沉吟了一会儿，说：“这样的场景，还能说什么呢，你不觉得，一说反而是说多了吗？”

蔡公时是诗人，早年他曾写过谒黄花岗七十二烈士墓的七律。“英雄血和杜鹃开”、“不抱丹心莫错来”、“功名都在死中求”等句，忠义之气溢于言表，读来让人荡气回肠。

研究者告诉我们：1928年的“五三惨案”，其性质之严重，实不亚于九一八事变。济南市社科院研究员李家振认为：“济南惨案并不是一次孤立的侵略行为和偶发暴行。从日本内阁会议确立侵华总政策，并武力推行既定国策的历史进程来看，济南惨案正是九一八事变的序幕。历史证明，济南惨案——九一八事变——七七事变——太平洋战争，正反映了日本军国主义实施分割满蒙、征服中国、兼并亚洲、称霸世界的这一征服计划的侵略历程。”

蔡公时壮烈殉国后，远在南洋的华侨领袖陈嘉庚和广大华侨纷纷为蔡公时以及“五三惨案”中遇难的同胞捐款。陈嘉庚先生专门在德国聘请雕塑名家为蔡公时烈士铸造了铜像。铜像高2.15米，重260公斤，于上世纪30年代初运抵新加坡，后因日本对中国的侵略不断，蔡公时先生的铜像只好存放在新加坡陈嘉庚的橡胶厂里。2006年4月10日，新加坡中华总商会向济南市移交了蔡公时烈士的铜像。

蔡公时是民国以来第一位抗日烈士。李烈钧的题词称赞他为“外交史上第一人”；冯玉祥为他题词“誓雪国耻”；李宗仁题词“民族精神，千古卓绝”；徐悲鸿曾创作过巨幅油画《蔡公时济南被难图》；电影《蔡公时》也是一代名片。

时间过去了70多年，2004年，曾有记者描述过这样一幅场景：

“国民政府山东省交涉署”是一座西式楼房，位于济南市经四路，蔡公时及署内职员，就是在这里殉难的。记者痛心地看到，这座1995年就挂牌的“文保”建筑，现在却没有得到很好的维护，正在逐渐走向破败……到处是灰尘，楼内一片片的墙皮和天花板都已开始脱落……这幢建筑记录了历史和太多的伤痛与屈辱，走在满是灰尘和即将腐朽的木地板上，会感到：让这样的建筑破败下去，我们会对不起死去的烈士，也对不起后人。

蒋百里
亦儒亦武真豪杰

蒋百里担任著名的保定陆军军官学校校长，在就职训话中发誓：“方震如不称职，当自杀以明责任。”

当时，他身着黄呢军服，外罩红缎里子披风，腰挂长柄指挥刀，足登锃亮的长筒马靴，骑一匹高头大马到校。

蒋百里（1882～1938），名方震，字百里，后以字行，浙江海宁人。民国时期军事学家、中国旧军界元老。

半年后，蒋百里向陆军部请求拨款未果。1913年6月18日清晨5时，他召集全校师生两千余人紧急训话。他身着军服、佩指挥刀，站在尚武堂石阶上沉痛地说：“我初到本校时，曾经教导你们，我要你们做的事，你们必须办到；你们希望我做的事，我也必须办到。你们办不到，我要责罚你们；我办不到，我也要责罚我自己。现在看来，你们一切都还好，没有对不起我的事，我自己却不能尽校长的责任，是我对不起你们……你们要鼓起勇气来担当中国未来的大任！”

说时迟，那时快，蒋百里掏出手枪，朝自己胸部开了一枪，随即倒在血泊中。

他于前一晚写下的遗书中说：“仆之殉职，虽轻若鸿毛，而与军人之风气有关。”留给老母的信中写道：“为国尽忠，虽死无关重要，然于陆军前途及民国有益。”

所幸的是，子弹未打中心脏，蒋百里被救活。他离任后，保定军校的学生每人洗了他的一张小照，留为纪念。

蒋百里开枪自戕未遂，但其心已死，执意不愿留在人世，是美丽而善解人意的日本女护理佐藤屋子，对其照顾看护无微不至，深深打动了蒋百里，最后，二人结为夫妻。婚后，蒋百里为妻子取了一个汉文名字“左梅”。左梅深爱她的中国丈夫，自22岁嫁给蒋百里将军就断绝了和日本的联系，她说：“中日交战，是日本军阀侵略的过错！”抗战中左梅和中国女性一样为中国伤兵治疗裹创，不辞劳苦。将军去世后，在误解和怀疑中抚养五个子女，皆说地道北京话，不习日语一字。图为蒋百里与夫人左梅及孩子们在一起。

在自杀事件震惊全国之前，蒋百里，这个中国军人，曾震惊了日本和德国军界。

1905年，蒋百里以步兵科第一名从日本陆军士官学校毕业。根据日本军部规定，士官榜首由天皇亲自赐刀。这项殊荣被一个中国人获得，成为日本陆军历史上的一段尴尬，军界耿耿于怀，以至从下一届起，步兵科中日学生分开授课，以防再次出现这样的情况。当时获得第二名的是蒋百里的密友蔡锷，后来成为著名的“护国将军”。

蒋百里认为自己在日本学的只是初级军事，而中国国防应当取法乎上，学习德国陆军，遂赴德国军队深造。他的出色才华很快崭露头角，著名军事学家伯卢麦将军非常欣赏他，拍着他的肩膀说：“拿破仑说过，若干年后，东方将出现一位伟大的军事学家，这也许就应在你的身上吧！”

名震中外的军人应该是什么样子？民国时著名记者陶菊隐说，他早在青少年时代就闻蒋百里之盛名，“初以为他是个须髯如戟的伟丈夫，而见面之下，温文尔雅不类其人。”

在陶菊隐眼中，步兵科毕业的蒋百里马术绝佳，骑马根本不用缰绳、马鞍和马鞭，只是上马时缺少一股子赳赳武夫的劲头。“他这个武学生，到头来还是脱不了书生本色的。”

在德国时，国内汇来的钱大多被他用来买书，而文史方面的，比军事书籍更多。他的德国友人回忆，秋天橡树落叶中，有人席地而坐，朗诵歌德的作品，风神俊朗如神仙中人，这就是蒋百里。

1936年12月12日，“西安事变”发生时，蒋百里正在华清池向蒋介石汇报出国考察情况，碰巧当上了“陪客”。图为在西安事变中被张杨扣押的南京政府军政大员们，左三为蒋百里。

《大公报》总编辑王芸生评价蒋百里：“百里先生是中国有数的军事学家，他未曾典兵，而他的学生多是典兵大将；他的军事著作虽不算多，而片语只字都可作兵学经典……百里先生的淹博宏通，实是一位罕有的学者。中国历史上有名的军人，多是文学修养很好的人。百里先生如果典兵，便是典型的儒将风流。”

蒋百里曾写过一本《欧洲文艺复兴史》。著名文史家曹聚仁说，蒋百里本人正像达·芬奇，有多方面的光芒。“百里先生也正是这样一种人物，一生既为军事学家，又为政论家，也擅长文史研究，诗词都不

蒋百里在上海寓所。

错，字也写得很好，说话滔滔不绝，风趣横溢。”

不过，蒋百里一生的顶峰仍是军事。他提前20年断言中日战争不可避免，并拟就多种国防计划。“七七事变”后，他发表《抗战的基本观念》等文，驳斥了“速胜论”和“速败论”，认定战争将相持下去，但中国必胜。1938年，他代理此前一直由蒋介石亲自兼任的陆军大学校长这一重要职位，本想贡献于抗战，数月后却病逝于广西宜山，被国民政府追授为陆军上将。

收录其一生军事思想精华的《国防论》，1937年出版，扉页上题：“万语千言，只是告诉大家一句话，中国是有办法的！”

3　一校之长，今安在

曾经有那样一个时代，曾经有那样一批人物。他们那样地想着，那样地活着。他们离我们今天并不遥远，但他们守护、在意、体现的精神、传统、风骨，已与我们相去甚远。

周诒春　梅贻琦　蒋南翔　蒋梦麟　马寅初
傅斯年　张伯苓　陈　垣　唐文治　陈序经
许崇清　马相伯　李登辉　陈望道

周诒春
被遗忘的清华老校长

2004年6月10日傍晚，我走进老清华园，坡地草坪上新立起了一块校友捐赠的巨石，上面刻着清华校训："自强不息，厚德载物。"

不远处，大礼堂的穹顶沐浴在薄暮余辉中，科学馆的门已经锁了；绕过大礼堂，图书馆旧馆不时有学生进进出出；再往前走，西操场前的体育馆内有几个白发老人和年轻人在比赛篮球。

周诒春（1883～1958），字寄梅，安徽休宁人。1913～1918年任清华学校校长。后历任燕京大学代理校长、国民政府实业部次长、农林部长、卫生部长等。

我来到工字厅，找到一位熟人。他是清华的毕业生，留在学校人事处工作。我问他，你知道周诒春这个人吗？他摇头。"不过你要是想知道的话，我可以进内部的人事数据库帮你查查。"

其实，他未必能查到。因为周诒春每天出现在清华园的情景，已经过去了八十余年；并且，也用不着查。因为作为清华学校的老校长，周诒春留给清华的东西很多——在他任内确立了那句著名校训，并亲自规划督造了清华早期的“四大建筑”：大礼堂、科学馆、图书馆、体育馆。

在今天的清华，大家天天看见“周诒春”，处处看见“周诒春”，但却没有多少人听说过这个名字。不仅是那位人事处的干部，在清华校园，随便问几个学生或老师，大多不知道周诒春是何许人也。只有一个新闻学院的女生，略微思索了一下说：“我知道他是清华以前的老校长，别的就不太清楚了。”

帮我联系采访周诒春后人的一位清华校友总会的工作人员不好意思地告诉我：“其实我也是前不久调到校友总会后，才刚刚知道周校长的。”

可在很长一段时间内，清华怎么也不肯遗忘这位周校长：1918年初，他辞职离校那天，全校曾经集合，学生们身着军操制服，一齐举枪向他致敬。比他小16岁的温源宁教授后来回忆说：“他离职的那一天，对于他领导下的教职员、他的学生和他自己，全都是悲哀的一天。”

作为清华学校的老校长，周诒春留给清华的东西很多——在他任内确立了那句著名校训：“自强不息，厚德载物”，并亲自规划督造了清华早期的“四大建筑”：大礼堂、科学馆、图书馆、体育馆。图为清华大礼堂。

温源宁说："在学校时，人们会躲开他、规避他；如今，他却成了人们寻找的对象。从他的身上常散发出一种在最亲密的朋友之间也不常见的温暖。"

老一代的清华人，包括清华大学最著名的校长梅贻琦，始终以"老校长"称之。20世纪30年代初，清华大学曾经发生过"校长风潮"，几位不受欢迎的校长连续被教授会和学生会驱逐离校。这时师生们又想起了他们的老校长，于是派代表到他家里"劝驾"，同时在校刊上发出"请教育部任命周诒春为校长"的呼吁，后因周诒春本人坚辞而作罢。

周诒春任职期间，清华学校还只是一所留美预备学校。但按照清华校史专家黄延复的研究，是他在1916年首先提出把清华逐步过渡到一所完全、独立之大学的完整计划。

周诒春在清华学校以严格著称。他曾经推行了著名的"强迫运动"：每天下午4时至5时为运动时间，在那一小时内图书馆、教室、宿舍一律锁门，学生都必须到户外操场或体育馆内去锻炼。所以他一直被视为清华体育传统的开创者。

"他很严格，这是毫不让步的；但是他人是很有善心的，就是说，你感觉他很温暖，他是为你好。所以后来我接触到的他的学生对他都是有好感的。"他的儿子、协和医院名医周华康老先生这样描述父亲。

周校长早年毕业于上海圣约翰大学，后赴美留学，先后就读于耶鲁大学和威斯康辛大学。就在他离开清华那年，他的母校——上海圣约翰大学授予他名誉博士学位，所以他的同时代人习惯称他为Dr. Tsur（周博士）。

1950年，周博士从香港返回内地后，和儿子周华康一家住在一起。那是位于外交部街的一栋二层小楼，他住在楼上。在那个运动频仍的年代里，周华康回忆说，他和父亲交流的机会很少，甚至连父亲最珍爱的清华都没有听父亲提起过。而在周华康女儿周琳眼里，爷爷"很静，像个中国的老学究，一点儿看不出当年西化的做派。整天也不出门，只干两件事：翻看一大堆线装书，还有就是练字"。

梅贻琦
中西合璧真君子

1931年12月3日，在清华大学校长就职典礼上，梅贻琦留下了中国大学史上最著名的一句话："所谓大学者，非谓有大楼之谓也，有大师之谓也。"

梅贻琦（1889～1962），字月涵，天津人。第一批庚款留美学生，历任清华学校教员、物理系教授、教务长等职，1931～1948年任清华大学校长，1955年在台湾新竹创建清华大学并任校长，直至逝世。

他本人从来没有被称为"大师"，但在他的任内，却为清华请来了众多的大师，并为后世培养出了众多的大师。他被称为清华"永远的校长"。在遍布世界的清华校友心目中，提到梅贻琦就意味着清华，提到清华也就意味着梅贻琦。

一位清华的老校友在纪念梅贻琦的文章中称："母校以'自强不息，厚德载物'八字为校训。历届毕业同学，凡是请梅先生题纪念册的，梅先生辄书此两语为勉。梅先生一生行谊，也正可以这两句来说明。"

《易经》上说："天行健，君子以

自强不息……地势坤，君子以厚德载物。”梅贻琦在世人的心目中，正是这样一位“君子”。

清华早期著名的体育教员马约翰曾经这样评价梅贻琦：“他有他的人格……真君子（Real Gentleman）的精神。梅先生不但是一个真君子，而且是一个中西合璧的真君子，他一切的举措态度，是具备中西人的优美部分。”

梅贻琦生性不爱说话，被称为“寡言君子”（Gentleman of few words）。早在1909年考取第一批庚款留美学生时，他那“从容不迫的态度”就给人留下了深刻的印象。在发榜那天，考生们都很活跃，考上的喜形于色，没考上的则面色沮丧。只有瘦高的梅贻琦，始终神色自若，“不慌不忙、不喜不忧地在那里看榜”，让人觉察不出他是否考取——而实际上，在630名考生当中，他名列第六。

“一二·九”运动后，清华曾经发生过数千军警闯入学校逮捕学生的事件。事前得知了这个消息，学校的几位领导人在梅贻琦家里商量如何应对。大家说了很多意见，唯有梅校长默然不发一言，最后大家都等他说话，足足有两三分钟，他还是抽着烟一句话不说。冯友兰教授问：“校长——你看怎么样？”梅贻琦还是不说话。叶公超教授忍不住了，问道：“校长，您是没有意见而不说话，还是在想着而不说话？”他隔了几秒钟回答：“我在想，现在我们要阻止他们来是不可能的，我们现在只可以想想如何减少他们来了之后的骚动。”

中西合璧的真君子

后来，学生们怀疑军警特工手里的名单是校方提供的，所以把教务长架到大礼堂前接受质问，并有学生扬言要打。此时，他们的校长身着一件深灰色长袍，从科学馆方向慢步走来，登上台阶，对着二三百学生，有半分钟未发一言，然后用平时讲话同样的声调，慢吞吞地说出了五个字："要打，就打我！"

梅贻琦嗜酒，并且在这一点上也堪称"君子"，以至于被酒友们尊为"酒圣"。考古学大师李济回忆："我看见他喝醉过，但我没看见他闹过酒。这一点在我所见的当代人中，只有梅月涵先生与蔡孑民（蔡元培）先生才有这种'不及乱'的记录。"

曾经有一篇纪念他的文章，标题就叫做《清华和酒》。"在清华全校师生员工中，梅先生的酒量可称第一……大家都知道梅先生最使人敬爱的时候，是吃酒的时候，他从来没有拒绝过任何敬酒人的好意，他干杯时那种似苦又喜的面上表情，看到过的人，终身不会忘记。"

1947年，抗战胜利之后清华第一次校庆，在体育馆摆了酒席，由教职员开始，然后1911级，逐级向校长敬酒。梅贻琦总是老老实实地干杯，足足喝了40多杯。

"他的情趣是那种很单纯的，一种……不晓得……一种很特别的幽默感。"他的儿媳、北大退休教授刘自强女士在接受记者采访时，眼睛微微向上，显然沉浸在一种温馨的回忆中，想寻找一种确切表达来描述她的校长和公公。"那时候校长住在清华园甲所。我有一次去他那儿，梅太太病了，我就看见他到前面的小花园里，摘了一朵他自己种的花，紫色的，不知道叫什么名字，到梅太太的卧室去送给她。"

蒋南翔
两种传统之间

22岁时，他喊出中国青年学子为之热血沸腾的那句名言：“华北之大，已经安放不得一张平静的书桌了！”1935年“一二·九”学生运动中，作为领导人之一的清华大学学生蒋南翔受上级党组织委派，起草了《清华大学救国会告全国民众书》，这句宣言即出自该文。

44岁时，他提出中国青年学子琅琅上口的那句名言：“为祖国健康地工作50年。”1957年，清华大学校长蒋南翔在全校体育积极分子会上向学生提出：“每个同学要争取毕业后能为祖国工作50年。”从此，这句口号从清华园传遍全国各个高校。

然而回顾清华校史，他的位置却有些尴尬。

蒋南翔（1913～1988），江苏宜兴人，长期担任清华大学校长、党委书记，曾任青年团中央副书记、高教部部长、教育部部长。

研究清华校史的一位老教授，本是爽快之人，但一听记者要采访的题目是蒋南翔校长，他的语气变得有些犹豫：

"其他的人都好说，恰恰就是蒋校长很难说。"

"蒋校长是一个教育家，这一点我是承认的。清华校史上有很多位校长，但不是每个人都称得上'教育家'，有些充其量只能称为行政工作人员。教育家是什么，首先就要有独立的精神、独立的教育思想。蔡元培当然是，梅贻琦也当然是。蒋南翔是老清华出来的人，我认为他是有独立的想法的。不过……我不大好评价。"

清华大学内部曾经有过一种"权威"的提法："清华有两个传统，一个是以梅贻琦为代表的买办传统，一个是以蒋南翔为代表的革命传统。"

这两个传统曾经泾渭分明，像这位老教授所说的，"蒋南翔是过去教育界的圣人，而梅贻琦是敌人"。不过随着近年来国内学界对梅贻琦评价的转变，上述"权威"提法已经过时，取而代之的，是"在清华漫长的校史上，梅贻琦和蒋南翔两位校长对清华影响最大"，是"梅贻琦当了17年校长（1931～1948），蒋南翔当了14年校长（1952～1966），他们是主政时间最长、业绩最卓著的两位"。

"蒋传统"中的人们逐渐接受了梅贻琦，然而"梅传统"中的许多人却并不打算接受蒋南翔。这位老教授曾经陪一位从美国回来的清华老校友参观校史展览，展览中有两尊校长像，一尊是梅贻琦，一尊是蒋南翔，这位校友一看，激动地说："这两个人怎么能放在一起呢？梅校长的传统就是被他破坏的！"

1959年，蒋南翔校长为优秀毕业生佩戴奖章。

究竟孰是孰非，清华校史专家黄延复有过更公允的评价：没有周诒春，就没有梅贻琦；没有梅贻琦，也就没有蒋南翔。同时，没有蒋南翔（时期），也就没有迟群（时期）。作为学校传统来说，周诒春时期强调"培养全人格"，梅贻琦时期强调"通才教育"，蒋南翔时期强调"又红又专"，其总的目的可"一言以蔽之"，曰：培育高素质的人才。从反面讲，没有蒋南翔时期（当然不能由他负全责）无休无止的政治运动和批判会，也就没有迟群时期的在"知识愈多愈反动"思想指导下对知识分子进行全面的惩治和迫害。

1961年6月蒋南翔校长在大礼堂给毕业生做报告，号召"又红又专"。

矛盾的是，蒋南翔在"反右"运动中亲手打倒了校内"四大右派教授"，但另一方面，正如清华大学教授曾昭奋所写道："做了高教部长并主政清华的蒋南翔，仍不时表现出一定程度的'独立精神'。1957年，他曾专门找一部分'右派学生'谈话，对他们说学校仍然'望子成龙'，'希望团结百分之百'。'文化大革命'将起时，他公然呼喊'开好顶风船'。他还公然表示，把毛泽东思想说成是马列主义的'顶峰'是不科学的，应该是发展中的一个'高峰'。这些，致使他在'文革'一开始时即被打成'黑帮'，并遭受到更为惨重的惩罚……"

也许，曾为"书桌"振臂一呼的蒋南翔，在主观上终归是重视"书桌"的，所以他才会说："假使说辛亥革命以后我国真有什么值得称道的建树的话，那么我国大学教育中学术自由的深厚传统，应该是其中之一。这是我国教育事业上最可宝贵的精神遗产，直到今天，还值得我们加以尊重。"

蒋梦麟
北大“功狗”

对本校校史素有研究的北大教授陈平原说：“在历史学家笔下，蔡元培的意义被无限夸大，以至于无意中压抑了其他同样功不可没的校长。最明显的例子，莫过于蔡元培早年的学生蒋梦麟。”

蒋梦麟（1886～1964），字兆贤，号孟邻，浙江余姚人。美国哥伦比亚大学教育学博士，曾任国民政府第一任教育部长、行政院秘书长，长期担任北京大学校长。

1988年北大90周年校庆，曾出版过一本《北大校长与中国文化》，希望“以此来纪念北京大学在中国文化史上的特殊地位和贡献”，但其中没有收入蒋梦麟。1998年，北大百年校庆时，此书重新修订出版，加入了有关蒋梦麟的文章。不过，有研究者仍在抱怨：“前两年北大百年校庆，居然很少见到蒋梦麟的名字。”

陈平原也表示遗憾：“很可惜，在大量有关北大的出版物上，蒋校长的地位相当尴尬……校方组织撰写的校史中，称蒋梦麟为‘典型的国民党新官僚'，'在北大是不得人心的'。"

蔡元培曾坦承："综计我居北京大学校长的名义，十年有半；而实际在校办事，不过五年有半。"蔡校长在职而不在校期间，代为处理行政事务的，经常是蒋梦麟。除了长期担任总务长，他更三度代行校长职权，以致当时就有人评价："这五六年来的北大校长，与其说是蔡元培，不如说是蒋梦麟。"

1930年12月，蒋梦麟在辞去教育部长职务后，正式出任北大校长，此后直到抗战胜利，15年间，他始终是北大的行政负责人，是北大历史上掌校时间最长的一位校长。在此期间，针对北大"大度包容，思想自由"这两种著名"精神特点"所产生的"纪律弛，群治弛"两个缺点，他致力于"整饬纪律，发展群治，以补本校之不足"。

这一新思路，使得北大的教学和科研在风雨飘摇的战乱年代也有稳步上升，实为一大奇迹。蒋梦麟自己说："从民国19年到民国26年的7年内，我一直把握着北大之舵……一度曾是革命活动和学生运动漩涡的北大，已经逐渐变为学术中心了。"陈平原则感叹："几年前，偶然得到若干30年代老北大的课程表及教学规划，比照一番，令我辈后学汗颜不已。"

去台后，在某次北大周年纪念时，傅斯年在演讲中称："孟邻先生学问比不上孑民（蔡元培）先生，办事却比蔡先生高明。"而他自己学问比不上胡适，办事却比胡适高明。蒋梦麟听后笑言："这话对极了。所以他们两位是北大的功臣，我们两个人不过是北大的'功狗'。"

1919年，蒋梦麟（后排左二）与胡适（后排左一）、杜威（前排右一）、杜威夫人（前排右二）、史量才（前排左一）、陶行知（后排左三）摄于上海。

这位"功狗"执政北

大，是如此办事的：上任之初，他即叮嘱文、法、理三学院的院长："辞退旧人，我去做；选聘新人，你们去做……放手做去，向全国挑选教授与研究的人才。"愿承担辞退旧人这种得罪人的事，正应了蒋梦麟的自我评价，说自己平生做事全凭"三子"：以孔子做人，以老子处世，以鬼子办事。所谓鬼子者，洋鬼子也，指以科学务实的精神办事。所以胡适赞扬蒋梦麟是一位"有魄力、有担当"的校长。

北大经费困难时，蒋校长一力担当，鼓励众人："至少也要维持北大的生命，决不让他中断。"北大召开教职员全体大会，议决若政府不兑现拨款，则关门了事，蒋校长沉痛发言："如果主张关门，自无用说；若大家仍要维持，我虽则能力已尽，但是为着本校的维持，我仍旧愿负这责任，虽生死以之可也。"

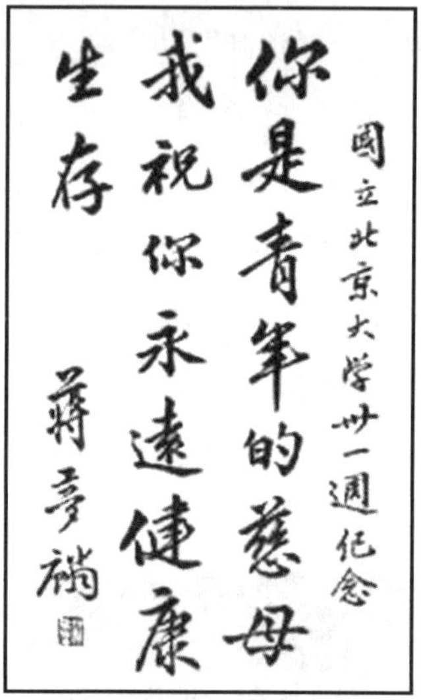

蒋梦麟为北大校庆题词。

1959年，蒋梦麟因在台湾提出节育人口的主张，遭"立法委员"及舆论的围剿，甚至有"杀蒋梦麟以谢国人"之口号。这位前北大校长在记者招待会上公开表示："我现在要积极地提倡节育运动，我已要求'政府'不要干涉我。如果一旦因我提倡节育而闯下乱子，我宁愿'政府'来杀我的头，那样在太多的人口中，至少可以减少我这一个人！"

同年，海峡对岸，时任北大校长的马寅初在一片批判声浪中发表《我的哲学思想和经济理论》，呼吁控制人口增长、提高人口素质。此文有一篇"附带声明"，其言铿锵："我虽年近八十，明知寡不敌众，自当单枪匹马，出来应战，直至战死为止！"

马寅初
硬朗的“兄弟我”

堂堂北京大学校长，马寅初的讲话这样开头：“兄弟我今年七十三岁……”其后他大讲自己几十年如一日坚持冷水浴的乐趣，甚至在火车上也必弄桶凉水来冲洗，“凉水一激，汗毛孔里的泥垢就出来了。”

这是北大老校友回忆当年初入北大，听马校长讲话时的情形，他们的感觉是“有一股扑面而来的热情和不加修饰的真率”。而他们看见马校长，第一个印象是，“身体出奇地棒，当时他年已古稀，虽然鹤发稀疏，却有红润的童颜。他仍常常在假日到西山去爬山，还常年坚持洗冷水澡，在北京冬天那寒风刺骨的河岸上，老人家光着身子往冷水里跳。”

马寅初（1882～1982），浙江嵊县人，经济学家、人口学家。早年留学美国耶鲁大学、哥伦比亚大学，获经济学博士学位。1919年任北京大学第一任教务长，1951年出任北京大学校长，其后因人口问题被严厉批判，至1960年被迫辞去校长职务。

马寅初的儿子马本寅告诉记者，父

亲1961年以八十高龄回故乡嵊县视察，由于洗冷水澡而患上肺炎，才终于停止了这一习惯。

此前，北大开大会批判马寅初，会议开始了很久，他不来。派人去“请”来了，他搬张椅子坐在台前泰然自若。台下有人开始喊口号，他很镇静地说：“我这个人每天洗冷水澡，不管多冷的天都不怕。现在天气并不冷，给我洗热水澡，我就更不在乎了。”

马校长搬张椅子坐在台上讲桌旁的场景，北大师生并不陌生。遇有领导人或文化名流来校讲演，他常常这样，以便随时和主讲人交流。一次，国家体委某副主任来北大讲话，按常理，马寅初不用陪同，可他不但往讲桌旁边一坐，而且不断插话，越说越起劲，最后干脆喧宾夺主地批评起一个人来，说这人不爱体育锻炼，身体很差，这样重要的会他竟然不来听讲。

被批评的是历史系主任翦伯赞教授。有当时在场的学生回忆，马校长这番背后的“人身攻击”让大家哑然失笑。“眼前浮现翦教授那清瘦、文弱的身影，再看看马校长壮硕的姿容，也真感到马校长的话有点道理。”

1968年12月，翦伯赞夫妇服用过量安眠药，离开人世。二人平卧于

1940年代马寅初在课堂上。

跑步是马寅初在美国哥伦比亚大学学习时养成的健身习惯。就是几度关押在监狱里，定时定量的跑步健身，他也从没有间断过。80岁那年，他还能兴致勃勃地“跑”上北京香山的“鬼见愁”。

床，穿着新衣服，合盖一条新棉被，翦伯赞所着中山装的口袋里，装着字条：“我实在交代不出来，走了这条绝路……”

当年，北大所有的刊物和全国各地的报纸猛烈批判《新人口论》，马寅初却拒不检讨，坚决不写检讨文章，照常笑眯眯地出入北大燕南园住所，“圆圆一张脸像弥陀”。所以董桥曾撰文，让今人“学学马寅初的硬朗。”

这种“硬朗”，自在北大学生的回忆中：“马校长这块硬骨头实在难啃，让他屈服，没门；逼他自杀，妄想！”

1958年前后屡遭点名批判期间，马寅初曾说：“我总想以行动来教育学生，我总希望北大的10400名学生在他们求学的时候和将来在实际工作中要知难而进，不要一遇困难便低头。”

1960年1月，在“马寅初不投降，就叫他灭亡”的口号声中，这位不妥协的学者终于被迫辞去北大校长职务，搬离燕南园，回到东总布胡同的旧宅。不久，他又被免去全国人大常委的职务，不能再公开发表文章。从此，马寅初在政治舞台和学术舞台上消失了。

马本寅曾告诉记者，那个时候，家里很冷清，少有人来拜访。但在如此境况中，马寅初根据大量的农村实际调查，写出100万字的《农书》。他坚信“这部书现在虽然不能出版，但不等于永远不能出版”。孰料“文革”开始，马寅初不得不痛下“与其让别人烧，不如自己烧”的决定，整整一藤箱、几十卷的《农书》手稿，在作者亲手点燃的火中灰飞烟灭。

马寅初的硬朗由来已久。1927年北大校庆时，他发表《北大之精神》演讲：“……此种虽斧钺加身毫无顾忌之精神，国家可灭亡，而此精神当永久不死。然既有精神，必有主义，所谓北大主义者，即牺牲主义也。服务于国家社会，不顾一己之私利，勇敢直前，以达其至高之鹄的。”

研究者称，马寅初在50年代“单枪匹马”挑战主流意识形态，与“北大之精神”若合符节。

有一本关于北大校长的书，写马寅初那篇，标题赫然是——“为真理而死，壮哉！为真理而生，难矣！”

傅斯年
一天只有21小时

那是一个冬夜，小小书房内，炭盆里生着火，傅斯年穿一件厚棉袍伏案写作；他夫人坐在对面，缝补他的破袜。因为台湾大学校长第二天要参加两个会议，不可太寒碜。夫人催他早些休息，他搁下笔，抬头对夫人说，他正在为一份杂志赶写文章，急于想拿到稿费，好做一条棉裤，“我的腿怕冷，西装裤太薄，不足以御寒。”

傅斯年（1896～1950），字孟真，山东聊城人。历史学家，五四运动中的学生领袖，1928年，创设中央研究院历史语言研究所，成为近代中国文化史功德彪炳的人物。

说罢，他起身指着壁上的书架说，这些书，还有存在史语所一房间的书，他死后要留给儿子。他要请董作宾先生为自己治一方印，刻上“孟真遗子之书”。

他长叹一声，接着对夫人说：“你嫁给我这个穷书生，十多年来，没有过几天舒服日子，而我死后，竟无半文钱留给你们母子，我对不起你们！”

夜深了，窗外吹起一阵寒风，室内

盆中的炭，已化为灰烬。

1950年年底的这个夜晚之后不久，傅斯年去世。不多日，卫生署一人来傅家，送来一副眼镜，说是傅先生托他在香港为某学生配的。原来，傅斯年为了发掘高才生，在台大举行作文比赛，由他亲自出题阅卷。一日，他回家兴奋地告诉夫人，自己看到一篇好文章，约作者面谈，果然文才非凡。但这学生家境贫寒，患深度近视而不戴眼镜，问他为何，该生默然不答。

傅斯年的至交胡适评价道："他的感情是最有热力，往往带有爆炸性的；同时他又是最温柔，最富于理智，最有条理的一个可爱可亲的人。"

傅斯年在认识丁文江之前，痛恨其政治立场，甚至当着胡适大骂丁文江，说："我若见了丁文江，一定要杀了他！"后来胡适介绍两人认识，他们却迅速成为莫逆之交。丁文江在长沙病危，正是傅斯年第一个从北京赶去看护。

台大校园内纪念傅斯年的"傅钟"。"傅钟"每节上下课都会响21声，因为这位校长曾说过："一天只有21小时，剩下3小时是用来沉思的。"

这样一个敢说敢骂的山东好汉，在台湾，人们称道他是唯一一个敢在蒋介石面前跷起二郎腿放胆直言的人。其实，早在1944年，傅斯年就在参政会上向行政院院长孔祥熙发难，揭发其在发行美金公债中贪污舞弊。会后，蒋介石亲自请他吃饭，为孔说情。席间，蒋介石问："你信任我吗？"傅斯年答曰："我绝对信任。"蒋介石于是说："你既然信任我，那么就应该信任我所任用的人。”傅斯年立刻说：“委员长我是信任的，至于说因为信任你也就该信任你所任用的人，那么，砍掉我的脑袋我也不能这样说。”

在大陆，傅斯年一度被当作“反动史学研究方向”的代表人物而遭到狠批，进而几乎被遗忘。近年来，“回到傅斯年”渐渐成为学界的一种声音，关于他的一些介绍文字也开始见诸媒体。有人发出这样的感叹：“傅斯年是中国历史上最有学问、最有志气、最有血性和最有修养的伟大知识分子中的一个典范，在这个伟大知识分子几近绝迹的世界上，也许不会有人知道，我是多么深沉而热烈地怀念着他们中间的每一个人。”而有关蒋、傅之间的谈话，人们评价：“这样的君臣对话，如此之豪杰气，当今之士，且不说有过，又可曾梦想过？”

还如胡适所言：“他能做最细密的绣花针功夫，他又有最大胆的大刀阔斧本领。他是最能做学问的学人，同时又是最能办事，最有组织才干的天生领袖人物。”

傅斯年的学问贡献，仅以他开创的“史料学派”就足以名世。他提出的“上穷碧落下黄泉，动手动脚找东西”的原则，经得起时间考验，实足堪称一代史学大家。同时，他又被称为最杰出的学术组织家：海峡两岸顶尖的学术机构，从中央研究院到北京大学、台湾大学，其历史上所达到的高度，傅斯年功不可没。

这个人真的是“天生的领袖人物”。1919年5月4日，上午的游行筹备会议是傅斯年主持的，下午开始的游行，总指挥是傅斯年，他扛着大旗走在队伍前列，后来又是他率领队伍冲进赵家楼。从学生成为教授后，他创办并主持的中央研究院历史语言研究所在20年间被认为是中国最有实绩的研究机构，聚集了陈寅恪、赵元任、李济等一代大家。

傅斯年死后葬在台大。行政大楼的对面架设有一口“傅钟”，每节上下课都会响21声，因为这位校长曾说过：“一天只有21小时，剩下3小时是用来沉思的。”

张伯苓
南开的“不倒翁”

2004年12月，天津建卫600周年。之前两个月，南开学校百年庆典，南开大学亦建校85周年。这座城市和这所学校，气脉相连，以至于人云：“知中国者必知天津，知天津者必知南开。”

张伯苓（1876～1951），天津人，教育家，南开学校创办人。抗战期间率南开大学与北京大学、清华大学合组西南联合大学，与北京大学校长蒋梦麟、清华大学校长梅贻琦共同担任联大常务委员。

南开大学校长张伯苓在美国过七十大寿，老舍和曹禺合写献词，曰：“天下人谁不知，南开有个张校长？！”

然而，曾有那么一段时间，南开似乎漠视这位老校长的存在。

1949年，曾出任国民参政会副议长、考试院院长等职的张伯苓拒绝蒋介石的去台邀请，留在大陆。但由于曾“一脚踏在臭水沟里”，1950年9月，当他回到故乡，当时“进步”的南开师生对归来的老校长并不欢迎，态度冷淡，许多同学认为他是“战犯”，没按反革命分子去政府登记就已宽大他了。

张伯苓希望暑期到南开大学暂住一段时间，特意征求南开大学党支部意见，却未得到任何答复。不久，南开校庆来临，他早早准备前去参加有关活动，但南开中学不允许他进入，而南开大学也只安排他在相关活动中坐一般席位。自此，他变得沉默孤独，常常呆坐居室，以手击头，神情颓丧，叹息不已。研究者司徒允认为："这与他一生大部分时间'愈挫愈奋'的虎虎生气相比，其晚境之凄凉无奈，适成两极。"

在张伯苓逝世后的追悼会上，其故交黄钰生致悼词称："他懊悔晚节的失足，他叹息老境不能参与这个伟大时代的工作，他悲伤他是被新中国所扬弃的人，他悲伤在新社会里无有他的地位，他悲伤他一生的工作都被否定了，他悲伤他的一生心血所在的南开中学已经不认识他了，在校庆的那一天到礼堂里去坐一坐都得不到许可，他伤心极了……"

与生命最末两年的心灰意冷不同，同样按照黄钰生所说，张伯苓"四十多年为教育、为中国，辛辛苦苦，劳碌奔波，到处碰壁，失败了再起来，起来了又失败，愈失败愈奋斗"。他从不灰心，自喻"不倒翁"，谓"非不倒也，倒后能复起也"。

他周旋于军、政、官、商各界人士之间，惨淡经营私立的南开学校，为了筹款，向人求见，坐过冷板凳，挨过白眼，却坦然面对："虽然有时向人家求见捐款，被其挡驾，有辱于脸面，但我不是乞丐，乃为兴学而作，并不觉难堪。"

燕京大学校长司徒雷登当年曾说过："近几年来，每当我见到张伯苓，他总是说：只有他深知我的苦处，也只有我深知他的苦处。他是在述说在中国创办一所私立大学所付出的辛勤劳动。"

1946年张伯苓获哥伦比亚大学名誉博士。

这些劳动所得曾经无比丰硕。胡适写过一篇

《教育家张伯苓》，称赞道："在他仅只22岁时从五个学生的一个私塾办起，到1917年他41岁时，他的中学已经有一千个学生。1936年他60岁，南开学校（包括男中、女中、小学部、大学及研究所）一共有三千学生。"

著名的政治活动家罗隆基早年就读于清华学校，一位美国女教员请学生吃茶，突然正颜厉色地对他们说："孩子们，你们将来都得学南开学校的张伯苓。假使中国多有几个张伯苓，中国一定会强的。"

女教员说的是英文，把张伯苓三字念得像外国名字Chamberlain，于是罗隆基就一直以为鼎鼎大名、篮球队能打败"强大"的清华队的南开学校，原来是个外国人Mr. Chamberlain办的，而"外国人办的学校，自然是好的"。后来，他才知道张伯苓先生是个中国人，而南开是中国人办的学校，当然，其间"南开的足球、篮球亦好几次打败清华了"。

张伯苓手书南开精神："允公允能，日新月异。"

曾任教于南开大学的文史名家柳无忌，称张伯苓为"大校长"，因为张伯苓给他的第一个印象，就是"那魁梧的身体，像泰山般屹立在陈设俭朴的校长办公室内"，而张伯苓的为人与他的事业，则"比他体格更高大"。后来在美国的南开校友聚会，齐唱校歌"渤海之滨，白河之津，巍巍我南开精神"，柳无忌以为，同样令人心驰神往的，还有那位"巍巍乎南开大校长"。

陈垣
保住民族的文化

2005年6月底启功先生逝世，众人哀叹，大师的时代真的已经远去了。启功离去的背影，让我们更加怀念那些曾经的大师们，其中，就有启功的老师陈垣。

北平沦陷期间，陈垣曾语重心长地对启功说："一个民族的消亡，从民族文化开始。没听说，民族文化不消亡，民族可以消亡的。我们要做的是，在这个关键时刻，保住我们中华民族的文化，把这个继承下去。你我要坚守教书阵地，只管好好备课，教书，这也是抗战！"

陈垣（1880～1971），字援庵，广东新会人，史学大师、教育家。曾任辅仁大学校长、北京师范大学校长、故宫博物院图书馆馆长等职。

当时，被日伪接管的北平其他高校都被强迫实行奴化教育，把日语作为必修课，改用日文课本，校门悬挂日本国旗。唯有辅仁大学，由担任校务长的德国籍天主教司铎及校长陈垣出面，与日伪政府周旋，提出不挂日本国旗，不用

启功先生和恩师陈垣校长在20世纪60年代。

日文课本，日语不作为必修课，从而使辅仁大学成为沦陷区唯一不悬挂日伪旗帜的大学。

抗战结束后，有北平媒体赞誉辅仁大学为故都的“抗日大本营”。

由于陈垣在学界和社会上的声望，日本占领军曾派研究中国文化的日本学者前往游说，此君劝陈垣与日本人合作，并问他：“你总不依命令，难道不怕死吗？”陈垣见对方自称懂汉学，于是从容地引用《孟子》作答：“孟子说过，‘生我所欲也，义我所欲也，二者不可得兼，舍生而取义者也。’孟子还说，‘生亦我所欲，所欲有甚于生者，故不为苟得也；死亦我所恶，所恶有甚于死者，故患有所不避也。’”

沦陷区提倡所谓“读经”，陈垣得此机会，常用儒家经典中的话对人晓以大义。辅仁大学每届毕业生都会出版一份“年刊”，陈校长必引经书题词。1940年的“年刊”，他题词：“子张问行，子曰：言忠信，行敬笃，虽蛮貊之邦，行矣。言不忠信，行不敬笃，虽州里，行乎哉！”

陈校长以“蛮貊之地”喻沦陷区，告诫辅仁的学生必须严格要求自己，做正直的人，即使是生活在日伪控制下，也决不能卖身求荣、助纣为虐。

一日，他和几个知心的师生在辅仁主楼看书画展，偶然凭栏而望，只见日军趾高气扬地走过。陈垣沉默不语，片刻后，低吟“登临独恨非吾土，不为城关画角悲”。语毕，他已眼含热泪。

抗战八年间，除到校授课外，陈垣闭门谢客，撰写了大量著作。后人评价，其中多有“发愤之作”。《明季滇黔佛教考》完成于1940年，主要写清初西南遗民的宗教活动，但书名用的是“明季”，用以强调这些遗民终未降清。明亡后，南明王朝曾在滇黔建立政权，而这一地区，也正是抗战时的大后方。陈垣在书中称：“明季中原沦陷，滇黔犹保冠带之俗。”

在这本名著中，陈垣的一段结语堪称自诉衷肠：“按祖宗之遗我也厚亦，似比广漠无垠之土地，取无尽，用无竭，进退绰有余裕，吾何修而得此！”

1945年12月底，光复后的北平举行元旦团拜会，国民党要员陈诚批评说，北京这地方没有一点儿民族意识。在场的陈垣听了大为不满，当即站起来反驳道：“陈部长，你过去来过这里没有？我们在日本人统治下进行斗争，你知道吗？可惜你来得太迟了！”遂愤然离席而去。

研究者孙邦华将陈垣的这一时期称为“学术抗日”，并赞叹他是“傲骨撑天地，奇文泣鬼神”。

在非常时期，“保住民族的文化”，表征着陈垣作为一个学人的节操。从更广义上说，他所治之学，无一不是在追求“保住民族的文化”。

陈垣名著《元西域人华化考》曾在中外学界引起巨大轰动，论述的是中国西部少数民族和外来侨民的汉化。此书刻意在“全盘西化”论兴起时著成，饶有深意。他的朋友、另一位史学大师陈寅恪为之作序：“近二十年来，国人内感民族文化之衰颓，外感世界思潮之激荡，其论史之作，渐能脱除清代经师之旧染，有以合

1954年，毛泽东和北京师范大学校长陈垣亲切握手。

于今日史学之真谛，而新会陈援庵先生之书尤为中外学人所推服。”

陈垣校阅整理京师图书馆所藏敦煌经卷，于1930年编成《敦煌劫余录》，直斥斯坦因、伯希和等西方汉学家对中国敦煌遗书遗物的掠夺。时人以为“劫余”说法太过刺激，劝他改名，他正色答曰：“作‘劫余’二字，尚未足说明我们愤慨之思，怎能更改！”

唐文治
“读经”养正气

一个主张恢复“读经”的人，是立于时代潮头，还是忝列历史末梢？一个幼习《孟子》、终生强调“养浩然之气”的人，能否在新时代成就一番“第一等的事业”？

问号，引出一个老旧的名字：唐文治。

唐文治（1865～1954），字颖侯，号蔚芝，别号茹经，江苏太仓人。近代著名教育家。

唐文治，清光绪进士，在清末从政十余年，官至农工商部（由商部改）左侍郎署理尚书（相当于代理部长）。1903年，清廷设立商部，唐文治拟定《商部章程》。1905年，他力促的《商律》颁行，这是参照英国公司法和日本商法制定的中国历史上第一部商法，以国家法律形式宣布民间可以自由经商和集资创办各种公司，且与官办、官商合办企业“享一体保护之利益”。

商部主管农、工、商及交通、金融等领域，为一时之“肥缺”。唐文治为遏止官场贿赂之风习染商部，拟定《声

1906年，唐文治退出政坛，次年出任商务部高等实业学堂（即上海交通大学之前身）监督（即校长）。在交大人眼中，“先生之于交大，犹如蔡元培先生之于北京大学和张伯苓先生之于南开大学，都是一个大学学府建立过程中的中心人物，和学校的荣誉是离不开关系的”。图为唐文治与邮传部铁路一班毕业生合影。

明商部办事权限折》，规定商部官员当为及不当为之事，“严禁纳贿贪污”，并阐明商政宗旨，“以保护商民，开通商智，厚结商力，体恤商艰，培植商家元气，减轻担负，不苛扰、不干涉为主要”。

著名的张裕葡萄酒公司创办人粤商张弼士为答谢唐文治奏保张氏实业，曾赠与他“巨金”，他辞之再三。他培植过很多实业，对于商人的酬谢一律“坚辞”或“峻拒”。慈禧在颐和园召见他，赞谕“汝能廉洁办事，亦很好”。

后人评说：此之谓读经而真能“富贵不能淫”。

1906年，唐文治退出政坛，次年出任商务部高等实业学堂（由南洋公学改，即上海交通大学之前身）监督（即校长）。在交大人眼中，“先生之于交大，犹如北京大学之于蔡元培先生和南开大学之于张伯苓先生，都是一个大学学府建立过程中的中心人物，和学校的荣誉是离不开关系的”。

按照学者余子侠的研究，唐文治长校后，先后设立铁路专科、电机专科、航海专科等，将这所工业学堂发展为真正的工科大学，并堪称近代中国最好的工科大学之一。

唐文治自谓：“回溯飘摇风雨，屡濒于危，最难堪者，改革之际，经济困迫，彼时今日不知明日，本月不知下月，本学期不知下学期，诸生相对凄惶……费几许心血，历无限艰辛，乃得稍稍有此成绩。”

1920年，唐文治辞去南洋校长职务，以几近双目失明之身，创立无锡国学专修馆（即著名的“无锡国专”），开始以读经为中心的国学教育。他为无锡国专确立的办学宗旨为“正人心，救民命”，因为“当战国之世，孟子专崇仁义之训，斥去私利……今世一大战国也，于斯而提倡仁义之说，欲以救心而救国”。

1937年“八一三”事变后，日军开始轰炸无锡，年逾七旬且双目早已全盲的唐文治率领全校师生，进行了被赞为“壮烈”的内迁。而后8年间，无锡国专迁学校于广西桂林，设分校于上海，一直坚持着“明耻教战”的兴教活动。

后人评说：此之谓读经而真能“贫贱不能移”。

抗战期间，唐文治居上海，汪伪教育部接管交通大学后，派人“劝驾”他出任伪交大董事长，并要挟他签字同意。唐文治从容作答：“行年七八十，此字可以不签矣！”

20世纪30年代唐文治在无锡国专校园内。

1931年11月，国际联合会教育科派遣唐克尔·培根来我国考察教育情况，他考察国专后说："这所学校是纯粹中国化的学校，中国固有文化仅赖此校一线维持。"图为当时的无锡国学专修馆。

后人评说：此之谓读经而真能"威武不能屈"。

长校南洋时，唐文治将"着重注意道德，以全校蔚然成高尚人格"列入校章第一章，并在大礼堂悬挂"富贵不能淫，贫贱不能移，威武不能屈"横幅，亲书"人生惟有廉洁重，世界须凭气骨撑"对联。

我辈生也晚，无缘得见被尊为"工科先驱、国学大师"的先贤，但在其孙、中科院院士、物理学家唐孝威身上，颇能见乃祖遗风。唐孝威曾说："祖父对我的影响很大。我很小的时候，他就对我讲解孟子的'富贵不能淫，贫贱不能移，威武不能屈'的道理。"

曾有记者采访这位物理院士，他说："今年春天，我带学生到万松书院春游，秋游去了九溪十八涧，我们拍了许多照片……"这让记者感慨不已，忆起"那种源远流长的师道风流"，一如《论语》所曰："暮春者，春服既成，冠者五六人，童子六七人，浴乎沂，风乎舞雩，咏而归。"

陈序经

能请来大师的校长

岭南大学康乐园，以及后来迁址这里的中山大学校园内，曾有这样一个身影，手里拿着拐杖或是雨伞，在绿草红房间信步而行。路上见着教授、职工或是工友，微微地点点头，笑一笑。

实验教室里的水龙头没关好，若是窗户开着，他便贴到窗前，伸进胳膊去，尽力地用手中的拐杖或雨伞去够龙头，折腾一番，终于把水关好。然后，拍拍手，满意地离去。

有时候熟门熟路地走到某家串门，而更多的时候，他只是在校园里散步，像一个园丁在关照自己的园子。

陈序经（1903～1967），海南文昌人，1928年在美国获得博士学位，后又留学德国，兼文化学家、历史学家、社会学家、民族学家、教育家于一身，学贯中西。历任岭南大学校长、中山大学副校长、暨南大学校长、南开大学副校长等。

康乐园真是幸运，一度拥有过像陈序经这样出色的“园丁”。这位奇才没有选择政坛作为自己耕耘的田地，而是选择了大学校园。上世纪30年代，他曾婉拒广东省教育厅长的职位。抗战胜利后，鉴于他在侨界的名望，同乡宋子文曾力邀他出任驻泰国大使，他再拒。1949年国民党在广州组织“战时内阁”，请他当教育部次长，他三拒。

然而，这个一生淡泊官场名利的人却有着极出色的统筹领导才能。1948年受聘岭南大学校长后，他为南国请来了国学泰斗陈寅恪、数学大师姜立夫、中国临床放射学创始人谢志光等许多名满天下的学者，还邀请一大批从国外归来的新锐到校执教……

上世纪50年代，陈序经与中共广东省委书记陶铸成为朋友后曾对他说：“当初岭南大学聘请到十数名一流的教授，每个人都是我亲自去请的。”后人感慨：无法想象，如果把这些名字去掉，广东的学术文化会是怎样的图景。

陈序经与陈寅恪，二陈的交往掌故历来为人所称颂。陈寅恪的传记作者怀着一种深深的感念写道，陈序经是陈寅恪一生中碰到的为数极少的“知音式领导”。

这种“知音”，是二人认同于“独立之精神，自由之思想”的心灵契合。以至于，校长陈序经特许教授陈寅恪除授课外，不参加校内的任何活动。事后看来，这样的关照卓有成效地保护了陈寅恪晚年的学术创造。

陈序经对自己的定位非常清楚：我这个校长，是为学校、为教授服务的。后人回忆，这样的校长，以教师为友，他们无论遇到什么困难都可信赖这位朋友的帮助。

陈序经(左一)私下与教授关系甚笃，图为他与陈寅恪(中)、姜立夫合影。

他的女儿陈穗仙告诉记者，当年在康乐园东北区的那栋小楼里，从来就不缺为了各种事情来找校长的教职员工，“父亲从来不摆架子的。”她对父亲每日的散步也记忆犹新，“他总是到处去看看，了解校园和教职工的情况。他管理学校不是靠汇报，而是靠自己去看、去串门。”

陈校长乘车外出，沿途无论遇到学校出来的教授、干部，还是工人，只要车上还有位子，他都让司机停下来，请上车，顺路送一程。

当年陈序经担任西南联大法商学院院长时，法律系主任燕树棠家中人口多，生活困难，只得亲自当街摆卖家私杂物，引起轰动。陈序经得知后，设法给燕树棠送去钱，还打躬作揖地恳求：“以后不要再当街摆卖了，没有钱可以告诉我一声。”

在这里，作为“领导”，陈序经维护的是教授的尊严。其实，他自己就是一位大教授。上世纪30年代，他的“中国文化之出路”演讲，在全国引起一场关于“全盘西化”的大论战。他的东南亚古史研究，影响尤为深远。

陈序经评价自己一生“只是一个教书的”。后人评价：他是个永不失厚道的教书匠。“优容雅量”一词，是他一生为人办事的写照。

一位曾在中大轰轰烈烈领导过数次“运动”的前副校长1957年回中大接受审查时，与陈序经有过一段相当精彩的对话。他对陈序经说：“你有涵养。”陈序经回答：“我还需学习涵养。高等知识分子在思想上一般比较复杂，权力心比较淡薄，但也有其自尊心，甚至有怪脾气。与高等知识分子打交道，重要的一个条件是要有涵养。尊重对方的长处，不须过分强调对方的弱点。”

2005年5月的一个下午，雨后，中大校园内陈序经曾经住过的小楼显得破旧而落寞，而去年新立的故居石牌在阳光下有些反光，竟然看不大清楚。

许崇清
独立的思想是要表达的

中山大学东北区8号是老校长许崇清的故居，这座二层红砖小楼曾给他的儿子许锡挥留下过许多回忆。

站在客厅，如今已是七旬老人的许锡挥念念不忘当年在这里发生的一幕：

许崇清（1888～1969），广州人，教育家，华南教育界元老。

中大党组学习小组来许家学习，讨论到正在流行的一句马克思的名言：“教育者必先受教育。”许校长一听，马上从客厅起身，噔噔跑上二楼，翻出一本德文的马克思原著，捧在面前，一边走下来，一边逐字逐句地翻译给在场的人听，说这句话的原意应该是“教育者同时被教育着”。

许崇清的意思是，这不应成为一句为“整”教师而被误用的流行语。本是辩证唯物主义的一个命题，却由于错误的翻译而被用来为当时的教师思想改造运动服务。

这样的言论，在当时是冒天下之大不韪的。后来，许锡挥问父亲，你就不担心吗？许崇清只回了一句“做事不能走邪门歪道”。

“看起来只是文字翻译的问题，其实代表着两种截然不同的观念。两种不同的译法，可能导致的是两种不同的知识分子政策。”面对记者，许锡挥感叹，“其实，直到现在这句‘名言’的翻译问题也还没有引起足够的注意。”

许崇清有足够的“资本”来讨论马克思主义的问题。早年留学日本的十余年间，他专攻教育哲学，并因通晓德文，直接阅读了马克思的原著，成为中国最早接触马克思主义的学者之一。

就读于东京帝国大学时，专业是教育哲学的许崇清却对数学颇有兴趣，他曾经在考试中撇开标准方法而用自己独立琢磨出的思路解开了方程，以至于教授惊喜地给了他102分。

也许正是由于他对科学的热衷，使这个学教育的学生阴差阳错地成了中国介绍爱因斯坦狭义相对论的第一人。1917年，他在一篇题为《再批判蔡孑民先生信教自由会演说之订正文并质问蔡先生》的文章中，使用“Einstein于1905年发表之‘相对性原理’”作为论据，对蔡元培的观点进行了反驳。

在许锡挥看来，最早介绍相对论也许是个偶然，但许崇清作为一个小留学生居然敢“批判”蔡元培这样的大学者，却绝非偶然，“他从青年时代开始就是独立思考，敢于挑战权威。这是他留给我最深刻的印象”。

上世纪30年代，主政广东的陈济堂曾提出议案，强制各级学校讲授《孝经》。鉴于许崇清在教育界的威望，陈济棠请他负责审查这一议案。许崇清认为强制读经会使学生视野停滞不前，因此坚决反对。为此，陈济堂又是施压威吓，又是许诺送股票，软硬兼施企图逼他通过审查，但许崇清最终还是否决了这个议案。陈济棠一怒之下撤掉了他广东省政府委员的职务。

此事当时震动华南——一介书生竟敢顶撞广东“土皇帝”。

1956年，中国教育界展开了一场关于教育方针的辩论，大的方针确定为“人的全面发展”，很多人主张在后面加上“因材施教”，许崇清再次“逆风向而动”，反对将“因材施教”列入教育方针，还专门写了一篇长文加以论述。

“我也不知道他的这个观点对不对，也许他不对。”许锡挥轻拍着刚出版的《许崇清文集》说，“但这就是他自己的观点，是他独立的思想，所以他要表达出来。”

许崇清三次出任中山大学校长，共计20年，占到了中大校龄的四分之一。在上世纪三四十年代两次代理国立中山大学校长后，1951年许崇清第三次出任中山大学校长，欢迎集会上，中大人评价：“中山大学是应该同许崇清的名字联系在一起的。”

教育学者杨东平称中国现代以来的大学校长是“一个值得关注的群体”，中国现代大学的生长，每一所都与大教育家的名字相连，如蔡元培之于北京大学，梅贻琦之于清华大学……在这一长串名单中，当然不会缺少“许崇清之于中山大学”。杨东平认为：“这些大师成为现代大学的人格化象征。”

中山大学的一位教授在讨论校长问题时曾说过：一个好的大学校长首先应该是一个好的知识分子，有独立的思想，有正义和良知。这句话，用在他们的老校长许崇清身上，可谓恰当。

马相伯
一老南天身是史

从一场战争到另一场战争，这就是马相伯的个人史：1840年，鸦片战争爆发，马相伯出生；1939年，抗日战争仍在持续，马相伯逝世。

百年间，他从容游走，留下一所享誉中外的大学和一个高山仰止的背影，正如柳亚子诗云："一老南天身是史。"

当年风靡中国的《良友》画报，历来凭借时髦的封面女郎吸引读者，却在马相伯百岁大寿那一期，以他的照片作为封面。此刻，这位老人俨然已成为这个国家的象征。

作为教育家，马相伯"毁家兴学"的故事，已成中国近代教育史上的一段传奇：1900年，他将自己的全部家产——松江、青浦等地的3000亩田产，捐献给天主教江南司教收管，作为创办"中西大学堂"的基金，并立下"捐献家产兴学字据"。

马相伯（1840～1939），江苏丹阳人，父母均信奉天主教，故出生即受洗为天主教徒。耶稣会神学博士，教育家，复旦大学创始人。

1902年，他以“中西大学堂”理念，创办震旦学院。“震旦”为梵文，“中国”之谓，含“东方日出，前途无量”之意。1895年创办的北洋大学堂是中国近代第一所国立大学，而震旦学院则是中国近代第一所私立大学。梁启超曾著文祝贺：“今乃始见我祖国得一完备有条理之私立学校，吾欲狂喜。”

震旦学院最著名的校友，是后来的国民党元老、“监察院院长”于右任。1904年，这名被清廷通缉的陕西举人，化名“刘学裕”入学。

此后，耶稣会干涉震旦学院办学，违背学校的民主自治传统，引发“震旦学潮”。马相伯明确表示同情学生，并于1905年在吴淞另立复旦公学。“复旦”之语，出于古诗《卿云歌》：“日月光华，旦复旦兮”，且含“恢复我震旦，复兴我中华”之双重寓意。1917年，复旦公学改为复旦大学。

1925年，罗马教廷在中国创办北京公教大学，次年改称辅仁大学，马相伯参与其事，贡献良多。他寄语辅仁大学：“齐驱欧美，或更驾而上之。”

于右任1931年与恩师马相伯合影。

如果仅有一所复旦，马相伯或许不会作为一种象征，赫然出现在中国最流行刊物的封面上。举国上下对他的关注，还在于他年近百岁，仍一次又一次进行抗日广播演说，一次又一次参与组织抗日民主集会。正如他的弟子、国民党元老邵力子所言：“相伯先生的精神，正是我们中华民族的精神。相伯先生所以能享大年，中国所以永久存在于世界，都在此。”

面对如此尊荣，马相伯却有些落寞。寿辰之后不久，一日，胡愈之来访，交谈中马相伯沉痛地说：“我是一只狗，只会叫，叫了一百年，还没有把中国叫醒。”胡愈之听后，感慨唏嘘，无以为言。

人们当然不会忘记他的这些“叫声”。1906年，马相伯赴日，在日华学会成立典礼上发表演说，勉励留学生：“爱国不忘读书，读书不忘爱国。”张之洞将此语引为至言，誉他为“中国第一位演说家”。

“九一八”事变后第三天，他慷慨激昂发表抗日言论：“噩耗传来，天地变色！国家危难至斯，诚达极巅……虽自顾老迈，亦愿勉励负一部分责任。”从1932年11月起，他连续4个月发表12次国难广播演说。他在上海土山湾的居所“绿野堂”，已成为国人抵抗意志的著名象征。“七七”事变后，他发表《钢铁政策》广播演说，呼吁国人立即行动，誓死抗击日本侵略。

1937年7月31日，七君子被释放出狱。8月，沈钧儒一行7人应国民政府邀请，赴南京商讨抗日事宜。图为七君子在南京与马相伯、杜重远的合影。

马相伯逝世后，弟子于右任敬挽：“光荣归上帝，生死护中华”，成为一代名联。

马相伯另一幅照片似乎更加有名：1936年，沈钧儒、邹韬奋等“七君子”入狱，马相伯多方营救。次年七人获释后，前往看望马相伯，合影留念。沈钧儒在照片上书题“惟公马首是瞻”。

这张照片被收入包括中学教科书在内的大小历史著作，为很多中国人所熟悉。照片上，马相伯在众人簇拥下，端坐正中，尽现人瑞之相。

李登辉
被遗忘的复旦校长

李登辉何许人也？

在大多数人看来，对一个在中国“臭名昭著”的人物提出这样的问题，若不是恶意搞笑，那多半别有用心。

前不久，有人在论坛上贴出题为“本人敬仰李登辉”的帖子，引来一片哗然。第一条跟帖：“风马牛不相及”；第二条：“跟那个汉奸狗贼同名同姓？？？”再往后：“我靠，你拿同名的人来骗我进来”；“那个汉奸真是侮辱了李登辉先生的大名”；“一场虚惊”……直到有人忿忿不平，“台湾那个登辉真作孽，白瞎这个好名字！”

李登辉（1872～1947），字腾飞，祖籍福建，生于印尼华侨家庭。受人尊敬的复旦老校长。

原来，发帖人说的是“我们复旦的老校长”李登辉：“在复旦百年华庆之际，表达我对他的敬仰。”

全球互联网某著名网站，专门有一个针对“李登辉”这个名字的“消歧义”网页，注明此词条可能指以下中的一个：前台湾“总统”李登辉；复旦大学校长李登辉。

然而与那个李登辉的恶名远播相比，这个李登辉显得过于寂寞了。

早在上世纪40年代，复旦的学生有意为李校长立传，在他面前提出此想法后，李登辉一口否决，正色答曰：“Man much abler than I have left no record，why should I leave any?（比我能力强得多的人都没有留下记载，我为什么要留下任何记载呢？）”

不知是否一语成谶，曾经为复旦这所著名学府做出过杰出贡献的李登辉校长，果然没有留下太多痕迹。在很长一段时间内，对他的记载只有7个字：“资产阶级教育家”。无怪乎后人替他鸣冤：历史没有给他留下空间，也不可能有公正的史传问世，于是，在20世纪前半叶的大学教育家群体中，他被淡忘了。在绝大部分复旦师生眼中，李登辉的形象也模糊不清。

复旦学者钱益民说，只是因为一个偶然的机缘，趁着复旦百年华诞，才让李登辉姗姗来迟。作为刚出版的《李登辉传》的作者，钱益民不无遗憾，因为传记的执笔者已不可能是李登辉亲手培养的弟子门生，那些曾得到他教诲和恩泽的人们，早已全部作古，传记本该在他们手中完成的。

不过，虽未有皇皇大传，但李登辉的同代人对他从未吝惜过最高的赞誉：“在中国近代教育史上，蔡孑民先生在北方首先树立思想自由的学风，而在南方，则复旦大学一直保持思想自由传统者，是先生最大的功劳。”

李登辉对大学风气的信条是“大学之教，百家渊薮”。他的学生回忆，李老校长对于学术思想，完全是美国最先进大学的作风，是极其自由

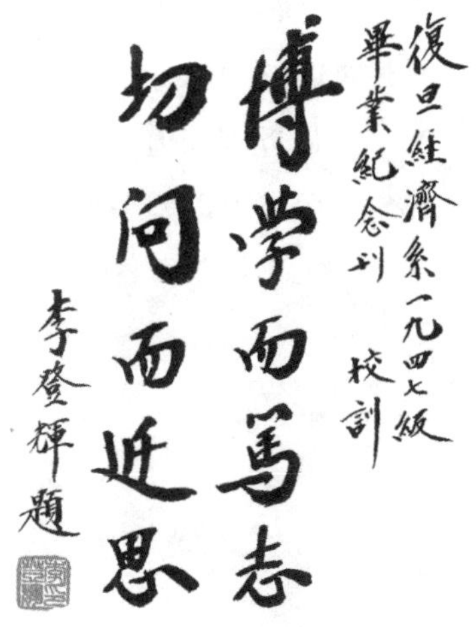

庆祝复旦校庆的题字

的，甚至，“康南海（康有为）先生明明是复辟派的重要人物，为了他的经学文学，有一次我们一辈学生却得了李老校长的许可，亲自到辛家花园敦请康先生来复旦讲学。”

1917年，在校长李登辉主持下，复旦公学改为复旦大学，原有文理两科，新增商科（即商学院）。后人注意到，世界闻名的哈佛商学院设于1908年，复旦设立商学院，仅晚哈佛9年。1920年，美国哈佛、耶鲁两校开办教育系，李登辉同时在复旦试设教育科，可谓丝毫不落后于世界最先进的教育潮流。

思想上先进，但他在情感上却是极恋旧的人。妻子早逝，他终生未再娶，妻子生前遗物，一衣一巾，莫不保存得好好的，如她仍在人世。每年夏天太阳好时，他一定把妻子的皮衣一件件取出来晒，睹物思人，必会又伤心一场。

为筹建大学的新校园，李登辉亲赴南洋，向华侨募得巨款。归国后，他力排众议，以相当超前的眼光在当时远离市区的江湾购得土地，苦心经营，终成气象恢弘之学府，为日后杨浦成为沪上学术重镇奠定基础。

如今，在李登辉奠基的校园内，立着一座相辉堂，为了纪念他和复旦的创建者马相伯。很多人，包括很多复旦学子，不一定能说出相辉堂的来龙去脉，但他们会说，这座复旦最著名的建筑，是对一所大学过往岁月最真诚的纪念。

一个最近刚知道“这个李登辉”的年轻人，发出此般感叹：“哦，李登辉，原来可以是一个好名字。”

陈望道
不止译宣言

翻译《共产党宣言》的人，该是怎样一番模样？

上世纪二三十年代，翻译《共产党宣言》成为陈望道的一项罪名，对他的诋毁，抬头总是“‘《共产党宣言》译者’陈望道如何如何”。他被描述成活脱脱一个流氓无产者形象，“爱抽美丽牌香烟，常穿一件破大衣……”

陈望道（1891～1977），原名参一，浙江义乌人，语文学家、教育家，长期担任复旦大学教授、校长。

后来在重庆北碚复旦大学主持新闻系，在学生眼里，陈老师总是穿着那么一身深色的长袍，只是为了季候才在质料上有一些改变；抽土制香烟，烟质不好，常要两根火柴才能点燃；午饭时间，只在一家茶馆里啃着烧饼，说“这样经济了时间，也经济了力”，而晚上，他能够在朋友家里臭虫很多的床上一觉睡到天明。

上世纪六十年代，复旦校园里常见一位面目清癯的老人，穿着深藏青的呢中山装，腰板笔直，步履很快。高年级同学会悄悄告诉新生，这就是陈望道校长。

长久以来，陈望道被一道光环笼罩着——《共产党宣言》的第一个中文全译者。然而在革命者、政治家的光环以外，他其实还有着前辈学人的性情一面。

这一面，世人的记忆里已不多。典型的例子是复旦新闻系毕业的小罗。他回忆，自己进校第一天，就到陈望道塑像前照了几张照片。“反正知道这个名字，忘了怎么知道的了。不过除了知道他是翻译过《共产党宣言》的老校长，也不知道别的了。”

知他者言：陈望道是一位很有个性的人物，许多人敬畏他，其实他是一个平和的人。

重庆时期的复旦学生描述这位教授：他走着老是像赶路，虽然步伐那么平稳，你总觉得他一点也不悠闲，好像总在思考。你和他点头，他的回答也是那么淡淡的。你将感到他不那么容易亲近，而你去到他屋子里讨论“的、哩、吗、了”，他会高兴地给你谈上三四个钟头，还会递给你一支香烟……

1920年9月，陈望道翻译的我国第一个全译本《共产党宣言》出版。

陈望道珍爱他的“的、哩、吗、了”。语言，而非革命，才是他作为一个学者的安身立命之所。1932年，他写成《修辞学发凡》，这是中国第一部系统的汉语修辞学专著。他研究文法学，在广西任教时接触到粤语，对这种方言立刻着迷，兴致勃勃开始大谈“走先”（官话“先走”）、“落楼”（官话“下楼”，他初听时大吃一惊，以为是说要掉下楼去）。他很欣赏广东话将男女之间的恋爱说成“拍拖”，认为此二字用得极贴切。

上世纪40年代，复旦新闻系讨论“系训”，有教授提出“打成一片”，立刻受到同学的欢迎，觉得一是通俗易懂，二是强调了新闻记者必须和人民站在一起，三是这口号是从延安传来的，更加令人兴奋。眼看着要举手通过了，陈望道却提出“好学力行”四字，认为这才是对新闻人更根本的要求。最后，陈望道的提议获得通过。

新闻史家评，陈望道担任复旦新闻系主任期间，于“新闻”二字，“有大视野”。他倡导学生每周举行“新闻晚会”，讨论的题目包括“欧洲为什么开辟第二战场”、“日本为什么投降”等，甚至专论过“历史有情还是无情”。

学问上有大视野，他却又是极生活化的一个人。写《修辞学发凡》时，遇到障碍，他便停笔不强写，坐上电车“从西到东或从南到北压马路”，一面看马路两边的商店招牌，一面听乘客的谈话，往往意外地有所触动，想通一个问题，于是赶紧回家接着写。

友人回忆，陈望道当年有一道拿手名菜“神仙鸡”，先用黄酒将鸡浸泡多时，并佐以葱姜等调料，然后用100张报纸送入炉内将鸡慢慢烩熟，鸡全身呈金黄色，香气扑鼻，入口鲜嫩无比。

1920年初，陈望道接受上海《星期评论》负责人戴季陶、李汉俊等人的约请，着手翻译《共产党宣言》。一日，陈母心疼儿子，便做了糯米粽子，外加一碟红糖，送到书桌前，催促儿子趁热快吃。过了一会儿，母亲在屋外问他红糖够不够，是否需要添些，他连连回答：“够甜，够甜了。”当母亲进来收拾碗筷时，竟见儿子满嘴都是墨汁，红糖却一点儿没动，原来他一边译书，一边蘸着墨汁吃了粽子，还浑然不觉。

对于记者问起陈望道，小罗不解。他自嘲：“我们这些自由而无用的灵魂，不会感应那些老先生的。”

4 前辈已逝，不可追

曾经有那样一个时代，曾经有那样一批人物。他们那样地想着，那样地活着。他们离我们今天并不遥远，但他们守护、在意、体现的精神、传统、风骨，已与我们相去甚远。

王芸生　张季鸾　胡政之　邵飘萍　林白水
黄远生　孙伏园　方大曾　王小亭　张元济
王云五　伍联德　徐伯昕

王芸生
论坛主笔仰扶轮

2004年8月6日下午，记者到王芸生之子王芝琛家中拜访。客厅墙上挂着赵朴初的手迹，那是他为老友作的挽诗，其中有“人海燃犀尝烛鬼，论坛主笔仰扶轮”两句。

在王芝琛的回忆中，父亲一生中最惊心动魄的一场“燃犀”之光，却并非为了“烛鬼”。那火光映照出了父亲的悲剧。

王芸生（1901～1980），天津人，《大公报》第二代总编辑，自称“彻头彻尾的新闻人”。同时，著有七卷本《六十年来中国与日本》，被称为有影响的日本问题研究家。

那是“文革”中的一团火，不大，只在王家的卫生间里。王芸生烧掉了自己四十余年从未间断的日记，足足有好几大箱。“汗和泪都有，滴在日记本上。然后是大滴大滴的鼻血，不停地淌下来。”王芝琛回忆说。

有关方面让王芸生写1949年前《大公报》的历史，遭王婉拒。后来来人透露“这是毛主席的意思”。王芸生违心写下长篇回忆录《1926年到1949年的旧大公报》。王芝琛说："后来我看了，简直是心惊肉跳，那就是往他自己和大公报头上扣屎盆子啊，一盆一盆的！"有知情人士告诉过王芝琛，当时的中央领导人曾私下指示：不把《大公报》批倒批臭，无产阶级新闻观就立不起来。

王芸生晚年极为悔恨自己参加了那场对《大公报》的"围剿"，尤其涉及对前任总编辑张季鸾的评价。他说："对季鸾，于师于兄于友，我愧对他了。"在他弥留之际，手里拿着一张白纸，嘴里喃喃地说，"寄给他，寄给他，我的白卷……"

这个在生命尽头认定自己留下"白卷"的人，曾用他手里那支"仰扶轮"之笔，影响过中国整整一个时代。

1937年11月，日军占领上海，要求在租界里出版的《大公报》送检。《大公报》拒绝，于限期前一天，断然停刊。在停刊号上，王芸生撰写社评《不投降论》："我们是报人，生平深怀文章报国之志……到今天，我们所能自勉，兼为同胞勉者，惟有这三个字——不投降。"

1941年12月，王芸生发表《拥护修明政治案》社评，披露香港沦陷之际，"逃难的飞机竟装来箱笼、老妈与洋狗"的丑闻，还揭开了外交部长郭泰祺国难当头竟以巨额公款购置私人豪宅的黑幕。他指出："我们舆论界若再忍默不言，那是溺职"。此文一出，当天蒋介石就罢免了郭泰祺。而孔二小姐的丑闻则引发了昆明、遵义等地大学生反对孔祥熙的学潮。

当时，国民政府的大小官员都知道，蒋委员长每日必读《大公报》，办公室、客厅和卫

1936年4月1日，《大公报》上海版创刊。馆址设在法租界爱多亚路181号。图为王芸生(中)、李子宽(右一)、费彝民(右二)、段继达(左一)、孔昭恺(左二)。

生间各放一份，以备随时翻阅。因此，许多军政要员为了提高自己的声望，总希望在《大公报》上露露脸，不少要员甚至亲自带上红包登门拜访总编辑王芸生，但无一例外遭到严辞拒绝。戴笠派人送的重礼，甚至被扔出了家门。

大公報

發刊辭

Ta-Kung-Pao

(L'Impartial)

《大公报》创刊号

王芸生曾说过：“我作为一份民间报纸的发言人，要保持自己独立的人格，我才有独立的发言权，我才有资格说真话，对国民党才能嬉笑怒骂。同时，待国共双方都必须一样，是我一贯的原则。”

在国共两党的夹缝中，他始终坚持独立的民间立场，不仅不断地批评当政的国民党，也没有放弃对共产党的批评。1945年11月，他发表《质中共》社评，呼吁和平，《新华日报》第二天就发表《与大公报论国是》的社论，进行严厉驳斥；次年4月，他又发表《可耻的长春之战》社评，《新华日报》则针锋相对，于两日后发表《可耻的大公报社论》，予以反驳。

据王芝琛介绍，在1948年王芸生应毛泽东之邀赴解放区之前，曾专门请人找来《解放日报》，翻看了其中王实味的《野百合花》一文。当时他说：“这就要挨枪子儿啊，那我过去岂不是要挨800个枪子儿？”

上世纪40年代曾有人这样评价：“王芸生的文章为世人所传诵。他立言的长处是常以国家为前提，而站在人民的立场，说一般人民所要说的话。”事实上，这也正是《大公报》的理念之所系。

其实，给予《大公报》最高评价者，恰恰是解放前的毛泽东。1945年，毛泽东飞抵重庆，与蒋介石进行举世瞩目的和平谈判。期间，他曾

王芸生、冯玉文夫妇与六个子女合影，1948年9月26日王芸生生日时摄于上海。

两次约见王芸生，单独交谈甚久。后来大公报馆回请毛泽东，宴会后，毛泽东当场为《大公报》题词：为人民服务。

张季鸾
恬淡文人，穷光记者，呕出肝胆

被《大公报》老人、历史学家唐振常感慨为“于大公报研究卓然成家”的王芝琛，很笃定地认为，1941年8月19日发表的《我们在割稻子》，是《大公报》乃至中国报界在抗战期间最出色的社评之一。

在病榻上接受记者采访的王芝琛，说起当年从父亲王芸生口中听到的有关这篇社评的酝酿情景时，有些激动，瘦削的身体微微颤抖着。

张季鸾（1888～1941），陕西榆林人，新记《大公报》创办者之一、首任总编辑，民国时期最具声望的报人。

1941年，日军对陪都重庆发动大规模轰炸。社评发表前一天，王芸生去探望已病入膏肓的张季鸾，与他谈起敌机轰炸的事。王芸生叹气道：“最近重庆很沉闷，我们何以报国人啊？”张季鸾说：“芸生，你只管唉声叹气有什么用？我们应该想个说法打击敌人。”王芸生回问：“敌机来了毫无抵抗，我们怎么可以用空言安慰国人打击敌人呢？”

突然间，本已极度虚弱的张季鸾拥被而起，兴奋地说：“今天就写文章，题目叫《我们在割稻子》。就说，在最近十天晴朗而敌机连连来袭的时候，我们的农民在万里田畴间割下黄金稻子，让敌机尽管来吧，让它来看我们割稻子。抗战到今天，割稻子是我们第一等大事。有了粮食，就能战斗。”

次日，《大公报》发表王芸生执笔的社评《我们在割稻子》。此后18天，张季鸾病逝，终年53岁。

张季鸾在遗嘱中称：“余生平以办报为唯一之职业。自辛亥以还，无时不以善尽新闻记者天职自勉，期于国族有所贡献。……”

一介报人的亡故，却惊动了当时国共两党的最高层。蒋介石唁电中称：“季鸾先生，一代论宗，精诚爱国，忘劬积瘁，致耗其躯。”毛泽东、陈绍禹（王明）、秦邦宪（博古）、吴玉章、林伯渠的联名唁电称：“季鸾先生坚持团结抗战，功在国家。惊闻逝世，悼念同深。……”周恩来、董必武、邓颖超的唁电则称：“季鸾先生，文坛巨擘，报界宗师。谋国之忠，立言之达，尤为士林所矜式。……”蒋介石、周恩来等国共要人，亲往丧礼吊奠。

张季鸾灵柩后公葬于西安，碑铭中对他的定位也许是遵循他遗嘱之

张季鸾灵柩后公葬于西安，碑铭也许是遵循他遗嘱之意，异常简略，仅曰：“中华民国故报人榆林张季鸾先生”。墓碑已在“文革”中被砸成了碎块。现在的墓碑是1999年重修的。墓碑后面刻着毛泽东、周恩来的唁电内容。

意，异常简略，并未“呼应”他身后的极尽哀荣，仅曰：“中华民国故报人榆林张季鸾先生。”

王芝琛告诉记者，他听说，这块墓碑已在“文革”中被砸成了碎块。

张季鸾的侄儿、《大公报》名记者高集曾这样评价自己的姑父：“他不是政治家，也不是报业老板，而是个真正的报人。”

这个报人，1913年初创办北京《民立报》，该报消息灵通、言论犀利，备受各方瞩目。6月，因披露袁世凯“善后大借款”内幕，震动全国，当晚他就被投入监狱。

这个报人，1918年担任《中华新报》总编辑期间，因披露政府以胶济铁路为抵押向日本秘密借款的消息，激怒了段祺瑞，再次被捕。

这个报人，1925年被担任河南军务督办的同乡友人胡景翼推荐为陇海路会办——一个出了名的“肥缺”，可他到任不足一月就挂冠而去，说什么“不干这个劳什子，还是当我的穷记者去”。

最后，这个报人和吴鼎昌、胡政之一道，以新记公司的名义买下已停刊的《大公报》，于1926年9月1日重新出版，从而开启了民国新闻史上的一段传奇。

在当日的“续刊号”上，张季鸾以“记者”为笔名撰写社评《本社同人旨趣》，提出著名的“四不”办报方针：

“第一不党……纯以公民之地位发表意见，此外无成见，无背景。凡其行为利于国者，吾人拥护之；其害国者，纠弹之。”

“第二不卖……不以言论作交易。换言之，不受一切带有政治性质之金钱补助，且不接受政治方面之入股投资是也。是以吾人之言论，或不免囿于知识及感情，而断不为金钱所左右。”

“第三不私……除愿忠于报纸固有之职务外，并无私图。易言之，对于报纸并无私用，愿向全国开放，使为公众喉舌。”

“第四不盲……随声附和是谓盲从；一知半解是谓盲信；感情冲动，不事详求，是谓盲动；评诋激烈，昧于事实，是谓盲争。吾人诚不明，而不愿自陷于盲。”

于右任曾为这位“民国故报人”下过一极精当的评语：“恬淡文人，穷光记者，呕出肝胆。”

（王芝琛先生于2006年2月4日在北京病逝，享年68岁。这是一位值得尊敬的老人。）

胡政之
他的逝去就是《大公报》的终结

青年查良镛站在报馆宿舍门口，看着胡政之一步一步走下斜坡。他问："胡先生，你就会回来吗？"胡回答："就会回来。"说完淡淡一笑。在这笑容中，查良镛看到了一种凄然的神色，于是立在门口呆了许久。

胡政之（1889～1949），名霖，字政之，以字行。四川成都人。新记《大公报》创办人之一，任总经理兼副总编辑。

《大公报》总经理没有再回来，连他的名字都渐被湮没。年轻的《大公报》职员后来成了名满江湖的大侠，是为金庸。金庸回忆，1948年胡政之亲自主持《大公报》香港版复刊，年届六十的"老总"夜以继日，和同人们同吃同住，不辞劳苦，"其人格深深感动着年轻后辈，虽然相处只有一个多月，却永生难忘。"

1948年4月的一夜，胡政之突然病发，离开香港飞回上海就医。辗转病榻一年后，他在上海黯然谢世。学者傅国涌称之为"一个时代终结的象征"。学者谢泳指出，在《大公报》同人心中，胡先生的离去是一种不祥之兆，在风雨飘摇之际，一个人和一个时代的关系或许有一些暗示。

谢泳认为，半个世纪以后，可以这样解读当年胡政之的死：在一定的意义上，胡政之的死，就是《大公报》的死，胡政之的离去，意味着这份“中国最好的报纸”开始谢幕，在随后的岁月里，《大公报》这个名字仍在，但我们还是要说，《大公报》已经死了。

说《大公报》已死，是怀念一种消亡的传统。在这个短暂的传统中，自由知识分子得以标榜“不党、不卖、不私、不盲”的方针，通过报纸“文人议政”。如谢泳所言，中国近世本有两个新闻传统，一个是《大公报》的传统，一个是《新华日报》的传统，“两个传统，我们留了一个。”

胡政之身上的那种报人风采，也已不可追。

他24岁就当上了章太炎主办的上海《大共和日报》的总编辑，31岁任名报人林白水主办的北京《新社会报》的主编，此后又成功创办了著名的国闻通讯社和《国闻周报》。1926年，他和吴鼎昌、张季鸾共同以新记公司接掌《大公报》。

名报人徐铸成曾说：“邵飘萍、黄远生诸先生富有采访经验，文笔恣肆，而不长于经营。史量才、张竹平、汪汉溪诸先生工于筹计，擘画精致，而不以著述见长。在我所了解的新闻界前辈中，恐怕只有胡政之

1945年4月，联合国成立大会在美国旧金山举行，胡政之以中国新闻界代表和国民参政会参政员之身份，作为中国代表团成员参会，并在《联合国宪章》上签字。

先生可称多面手。后起的如成舍我辈，虽然也精力充沛，编辑、经营都有一套，但手面、魄力，似乎都不能与胡相比。”

《大公报》旧人陈纪滢也说：“文人办报往往鄙于求利，但是，不考虑从印刷到发行，从广告到旅费，从营业到销路，往往就会断送报纸的前途。以经营为本，以办好报纸为目的，在经营管理上如此用心，并且创造了一系列独具风格的办报经验，在中国现代新闻史上，恐怕就只有胡政之一人。”

他的同事这样描述他在报社内的工作：胡政之每日上午处理发行、广告等经理事务；下午参加编辑会议，评比各报内容，寻找新闻线索，指令记者采访；晚上和吴鼎昌（社长）、张季鸾（总编辑）商讨社务，研究时事，选择社评题材，每星期还撰写几篇社评。他掌握报社经营的全局，每天工作十一二个小时，习以为常。

后世叹服，如此既能运筹帷幄，决胜千里之外，又能披坚执锐，奋战采编一线的报人，今何在焉？

胡政之为一代社会贤达，国民党政府多次邀他做官，他都拒绝了，一生以报人自任。抗战胜利后他到南京，美国驻华大使司徒雷登试探他是否愿意出任行政院院长，拿洋房汽车招待他，他却谢绝了，自己跑回《大公报》南京办事处去睡帆布床。他曾言：“我与社会上层人物和达官权贵虽多交往，但只有公谊而无私交，所谈皆国内外时势大事，从不涉私，这样对于事业是有利的。”

作为报人，他有着被新闻史家方汉奇称为“在旧中国新闻界并世无两”的经历。1919年，他曾以记者身份，前往欧洲采访巴黎和会，不仅是到会的唯一中国记者，也标志着中国记者采访重大国际事件之始。1945年4月，联合国成立大会在美国旧金山举行，他以中国新闻界代表和国民参政会参政员之身份，作为中国代表团成员参会，并在《联合国宪章》上签字。

邵飘萍
铁肩担道义 辣手著文章

谭嗣同刑前高歌："我自横刀向天笑，去留肝胆两昆仑。"中国近代政坛的笑声，恐怕无出其右者。那是1898年。28年后，某个晨曦将露的夜里，北京天桥刑场，中国新闻界最豪气干云的笑声，在枪声之前爆发。

人：邵飘萍；报：《京报》。

邵飘萍（1886～1926），浙江东阳人，名振青，字飘萍，著名记者，《京报》创始人。

临刑前，邵飘萍向监刑官拱手说："诸位免送！"然后仰天大笑数声，从容就义；或曰，监刑官"令邵氏跪地，邵氏初不肯跪，并昂首向天哈哈狂笑两三声，旋被二兵按于地……"；或曰，他临刑前只是微微一笑，意态平静。

罪名很"干脆"："京报社长邵振青，勾结赤俄，宣传赤化，罪大恶极，实无可恕，着即执行枪决。"实则，邵飘萍反对奉系军阀，在《京报》上讽刺张作霖"一世之枭亲离众叛"、张学良"忠孝两难"，且退回张作霖的30万元"封口费"，自言"张作霖出30万元买我，这种钱我不要，枪毙我也不要！”

邵飘萍自有他笑傲王侯的资本：即使以今天的新闻从业标准来看，他也代表着记者最高的职业水准。

在中国最早的新闻学著作之一《实际应用新闻学》中，邵飘萍主张记者“其脑筋无时休息，其耳目随处警备，网罗世间一切事物而待其变”。1917年3月，中德两国断绝外交关系的决定正式公布之前，他就实践了这一主张。

那日，邵飘萍在国务院偶然听到院仆打电话通知美国公使，说总理段祺瑞下午将前往美国使馆访晤。这个电话立即触动了他的新闻神经，使他联想起时值美德断交，美国一定会拉拢中国，因而此时段祺瑞的会晤，很有可能会涉及中德关系。于是他抢先来到美国使馆，单刀直入向一位参赞询问双方会见的目的和内容，参赞大惊，他趁势表示自己并非局外人，只是想证实一下已经得到的消息。如此虚虚实实一番，他居然打探到了美国政府对自家使馆的有关指示。随后他赶回国务院，向段祺瑞表示自己已经知道了内情，现在希望了解中德断交的确切日期。最后，他如愿以偿地获得了这条独家的内幕新闻。

京报馆旧址

著名报人张季鸾评价：“飘萍每遇内政外交之大事，感觉最早，而采访必工。北京大官本恶见新闻记者，飘萍独能使之不得不见，见且不得不谈，旁敲侧击，数语已得要领。其有干时忌者，或婉曲披露，或直言攻讦，官僚无如之何也。”

1916年，上海《申报》社长史量才聘请邵飘萍为驻京特派记者，使他成为中国新闻史上第一个享有“特派”称号的记者。两年后，他自创《京报》，在创刊词《本报因何而出世乎》中，明确提出了这样的办报

邵飘萍的妻子汤修慧，在丈夫去世两年后，于1928年6月，承继其事业，复刊《京报》。她以社长兼总经理的身份主持报馆的工作，同时坚持亲临第一线从事新闻采访，活跃于新闻界九年。

宗旨：“必使政府听命于正当民意之前，是即本报之所作为也。”

政府如何听命于民意？当年，邵飘萍曾奋力突破新闻的一个禁区，将内阁会议内容公布于众。官方欲加阻止，但在邵飘萍的力争下，阁议秘密终于公开，成为他所创办的中国第一家通讯社——“北京新闻编译社”每周二、四、六的固定消息。

一次，他在北京饭店宴请全体阁员、总统府和国务院秘书长。觥筹交错间，这些要员趁着酒意正酣泄露了不少机密信息。邵飘萍事先已在隔壁房间安排了人，备好电报纸，又让两辆自行车在门外等候，消息随写随发。宴会还未结束，消息已到达上海。两天后，在京阁员见到《申报》上的报道，方才大惊失色。

按照邵飘萍的要求，记者应当时刻生活在角色中，闲谈时，众人皆“醉”，惟我独醒，“新闻脑”始终紧张活动；一旦提笔行文，则又“状若木鸡，静穆如处子”，倾注整个身心。

为勉励同人，邵飘萍取明朝因反对奸臣严嵩而被杀的杨椒山的诗句“铁肩担道义，辣手著文章”，大书“铁肩辣手”四字，悬于京报报社墙上。

血色1926年：“三一八”惨案，爱国学生被屠；38天后，邵飘萍被屠；此后不到百日，《社会日报》主笔、著名记者林白水被屠。

后人说，“萍水相逢”四字，当得起中国记者最光荣的注释。

林白水
仗义执言　以身殉报

100年前的中国新闻是何面目？试看林白水的一段文字：

“张之洞看见俄人占了奉天，也着了忙，就跑到俄国钦差衙门里面去求见他……俄钦差冷笑道：不行也要行了！张之洞还乱嚷道：万万不行，万万不行！那俄钦差卷着胡子，抬头看着天，拿一条纸烟只管一上一下地吃，不去睬他……”

1903年，林白水独立创办《中国白话报》，创刊第一期的“新闻”栏目中刊登了他所写的这篇《张之洞共俄国钦差说话》。100年后的今天，语言学家赞叹：“这是纯粹的现代白话汉语”；一位资深编辑也赞叹：“这完全是特稿写作的气派嘛。”

林白水（1874～1926），福建福州人，中国近代著名记者、报人、政论家。

能达到如此水准，林白水自然成为当时中国新闻界的翘楚，一时间“诸报无不以刊白水之文为荣”。然而林白水却颇有些“名士”脾气，每篇文稿仅收稿费5元，而且非等这5元用尽之后，才动手写下一篇。

一次，一位朋友来看他，他留这位朋友吃饭，可一摸身上才发现囊空如洗。他说了声“你稍等片刻”，便伏案疾书。没过一会儿，一篇千字文完稿，他吩咐仆人：“赶快送到报馆去，要现钱。”仆人带回5元钱，林白水于是携朋友到饭馆大嚼一顿。

1904年，清廷筹办“万寿庆典”，为慈禧太后祝70寿辰，林白水愤而写下一副对联：“今日幸西苑，明日幸颐和，何日再幸圆明园？四百兆骨髓全枯，只剩一人何有幸？五十失琉球，六十失台海，七十又失东三省！五万里版图弥蹙，每逢万寿必无疆！”此联既出，字字辛辣，令人拍案，各报无不争相转载，传诵一时。

林白水（前排右一）与孙中山（前排中）及福建同盟会主要负责人。

林白水参与北京《公言报》期间，曾“捅”破过不少黑幕。段祺瑞政府里的政客贿赂议员拉选票，被林白水在报上揭露，顿时引起北京舆论哗然。时隔不久，有政客在津浦租车案中舞弊，又被林白水独家揭露出来，掀起一场轩然大波。结果，这些政客有的被革职入狱，有的虽然被包庇下来，但不得不畏罪辞职。林白水对此颇为自得，说：“《公言报》出版一年内颠覆三阁员，举发二赃案，一时有刽子手之称，可谓甚矣。”

其后，林白水在北京创办《新社会报》，一反当时主流报界只关心上层政治，注目于达官显贵的风气，把视线转向社会下层，决心“树改造报业之风声，做革新社会之前马”，重视社会新闻，关注普罗大众，

“举人生日用社会消息，无不笔而出之”。

一天深夜，林白水编完稿坐洋车回家。路上，他和车夫聊起了身世，车夫把自己凄惨的生活和每天拉车所受的凌辱一古脑地向他倾吐。林白水根据车夫的哭诉，写出了一篇报道，见报后，“都门中下社会胥为震动，报之销路飞涨，日以数百份计”。当时，“北平之中央公园，夏日晚凉，游人手报纸而诵者，皆社会报也”。

林白水积极宣扬孙中山及其领导的革命。孙中山曾书“博爱”二字相赠。

《新社会报》因揭露军阀黑幕，被警察厅勒令停刊三个月。复刊号上，林白水以春秋笔法写道：“蒙赦，不可不改也。自今伊始，除去新社会报之新字，如斩首级，示所以自刑也。”不久以后，“革面”却未“洗心”的《社会日报》又刊出林白水揭露曹锟贿选总统、议员受贿的报道，再次直击当权者痛处，结果报馆被封三个月，他本人也被“请”去囚禁了三个月。

林白水曾说过：“新闻记者应该说人话，不说鬼话；应该说真话，不说假话！”

1926年4月，直奉联军开进北京，著名报人邵飘萍遭杀害。此种恐怖氛围中，林白水仍敢在时评中斥军阀为“洪水猛兽”。8月5日，他在《社会日报》发表时评，讥讽依附于军阀张宗昌幕下号称“智囊”的潘复为“肾囊”，“终日系在某军阀之胯下，亦步亦趋，不离晷刻，有类于肾囊累赘，终日悬于腿间也”。次日凌晨，林白水被张宗昌下令逮捕，旋即被枪杀于天桥刑场。

林白水一生以文字名世，也以文字获罪，此番宿命，似在其名字中已见端倪。他本名林獬，字少泉。“獬”：传说中的独角异兽，能辨曲直，见人争斗，必冲上去用角顶恶人。林白水的报人生涯，就颇具嫉恶如仇、除暴安良的“獬性”。

中年之后，他自号白水，是将“少泉”中的“泉”字身首分割，成“白水”二字，以彰“愿以身殉所办之报”的志向，孰料一语成谶。呜呼，白水君！

黄远生

被湮没的传奇

这个人的死是一个谜。他的生，则是一段被湮没的传奇。

他20岁进京赶考，在清王朝最后一次会试中高中进士。他不按朝廷惯例接受官职，却赴日留学，后来投身报界。他在美国旧金山被暗杀，枪手却一直不知是反动的袁世凯所派，还是革命的国民党人。

历史的记叙往往忽略他末代进士的身份，而凸显出一位开山记者——“中国第一个真正现代意义上的记者”、中国近代史上第一个专职记者，因为此前的中国报人多为政论家，自他始方以新闻采访和写作名世，其“远生通讯”被视为民初中国新闻界的一大招牌。

黄远生（1885～1915），原名黄为基，字远庸，笔名远生，江西九江人。民国初年著名记者。

他年少风光，时人赞为“同是记者最翩翩，脱手新闻万口传”，更誉之为“报界之奇才”。

他宣称，新闻“第一义在大胆，第二义在诚实不欺”。又强调，记者当具备“脑筋能想”、“腿脚能奔走”、“耳能听”、“手能写”的“四能”功夫。

后人总结新闻史，“我国报纸之有通讯，实以黄远生为始”，确定是他开创了通讯这种新闻文体。“通讯”一词，此前已见于报刊，但仅指由外埠邮寄传来的新闻，称为“某地通讯”，以区别于电讯。

黄远生在自己开始新文体尝试的开场白中敬告读者：“吾此后所谓新闻者，不必尽为朝章国故也。市井琐屑，街谈巷议，皆一一作新闻观，此在日报中实为创格。”

这样一种新闻观的冲击力是不言而喻的。民国初年，承袭邸报传统、惯登“宫门抄”一类刻板文字的报纸和杂志仍占据主流。偏偏是进士出身的黄远生，第一个站出来革新，把原先的官样文章变成通俗易懂、为人所喜见的纯粹的新闻文体。

一时间，这种白描式刻画、极具现场感的文字，广受读者追捧。在黄远生三四年短暂的记者生涯中，他以通讯文体，对同期几乎所有民众瞩目的重大问题都进行了报道，重要人物涉及孙中山、黄兴、宋教仁、章太炎、蔡元培、袁世凯、黎元洪、唐绍仪、段祺瑞等，重要事件如宋教仁被刺、袁世凯就任大总统、丧权辱国的“二十一条”、唐绍仪被迫下野等。

黄远生有一名文，题为《外交部的厨子》，从一个匪夷所思的角度切入当时中国社会之生态。此厨子在前清“声势浩大，家产宏富，乃至能力回西太后之意，与中外赫赫之李鸿章对抗”；民国成立，仍盘踞外交部，利用“官长之爱财物未必不同”的心理，优游于官场；及至被开除，“犹可辇致巨金之外国银行，遨游青岛天津上海之间也”。

黄远生的研究者张光芒认为，新闻并非他全部的历史贡献之所在。“从更深层的价值与更为深远的意义来说，他又是作为一位新文化先驱者的形象而存在的。”

张光芒在周恩来1918年的日记中曾见到这样的记载：“……晚间观黄远生遗稿”，“我昨天从任白涛那里取来黄远生从前的通信看了一遍，觉得他所说的元、二年的光景，于我的将来政治生涯有很大关系。”

黄远生死后的“五四”新文化运动期间，其影响所及仍然遍布整个思想文化领域。仅就当时思想界影响最大的《新青年》及《新潮》而言，提到他名字或涉及他言论的文章不下30篇。甚至有人言，《新青年》所提出的文学革命、思想革命正是黄远生的未竟事业。

胡适《五十年来中国之文学》把黄远生推为新文学发“先声”的人物。此种评价为后来的新文学史家所认同，所撰无不视他为先驱人物，甚至连周扬在延安鲁艺的讲义也没有例外。正如张光芒所说：“可见，新文学史上本已有黄远生的大名。”

然而这个名字后来被抹去了。“黄远生为什么在新文学史上突然消失？”张光芒对此唏嘘不已。

网上有人讲过一个故事：在书摊看见一本梁启超题名的书，题的是“黄远庸遗作”，想来梁任公为其题字，作者当非等闲之辈，但却从没听说过。一问价，五元，在书摊上是高价，犹豫再三，终于没买。没过多久，得知黄远庸是民初大记者，当日的风云人物。于是赶紧再到书摊寻觅此书，已不知去向。“只有空留余恨到天明了。”

孙伏园
最出色的副刊编辑

如果《晨报副镌》的编辑孙伏园不出那趟差，也许《阿Q正传》会写得更长。

鲁迅被孙编辑“折磨”了两个多月，有些想把连载中的阿Q结束掉的意思。但孙伏园认定：“《阿Q正传》似乎有做长之趋势，我极盼望尽管宽心地写下去。”说过此话，孙伏园出了趟差，由另一位编辑代理编务，鲁迅便在1922年2月12日的报上发表了“大团圆”一章。等到3月底，孙伏园返回北京，阿Q已被主张“惩一儆百”的“把总”枪毙一个多月了。

孙伏园（1894～1966），浙江绍兴人，著名副刊编辑、散文作家，文学研究会发起人之一。

其实，阿Q本就是被孙伏园“催生”出来的。据鲁迅回忆，“他（孙伏园）来要我写一点东西，阿Q的影像，在我心目中似乎确已有了好几年，但我一向毫无写他出来的意思，经这一提突然想起来，晚上便写……”

从1921年12月4日开始，《阿Q正

传》在孙伏园编辑的《晨报副镌》上连载。鲁迅说，孙伏园“每星期来一回，一有机会，就是：先生，《阿Q正传》……明天要付排了”。

在曹聚仁的笔下，我们能看到，孙编辑的催稿艺术可谓“已臻化境”：“（孙伏园）不仅会写稿，会编稿，而且会拉稿；一脸笑嘻嘻，不容你挤不出稿来。我们从周氏兄弟的随笔中，就可以看到这位孙先生的神情。圆圆脸，一团和气，跨进门来，让你知道该是交稿的时候了。”

孙伏园接替李大钊编辑《晨报》副刊，最初叫《晨报附镌》，是他请鲁迅起的，结果写报头的书法家写成了《晨报副镌》。后来，徐志摩接替孙伏园，改名为《晨报副刊》，“副刊”一词方始确定下来。

《中国大百科全书》的相关辞条说，孙伏园是中国编辑报纸副刊种数最多、历时最长的人之一。

“五四”新文化运动中，有四大副刊成为文化舆论界的重镇：北京的《晨报副刊》、《京报副刊》，上海的《时事新报》副刊《学灯》、《民国日报》副刊《觉悟》。其中，前两种都是在孙伏园主持下，开出一代风气的。

作为著名的副刊编辑，孙伏园一生遭遇过两次停编事件：一次为了鲁迅，一次为了郭沫若。

晨報副鐫

1920年7月，晨报副刊由孙伏园主编时已声名渐起，与京报副刊、民国日报副刊、时事新报副刊并称四大副刊。1921年10月12日，第7版副刊改为四版单张单独印行，始称《晨报副镌》，鲁迅的《阿Q正传》即在此连载。

《伏园游记》第一辑

1924年10月的一天，本已被孙伏园编入《晨报副镌》大样的鲁迅诗稿《我的失恋》被代总编刘勉己抽去，他正在生闷气，刘勉己走过来解释，说是那首诗实在要不得。孙伏园一时火起，举手一巴掌打过去，刘勉己躲过，他还要追着打，最后被同事拦住。第二天，孙伏园便辞去了编辑职务，后来被邵飘萍邀去编《京报副刊》。

1942年1月，郭沫若写出历史剧《屈原》，一些报刊争相要发表，最后应《中央日报》副刊编辑孙伏园的请求，发表在《中央日报》上。有国民党要员气急败坏地说："怎么搞的，我们的报纸公然登起骂我们的东西来了！"于是下令撤消孙伏园的编辑职务。

北大中文系教授陈平原认为，"大陆报纸的副刊在上世纪50年代之后就没有多少出色的"，其中有"从报纸的总编辑到具体的副刊编辑本身的问题"。

他说："在我看来，从晚清到'五四'时期，再到三四十年代，报纸副刊的活力在于它是相对独立于报纸的。报纸的副刊主要是委托外面的人编的，是著名的作家、学者来编的。当年，北大、清华的教授们介入北方的报纸，中央大学的教授介入南京的报纸。而且他们只负责稿子，不负责营销。老板是把副刊当做报纸的门面来考虑，不考虑这个版具体的读者量问题。现在是摊平了，副刊是报社内部编，基本上已经没有独立性了。这样就造成副刊水准的下降。"

当年，邵飘萍创办的《京报》最多时拥有23种副刊，他曾发表声明："各种副刊上之言论，皆各保有完全的自由，与本报无须一致。本报编辑部，从不对于各副刊上参加一字，此皆鄙人所首先声明，可为与各团体真诚合作互助，而绝对不含有他种作用的确证。”

孙伏园30多岁就蓄起一大把胡须，时人戏称为“伏老”。1926年，他的散文集《伏园游记》出版，封面由蔡元培题写书名，其弟孙伏熙为其画像。出版史研究专家王建辉评价：“颇传神。”

如今，孙伏园在人们记忆中已十分飘渺，一如报纸副刊在人们印象里已十分寡淡。

方大曾
战地失踪的年轻记者

前方，卢沟桥，战斗正在进行。

炮声隐约可闻。小方从火车座位上跳起来，对同行的记者陆诒说："听，老陆！这是中华民族求解放的炮声。"隔几分钟，他又坐不住了，把老陆拖到车窗前，手指青纱帐起的原野说："你看，我们的军队正在向前线开拔！"

方大曾（1912~?），北京人，中国早期摄影记者。

在长辛店下车后，小方继续沿平汉铁路徒步前进。他笑嘻嘻告诉老陆："我要去拍下铁甲车在前线参战的镜头。"长辛店距卢沟桥不到5里。两个小时后，小方从卢沟桥前线回来。铁甲车已经后撤了，但他仍不虚此行。他在前线为一个29军的年轻战士照了相。16岁的战士，高个儿，大眼睛，脸色红润，身背大刀和步枪，手里拿了缴获的日本军官指挥刀和望远镜，笑得嘴都合不拢。

这是1937年的7月28日，已是战地记者小方第二次奔赴前线。

此前，“七七事变”爆发仅3天后，小方即离开北平的家前往卢沟桥采访。

“我在第一时间到达。”他在报道中写道。

那一次，小方完成采访后顺利回到北平，写出战地通讯《卢沟桥抗战记》。而这一次，他没有回来。

和陆诒、范长江在保定分手后，小方以上海《大公报》战地特派员身份继续采访平汉线战讯。9月30日，上海《大公报》刊载了“本报战地特派员小方”的最后一篇战地通讯，题为《平汉线北段的变化》。文末注明，9月18日写于保定，寄自蠡县。

从此，战地记者方大曾不知所终。

人们说：“对从事他这种职业的人来说，消失则意味着死亡。”名记者陆诒称他是“抗战初期第一个在前线采访中为国捐躯的记者”。然而半个多世纪里，他的家人却宁愿相信，他只是失踪。

当时有不少摄影沙龙，但其中弥漫着类似改良的国画或时装照的摄影，让方大曾觉得难以融入。他更愿意将相机镜头对准那些人力车夫、纤夫、矿工，那些在冷冰冰的生活里挣扎的劳苦大众。图为方大曾作品。

妹妹方澄敏靠小方留在家中的837张底片来怀念哥哥，等待他的归来。这些底片放在一个棕色油漆的木盒子里，每张都套着一个发暗的粉红色纸袋，那是上世纪30年代冲印店常用的一种纸袋。

这些照片是小方在“七七事变”之前的作品，包括抗战初期著名的“绥远抗战”，以及华北大地上的各种影像。

评论家午马称，变乱、流离的中国是方氏影像的重要内容。“上世纪二三十年代，中国的摄影家们还热衷于聚集在上海、北平这样的都市里展示他们改良过的类似国画或时装照的摄影术，而出生于官宦之家的方大曾身上具有的朴素的民本思想却使他与这种沙龙气氛格格不入。他年轻的脸庞儿径直贴近冰冷的生活。人力车夫、纤夫、矿工等底层劳力者频繁进入他的取景框。”

1935年冬天在绥远战场采访时，小方出人意料地给母亲寄回一张照片。照片上的他，身着军装，英武帅气。他在照片上写道：“母亲大人存念”。方澄敏回忆说，小方采访时极少拍摄自己的照片，更难得寄回家。这张照片是不是表明，他已抱定必死的决心，奔赴前线？

他拍健美的人体，拍农家孩子灿烂的笑脸，拍北平中央公园里的日本妓女，拍北方旷野里独立朔风的哨兵……

午马认为小方“几乎是凭着直觉感受并运用了摄影纪录的力量”，“在他之前以及失踪之后的半个世纪里，中国一直没有过自由摄影师，而方大曾的行为方式却近乎无师自通地具有这种职业的影子”。

作家余华迅速地被“方大曾”这个陌生的名字所吸引。小方那些才华横溢的作品栩栩如生地向他展示了一个遥远时代的风格，“像是30年代留下的一份遗嘱，一份留给以后所有时代的遗嘱。”

然而小方没有遗嘱。这个“喜欢旅行、写稿和照相”的英俊青年只是传奇般地消失了。

中国摄影出版社资深编审陈申，多年前曾到北京协和胡同10号方家旧宅拜访过方澄敏，听老人细说过小方的故事。在他的推介下，出版了《寻找方大曾——一个失踪的摄影师》，拍摄了电视专题纪录片《寻找方大曾》。这个飘散在历史风尘中的名字，才开始为今人所知。

有人把方大曾和他最著名的同行罗伯特·卡帕（匈牙利籍战地摄影记者）联系在一起，虽然，“卡帕有好莱坞式的浪漫经历，而小方甚至连一次像样的恋爱都没有”。

当年，妹妹叫他“小方”，中法大学经济系同学叫他“小方”，摄影社一拨儿朋友叫他“小方”，范长江、陆诒这些记者同行叫他“小方”，他发表文字和影像作品也自署“小方”。

1937年，这段个人的传奇永远定格在了25岁年轻的“小方”。

今天，追慕他的后辈们，仍旧叫他“小方”。也许正如余华所说：“方大曾的形象几乎是纯洁无瑕的。他25岁时的突然消失，使他天真、热情和正直的个性没有去经受岁月更多更残忍的考验。”

王小亭
一个记录地狱的摄影师

这幅照片比王小亭本人有名。1937年那个多事之秋，全世界有1.3亿人看到过这幅照片。

1937年“八一三”事变后，淞沪会战爆发。8月28日，日机轰炸上

满身是血的幼儿坐在铁轨上号啕大哭。王小亭/摄

海火车南站，炸死候车妇孺二百余名，整个车站沦为一片废墟。当时任职于美国赫斯特新闻社的中国摄影记者王小亭在现场目睹：一个满身是血的幼儿坐在铁轨上号啕大哭。他用最后一点电影胶片拍下了这一瞬间，这些胶片，画面放出来只有十几秒，于是他截取其中一个镜头，成为上面这幅照片。

胶片被美国海军军舰送到马尼拉，又由飞机送往纽约，两个星期后，刊登在美国影响极大的《生活》杂志封面。

传播学者分析，公开发表的这样一幅照片有力地影响了当时的美国舆论，并引起了强烈的国际反响。由于上海南站远离战区，没有任何军事设施，日本的轰炸完全针对无辜平民。罗斯福总统立即向日本提出抗议，各国也纷纷谴责日本的行径。

面对国际舆论压力，日本诡称当时飞行员误以为站台上是调动中的中国军队，所以发生“误炸”。同时，日军高额悬赏捉拿王小亭，他被迫逃往香港。

除了这幅“上海南站日军空袭下的儿童”外，人们今天能看到的当年淞沪会战的影像资料，大部分也都出自王小亭之手。

其子王健龙回忆：当年处在炮火中的上海，差不多每天遭到日本人的轰炸，有时一天轰炸多次。父亲每天扛着拍新闻纪录片的电影摄影机，身上还挂四五个照相机，奔走于战区。其时沪上各家报纸所登载的战地照片，大都出自他的镜头。

王小亭（1900～1981），北京人，当年“明星级”的摄影记者。

王小亭在后来的回忆录中说：我整天奔走拍摄，尝试用镜头记录下动荡的中国社会。

王健龙记得，父亲每天早出晚归，有时回来很兴奋，有时回来话都不愿讲。“他每天拍摄着那些他看到的地上

1928年王小亭在做空中摄影。

1931年王小亭（右）与美国生物学家史密斯（中）合影。

已经死的和正在死去的人，心里非常难过。”

一天，王小亭回到家中，心情很不好，因为他去拍摄四行仓库八百壮士的孤军血战，眼见士兵们一个个倒下去。

这段史实是：1937年10月27日，第88师262旅524团团长谢晋元奉命率领该团主力进驻苏州河北岸的四行仓库执行阻击任务，与日军血战4天4夜。当时隔岸观战的中外人士曾发现，枪林弹雨中还出现过一个手提摄影机的人，这便是王小亭。

然而这已是一个模糊的名字了。

笔者先向一位著名的摄影记者打听。他拍着脑门说，王小亭，他拍的那幅日本轰炸上海火车站的照片非常有名。不过他接着又说，再多的，也就不知道了。

他向笔者推荐了新闻摄影界的一位老先生。这位老先生一听王小亭的名字，很干脆地说："我也并不了解他。不过专门研究中国摄影史的吴群，已经过世了，在《摄影文史》杂志上发过一篇文章，叫做'抗战初期最活跃的战地摄影记者王小亭'。"

他翻出这一期杂志，念给记者听。文章很短，没有关于王小亭的个人背景，重点是引用蒋齐生主编《摄影史记》中的记载，介绍那幅著名的照片。

“反正我这里资料也很有限，关于王小亭的东西很少，我看吴群也是尽可能搜罗了，就这么些。”他最后说。

中国摄影家协会的一位资深人士告诉记者，目前大陆关于王小亭的资料确实不多，即使多方打听，“估计也够呛”。因为王小亭后来到了美国，去世则是在台北。

“王小亭那幅照片是因为拍得太好了，所以我们今天还知道，其实好多当时的抗战照片我们从来就没有见到过。”他感叹道。

在他看来，我们的抗战摄影史“缺一半”，因为“我们比较注意八路军这边的摄影，国统区那边的，基本上没有”。

最近一家出版社出了一本历史照片集，他一看，怎么好多照片都是从来没见过的。托人一打听，才知道那个编者是台湾人，“好多照片人家从台湾弄过来的。”

今人已不了解王小亭，不过哪怕只知道关于他的一点儿信息，就有人被他感动，写出这样的文字：“请记住他，王小亭。一个记录地狱的摄影师。记住他的伟大，他的真实，他的残酷，以及他难以言语的温柔。”

张元济
不可再现的高度

这是中国文化史乃至中国现代史上悲壮的一幕：

冬日上海，阴霾的天空下，“飞灰满天，残纸堕地。”商务印书馆所印书籍、商务印书馆所设立的东方图书馆及涵芬楼之藏书，顷刻间化为灰烬，焚余纸灰飞达十数里外。时人回忆，“空中的纸灰像白蝴蝶一样随风飞舞。”

张元济（1867～1959），字筱斋，号菊生，浙江海盐人。近代中国最富实绩和最具声望的出版家。

时间是1932年“一·二八”事变期间，商务印书馆被日机投弹焚毁，东方图书馆遭日本浪人纵火。

纸灰飘到与商务印书馆隔了半个上海的张元济寓所，这位商务的董事长望着长空，不禁潸然泪下。

后来，张元济编纂《涵芬楼烬余书录》，在序中表示，取“烬余”两字，意在“志痛”。

敌人的言行证明了商务印书馆的价值。侵华日军海军陆战队司令盐泽幸一曾经说：“烧毁闸北几条街，一年半年就可恢复。只有把商务印书馆这个中国最重要的文化机关焚毁了，它则永远不能恢复。”

然而，张元济在给胡适的信中明确传递了商务复兴的决心：“商务印书馆诚如来书，未必不可恢复。平地尚可为山，况所覆者尤不止于一篑。设竟从此澌灭，未免太为日本人所轻。”

事实是，创建于1897年的商务印书馆，无论是在遭此劫难之前，还是经过劫后复兴，一直是近代中国最大最重要的出版文化机构之一。由商务印书馆编译所涵芬楼发展而成的东方图书馆，藏书逾50万册，为当时全国图书馆藏书量之冠，涵芬楼更是藏有大量善本珍籍。

研究者称，商务印书馆“规模之大、附属机构之多、经营业务之广，在世界出版业中绝无仅有”，而它在中国现代思想文化史上的地位，更如同现代学术史上的北京大学一般。

叶圣陶曾说过：“凡是在解放前进过学校的人，没有不受到商务的影响，没有不曾读过商务的书刊的。”

张元济和商务印书馆，在某种意义上说，几乎可以画等号。从1902

1932年“一·二八”事变期间，商务印书馆被日机投弹焚毁，“飞灰满天，残纸堕地”。商务印书馆所印书籍、商务印书馆所设立的东方图书馆及涵芬楼之藏书，顷刻间化为灰烬，焚余纸灰飞达十数里外。时人回忆，“空中的纸灰像白蝴蝶一样随风飞舞”。

年进入商务起，从编译所所长、经理、监理到董事长，正如叶圣陶所评价的，张元济“把商务看成是他的终生事业”。

张元济与商务创始人之一夏瑞芳约定，“吾辈当以扶助教育为己任”，并曾在诗中写道：“昌明教育生平愿，故向书林努力来。”他的这一抱负，使得商务印书馆成为1949年之前中国最重要的教材出版机构，并且是奠定中国现代教育体系的主要力量之一。

康有为赞誉严复和林纾“译才并世数严林”，而严复的译著（包括《天演论》再版）和林纾翻译的外国小说，大多是在张元济主持下由商务印书馆出版的。

张元济在商务印书馆完成了工程浩大的古籍整理工作，得到民国学术界、出版界的极高推崇。《四部丛刊》、《百衲本二十四史》、《续古逸丛书》等，都是由他亲自选择版本、整理校勘后付印的。

张元济的人生可谓传奇。他于清光绪十八年（1892年）中进士，点为翰林。1898年，朝中大臣保荐，称康有为、张元济等为“维新救时之才”，光绪帝遂在颐和园召见了二人。

1949年9月，毛泽东邀张元济同游天坛。毛泽东询问戊戌变法的情形和光绪召见时的礼仪，张元济一一作答。当晚，他对儿子张树年说：“我活到耄耋之年，见过光绪，见过袁世凯，见过孙中山，见过蒋介石，今天又见了毛泽东。”

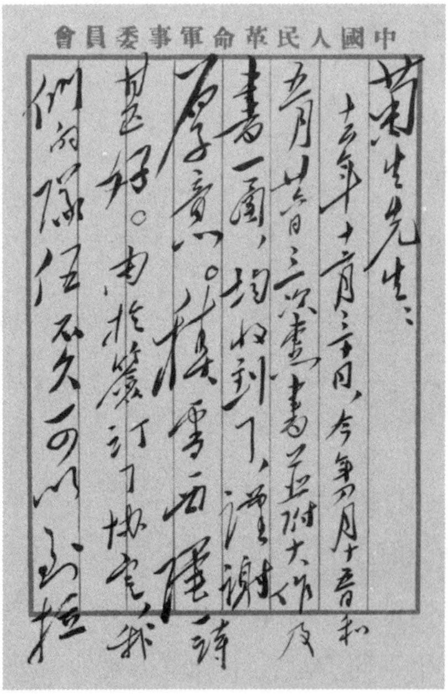
中國人民革命軍事委員會

菊生先生：

去年十一月二十日，今年五月十五日和五月廿六日惠书并附大作及书一函，均收到了，谨谢厚意。《积雪西陲》诗甚好。由于筹订协定，我们的队伍不久可以到拉

1951年5月26日，张元济写了一封信给毛泽东，信中附了他写的一首《告存诗》，另寄有《涵芬楼烬余书录》。毛泽东收到后，给他写了回信，图为回信手迹。

1949年9月19日，毛泽东邀请张元济同游天坛，陪同游览的还有陈毅、刘伯承、粟裕等。一路上大家兴致勃勃，谈笑风生，并合影留念。

晚年的张元济，见多了“改朝换代”，总是一副镇定自若的风度。

由于被认定是“大老板”，张元济在1927年曾被一伙绑匪劫持了整整6天。在写给朋友请帮忙筹款赎人的信中，最后居然是“夜寐不宁，口占数绝，写成两首……”，而诗意相当平和幽默。6天中，他又陆续作了10首绝句，脱险后编定为《盗窟十诗》，分送友朋。其中写到“邻家笑语”、“池塘鸭子”，自认为是在“领略天趣”，全然一副镇定自若的风度。

张元济是大手笔，他妙手偶得的两个词，竟然就成为现代汉语的约定俗成，沿用了近百年。据张树年回忆，父亲当年应朋友之邀为英国化妆品Hazeline Snow翻译中文名称，译为“夏士莲雪花膏”。至今，“夏士莲”仍是中国市场上的畅销品牌之一。

在接受记者采访时，商务印书馆老编辑、对馆史素有研究的陈应年慨叹：“今天中国的出版界，没有一家能跟当年的商务相比！”

一位对中国出版史研究颇深的学者，参观建在海盐的张元济图书馆后留言：“张元济不可追。”

王云五
谴责与推崇之间

王云五曾经是一个遭到谴责的名字。在新中国成立之初的第一次全国出版会议上，他被定性为“反动分子”。直到今天，在相当大程度上，王云五仍是一个被遗忘的名字。

王云五（1888～1979），字岫庐，广东香山人，出版家，商务印书馆总经理。40年代后期曾出任国民政府经济部长、行政院副院长、财政部长等要职。

几乎与此同时，在台湾，王云五却是一个备受推崇的名字。他被称为“伟大的出版家”，为他祝寿，俨然是台湾文化界的一件盛事。

商务印书馆老编辑陈应年对记者说，张元济和王云五，这两个对商务乃至整个中国出版文化界影响至深的人，在海峡两岸的评价几乎完全相反。“其实很简单，他们后来的政治道路选择不同。张倾向于共产党，留在大陆；王当过国民党的官，去了台湾。”

王云五最为人诟病的是其政治立场与商业习气，但他在民族大节上却是毫无亏欠的。“八一三”事变后，王云五的房产被日军占用，有瑞士某洋行愿以中立国洋商名义代他与日本人商定租约，王云五的回信是“No trade with enemy（不与敌人订立商约）”。

1932年“一·二八”事变后半年，被炸毁的商务印书馆复业。馆前悬挂由王云五拟定的激励同人的巨幅标语——“为国难而牺牲，为文化而奋斗”。

王云五说过一段很有骨气的话：“把商务印书馆恢复，并没有什么高远的目的，只是为我们中国人争一点点的气。日本帝国主义认为商务印书馆是中国人自办比较有点规模的企业，觉着有些讨厌，便首先把它炸毁。我认为一打便倒，一倒便不会翻身，这是莫大的耻辱，所以极力要把它扶起来……”

王云五晚年自况：“一生出版为主、教学次之，公务政务殆如客串。”

三联书店前总经理沈昌文回忆：“我们这一代人，对王云五先生曾经很没好感，不止从政治上，更多地是从他们实行的什么科学管理方法，因为不少我所信从的前辈左派文人很不赞成这方法。然而，在改革开放这20年来，我逐步改变了看法。当然，开头是从对管理的看法改变开始的。既然我们现今那么强调管理，据我所知，我们不少地方实行的管理方法，其严苛大概较王云五又有过之，那又何必去责备前人呢？等

1978年4月，王云五主持台北商务印书馆股东会。

我进一步比较全面地了解了王云五的出版观念，才深深地感到，王云五真是一位了不起的出版人物。”

1921年，王云五经胡适推荐进入商务印书馆，历任编译所所长、总经理，至1946年离职出任政府官员。在商务期间，他曾有一个“四百万”的外号，颇能够概括他的出版功绩。

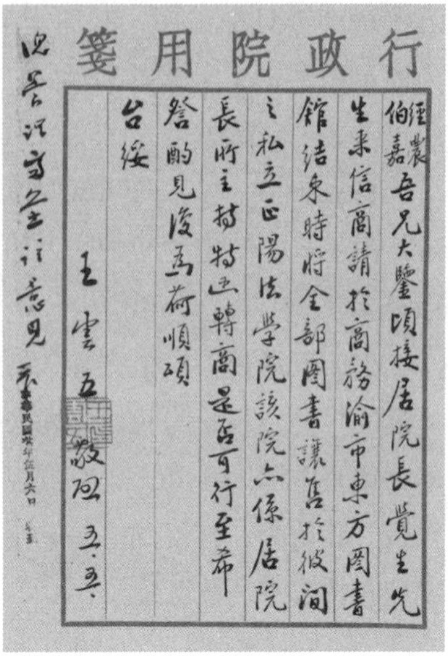
行政院用箋

伯嘉吾兄大鑒頃接居院長覺生先生來信商請於商務渝市東方圖書館結束時將全部圖書讓售於彼洞之私立正陽法學院該院亦係居院長所主持特函轉商是否可行至希答酌見復為荷順頌台綏

王雲五敬啟 五.五

王云五手迹

“四”是“四角号码检字法”。王云五发明的这套方法据称影响了中国文化半个多世纪。1970年，周恩来在与文教部门负责人谈话时说：“王云五编的四角号码字典为什么不能用？不要因人废文。”

“百”是“百科全书”。王云五早年任中国公学英文教师时，曾购得《大英百科全书》一套共三十五卷，费三年时间通读一遍。自此，编纂中国的百科全书便一直是他的梦想。虽然他最终也未能在商务出版一本真正意义上的“百科全书”，但他的种种努力在业界一直广受尊重。

“万”是《万有文库》。王云五主编的这套丛书达四千册，三亿多字，是二三十年代中国最成功的出版物。《纽约时报》曾在题为《为苦难的中国提供书本，而非炮弹》的报道中，称其为当时世界上未曾有之大规模图书。

王云五在台湾倡议博士教育，被尊为“博士之父”。在大陆第一篇冲破“禁区”研究王云五的博士论文中，作者王建辉评价王云五“是中国近代最有经营头脑的出版家”，“他是在大商业时代的文化经营有术者”。

有研究者指出：就中国目前的现状来讲，优秀的学者并不缺少，但优秀的出版商却难求，而能将两样都做好的，更是无处可寻。“好在出版界已开始出现了一批王云五类型的出版商，但还都没有做到那个份儿上。将来也许会有，但至少现在还没有。”

伍联德
留下一片旧时风月

北大英语系小宋是个时髦的上海女孩，在她宿舍的各个角落，随处可见各种时尚杂志。“其实也就随手翻翻，有点儿千篇一律的感觉。”她常买这类杂志，却常常觉得看着“不过瘾”。

直到一个学期，她旁听中文系的现代文学课，头一次听说旧上海风靡一时的“时尚杂志”《良友》画报。“教授在台上说，《良友》拿到今天来，在座诸位喜欢时髦的，多半也会喜欢。”这话触动了小宋，于是她到图书馆，查阅了几本当年的《良友》。

伍联德（1900～1972），广东台山人，出版家，良友图书公司和《良友》画报的创办人。

“是真的，真的很好看！有股子文化味儿。”她兴奋地说，“给我们留下一片很好的旧时风月。”

报人、作家李辉曾盛赞《良友》，认为它在新闻敏感性之外，更凸显了文化的丰富性。“《良友》堪称当年上海文化的出色代表，即便在刊物如林的今天，它也毫不逊色。而它所尝试过努力过的许多创意，在我看来仍然具有借鉴的价值。”

创办了这份画报的伍联德，在同时代人眼中，是个“有胆识，有魄力，为人热情豪爽，胸襟开阔”的人。

年轻时的伍联德颇有“野心”。创办《良友》画报前，他曾出版过一份儿童画报《少年良友》，意欲与当时两大出版巨头商务印书馆和中华书局的儿童刊物一争高下，但读者寥寥，以失败告终。

既然无法从巨头的盘里分一杯羹，伍联德决定另辟蹊径，创办一份前所未有的大型画报。为取得合伙人同意，他允诺：若成功，赚的钱归公司；若失败，赔的本钱由他个人支出。

1926年2月，《良友》画报诞生，第一期就受到时人热烈追捧，数日之内两次再版。但内容涉及过于广泛，编排略显杂乱，也有读者来信不客气地加以批评。主编伍联德闻过则喜，丝毫不为自己护短，把批评原信一字不漏地登出。

伍联德曾在商务印书馆工作过，是中国出版界美术字的首创者之一。商务的商标曾是他的手笔，沿用了多年。《良友》画报封面所用的“良友”两个漂亮大方的美术字，同样出自他手，并一直沿用，被誉为“金不换”。

李辉认为，《良友》在官方与民间、政治与文化、文字与图片、高雅与流行之间找到了巧妙的契合点。“战火前线的现场目击，并不影响好莱坞明星的中国之行。西北妇女的服饰与民俗等相继登场。漂亮的封面女郎一期期款款走来，突然间百岁老人、教育家马相伯也成了封面人物，确有别出心裁、突发奇想之妙。”

良友图书印刷有限公司，1925年7月创建于上海北四川路。其1926年创刊的《良友画报》是我国第一本大型综合性画报。

当年，无论繁华都市，还是穷乡僻壤，皆有《良友》的踪迹。曾主编过这份画报的马国亮老人回忆，连偏远的云南省也不乏《良友》的忠实拥趸，有读者寄来头发编成的表链，希望可作为订阅的费用，信里还说，如果这不行，他将改寄火腿或大头菜（两者都是云南的著名土产）。

《良友》画报封面所用的“良友”两个漂亮大方的美术字，出自伍联德之手，并一直沿用，被誉为“金不换”。

《良友》画报还行销到世界各地的华侨社会，是当时“国内唯一能赚大量外汇的出版物”。后来，画报上干脆印上一张世界地图，密密麻麻地标注着良友的销地，并在地图上写着：“良友遍天下。”

《良友》的巨大成功引起商家的极大兴趣，纷纷登门要求刊登广告。当时的编辑们，会凭常识判断，看起来不可靠的广告，一律婉拒；涉及色情、性病，通通不予刊登。以伍联德为首的公司当局认为，广告登出，等于向读者推荐，刊物本身应负道义上的责任。而《良友》画报，应该是一本男女老幼皆可阅读的刊物，是一本内容健康，能摆在家里而面无愧色的刊物，不允许出现任何有坏影响的广告。违反此点，即使有人出重金，也不为所动。

更“不可思议”的是，公司赋予编辑部一种权力：如果认为这一期广告太多，占据篇幅过多，而又不便增加篇幅时，为保护读者利益，编辑部可以拒绝刊登。马国亮回忆，凡遇此种情形，经理部和编辑部协商解决，“经理部毫无例外地尊重我们的意见，这也可以看出当时公司的作风”。

徐伯昕
生活书店的“隐形人”

徐伯昕是邹韬奋最亲密的战友。然而很多时候，他更像是一个“隐形人”，安静地待在“生活书店”这块金字招牌的光芒背后。

生活书店和三联书店的老人仲秋元对记者回忆：“我们在学校里就熟悉‘生活’，觉得韬奋很了不起，非常敬仰他，但是并不知道徐伯昕。”

徐伯昕（1905～1984），江苏武进人，出版家，长期担任生活书店总经理，后任三联书店总店总经理。

仲秋元说，当时口试自己的正是总经理徐伯昕，不过自己并不知道这个人是谁。“后来进了生活书店，才知道了这位总经理。1938年、1939年那会儿，生活书店在全国就有56家分店，56家啊！连穷乡僻壤都到了。这就是伯昕领导的，真的不容易。”

1940年，生活书店在重庆以无记名投票方式选举第六届领导机构，对徐伯昕是这样介绍的：“徐先生是本店事业的舵手，十余年来引导全体同仁经过了不知多少惊涛巨浪，才把本店的事业缔

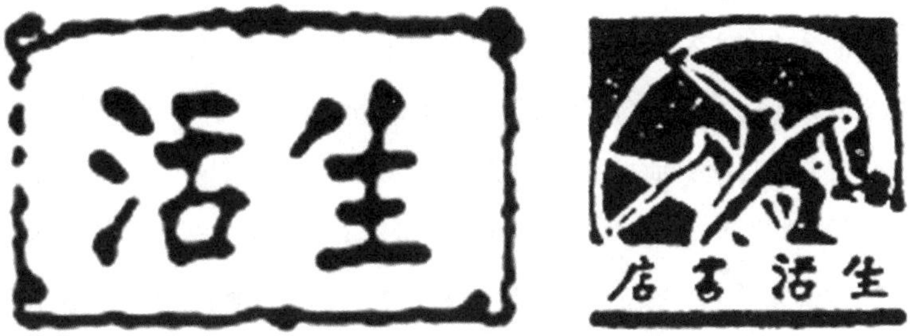

《生活》周刊的“生活”二字，是黄炎培为周刊创刊时题写的。1932年生活书店成立，需要拟订招牌标准字体，于是请黄炎培再题写“书店”二字，却怎么样也写不出与“生活”一致的字体来。最后，由徐伯昕仿照“生活”字体，写成了“书店”二字，成为此后长期沿用的招牌。

造成目前的规模。我们的事业之船在商业竞争的海洋中行进，每个同仁都热烈拥戴这位熟练无比的舵手，是毫无疑义的。”

从1926年起，徐伯昕协助邹韬奋办《生活》周刊。邹韬奋曾写道：“幸亏有了多才多艺的伯昕先生，简直‘出将入相’，出门可以到处奔走拉广告，入门可以坐下来制图绘画，替各种各类的商家货物写有声有色的说明。”

徐伯昕颇具艺术才华。《生活》周刊的“生活”二字，是黄炎培为周刊创刊时题写的。1932年生活书店成立，需要拟订招牌标准字体，于是请黄炎培再题写“书店”二字，却怎么样也写不出与“生活”一致的字体来。最后，是由徐伯昕仿照“生活”字体，写成了“书店”二字，成为此后长期沿用的招牌。

当时，徐伯昕每天夹着一个黑皮包，里面总是装着很多宣传用的印刷品。邹韬奋说他“东奔西跑，到各处去用着‘苏张之舌’，尽游说怂恿的能事，广告居然一天多一天”。而他的广告业务，被誉为替《生活》周刊“广结善缘，创造了无量的同情和友谊”。

生活书店的老人曾评价徐伯昕“善于经营，长于谋划，但又坚持原则，不发不义之财”。他对所刊广告的限制极严，“略有迹近妨碍道德的广告不登，略有迹近招摇的广告不登，花柳病药的广告不登，迹近滑头医生的广告不登，有国货代用品的外国货广告不登”。

徐伯昕与邹韬奋的合作，称得上相得益彰。茅盾曾说：“韬奋在政治上是个叱咤风云的人物，但在生活上却是个书呆子，更不善交际。”而徐伯昕长期担任经理，人称“徐老板”，恰恰弥补了邹韬奋的弱项。

邹韬奋避难香港时，曾打算办一份类似《生活》周刊的刊物。香港政府规定，必须有一位“港绅”做发行人，才允许登记，这可难坏了他。据茅盾回忆：“幸而徐伯昕来香港，很快经第三人介绍，结识了曹克安先生。徐伯昕与曹先生一谈就成功了。”

1944年邹韬奋病重期间，徐伯昕亲笔记录了他的遗嘱。60年后，徐伯昕的后人在整理其遗物时，发现了一本《邹韬奋遗言记要》，与当年公开发表在延安中共中央机关报《解放日报》上的《邹韬奋先生遗嘱》颇不相同。

邹韬奋的女儿邹嘉骊认定，这是邹韬奋遗嘱的原始版本。并且，她还专门著文分析了两个版本之所以不同的来龙去脉。

《遗言记要》有言：“首先恢复书店，继则图书馆与日报。……对政治主张，始终不变，完全以一纯粹爱国者之立场，拥护政府，坚持团结，抗战到底，能真正实行民主政治。”今天的人们要感谢徐伯昕，是他在病榻前为我们记录了一个更加真实的出版家、爱国者邹韬奋。

“生活书店，邹韬奋如果没有徐伯昕，搞不成这么一个规模。”仲秋元使劲地摇着头，“不可能，没办法的。”

“我们的老师，政治上的引路人，韬奋；怎么办书店，”他拍了拍手边的《新文化出版家徐伯昕》一书，很笃定地说，“伯昕！”

5　真名士自风流

曾经有那样一个时代，曾经有那样一批人物。他们那样地想着，那样地活着。他们离我们今天并不遥远，但他们守护、在意、体现的精神、传统、风骨，已与我们相去甚远。

王　瑶　金岳霖　叶公超　陈贻焮　曾昭抡
刘文典　黄　侃　蒙文通　缪　钺　何　鲁
罗念生　周太玄　袁翰青　丁西林　施蛰存

王瑶
通脱与清俊

2004年12月23日，“纪念王瑶先生诞辰90周年学术座谈会”在北京大学召开。会上先放了一段当年王瑶在香港接受后学访谈的录音。录音效果不好，加之王瑶浓重的山西口音，使与会者们，或拿着事先整理出来的文稿仔细对照，或半扬着头仔细倾听，不时若有所思地微微点头。几位老先生，还偶尔侧身交流数语，相对会心一笑。

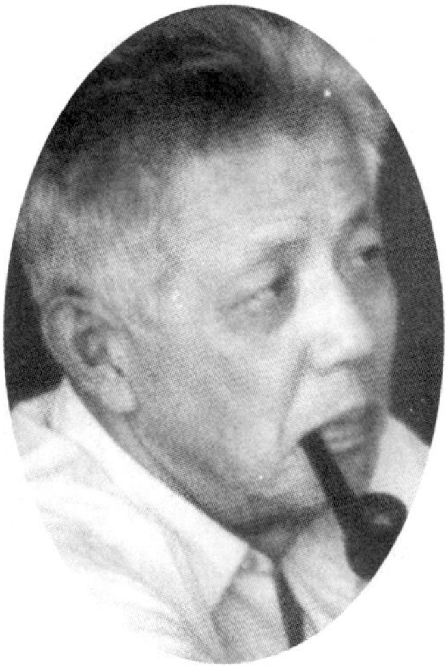

王瑶（1914～1989），字昭琛，山西平遥人。早年毕业于清华大学，后长期任教于北京大学，在中古文学和现代文学领域皆开学界之风气。

“领导文艺的人看问题，他可以允许有一道缝，有道缝，作家就给他搞个洞，就是这样的。搞得洞大了他就不干了……说我们的方针政策是一贯的，但是一贯性表现在什么地方？像我们收听那个很远的地方的收音机一样，短波，是有个一贯的东西的，但是一会儿呢，听不见了，一会儿‘哦’——声音大了，突然叫喊一声，声音高得不得了……一个时候强调创作自由，一个时候强调……”王瑶的嗓音本就有些尖利，说到“哦”时，他似乎又很兴奋地故意模仿了收音机变调的声音，极富感染力。全场都微笑了起来。

“这都是我私人聊天，我在班上不这样讲的，我在国内不这样，国外也不这样，我并不需要创造什么事情。”这样说时，王瑶的语气有些感慨。

在后来的追忆发言中，有王瑶的学生说，先生有他自己的世界，他的知识世界和情感世界都是完满的。在他的世界里，他有他的音容笑貌，所以能感染别人——尽管他的山西口音不好懂，有时甚至不知所云。

当年他的同窗学友回忆，王瑶兄一直是快步走路，急口说话。他走起路来，“叩嗒叩嗒”作响。他讲起话来，山西乡音很重，内容像连珠炮般喷出，语音越说越高亢。当他快要发脾气的时候，同时却又流露出一股孩童般的真纯。“这个境界很美丽，很高乘。他后来博得若干学生的崇拜，我想这是原因之一。当时我曾对另外的同学说，假如我是个女同学，我一定爱上这个人。”

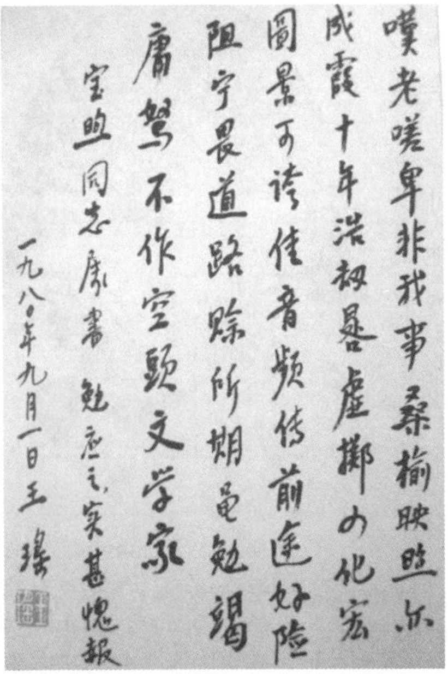
王瑶笔迹

老友曾对王瑶下过一断语：有名士气。在西南联大当学生时，上陈梦家先生开的《尚书》课，一次陈先生给王瑶写了一个便条，称他“王瑶贤弟”，他回信时也就当之无愧地称起了“梦家兄”，还振振有词地告诉同学：如果我是他的“贤弟”，他自然就是我的“仁兄”了。

王瑶的弟子们众口一词，爱用“魏晋风度”来形容先生。他本人烟斗不离手，做派潇洒自如。得意门生不会喝白酒，他直摇头：“搞文学而不会喝酒，可惜，可惜！”他早年有一篇名文《文人与酒》，其中引杜甫诗“宽心应是酒，遣兴莫过诗”，认定“酒中趣正是任真地酣畅所得的‘真’的境界，所得的欢乐”。

王瑶自己引鲁迅所言“清峻和通脱”来说明“魏晋风度”。在弟子们眼中，他机智的谈锋、诙谐的语言、豁达的气度，以及极有特色的“王瑶之笑”，都可谓之“通脱”。然而，他的聊天又无所不谈，无所顾忌，对于鄙夷的人和文，丝毫不淡化自己的鄙夷，径直施以“青白眼”，此之谓“清峻”。

王瑶曾为《清华纪念刊》写过一篇“自我介绍”，在朋友、弟子圈中传诵一时：“……迩来垂垂老矣，华发满颠，齿转黄黑，颇符‘颠倒黑白’之讥；而浓茗时啜，烟斗常衔，亦谙‘水深火热’之味。惟乡音未改，出语多谐，时乘单车横冲直撞，似犹未失故态耳。”

有人说，这段话的幽默与通达中暗含辛酸与倔强，只有联系着20世纪以来中国知识分子艰辛曲折的历史道路，才能多少领悟这“三言两语”背后复杂的内涵。“此言此语，当今学者中非王瑶莫为，却很容易使我们想起鲁迅。”

王瑶的学生曾提及先生照片上的头像轮廓，像50年代大家熟悉的苏联诗人，不过他的眼神是严厉深邃的，这让学生觉得奇怪。王瑶弥留之际，不能说话，曾写过一段话给女儿：“我苦于太清醒，分析了许多问题，自以为很深刻，但不必说，不如痴呆好！”

这位学生怀疑，“不必说”其实是“不能说”，而他也终于明白了，先生照片上的眼神，是冷冷的、清醒的、专注的眼神，是在向内收敛自己的所见所思。

金岳霖
断裂的逻辑

徐志摩这样描述他那个研究逻辑的朋友金岳霖："金先生的嗜好是捡起一根名词的头发，耐心地拿在手里给分。他可以暂时不吃饭，但这头发丝粗得怪讨厌的，非给它劈开了不得舒服……"

金岳霖主讲逻辑学，有学生感到这门学问十分枯燥，便好奇地问他：你为什么要搞逻辑？金教授答："我觉得它很好玩。"

金岳霖（1895～1984），字龙荪，湖南长沙人，哲学家、逻辑学家。

西南联大时，金岳霖曾开设一门选修课"符号逻辑"。对很多人来说，听这门课如听天书。因而每次上课，教室中只有零星几个人。其中一个叫王浩的学生却是例外，颇能懂得个中奥妙。金岳霖经常会在讲授过程中停下来，问道："王浩，你以为如何？"于是，接下来的这堂课便成了他们师生二人的对话。

王浩后来赴美留学，成为国际一流的逻辑学家。作为金岳霖最得意的学生，他感叹，金先生的绝大部分文章和三本专著都完成于1948年年底以前。

王浩写过一篇《金岳霖先生的道路》，他认为："金先生于1949年以前及以后追求了两个很不相同的理想。这两种理想在今天都值得推荐，值得追求。但我不以为一个人可以同时追求这样一对难于兼得的理想。"

1949年以后的理想，可以说是以哲学作为一项思想上的武器，为当前国家的需要直接服务。1949年以前的理想则是以哲学作为一项专门的学问来研究，逐渐扩展后来者的眼界，改进他们的精神生活。

"为接近这两个理想所需要的能力和准备都很不一样，所以一个人如果多年来专心追求一个理想而中途忽然转向另一个理想，恐怕不易得到像持续一个理想所能得到的成绩。"

1958年，金岳霖参加一个文化代表团访英。王浩当时正任教于牛津大学，便安排老师在牛津哲学教师会作了一个不长的报告。金岳霖谈到，因为马克思主义救了中国，所以他放弃了以前所研究的学院哲学，转成一个马克思主义者。

据王浩回忆，当时听讲的大部分教师觉得像这样的论证太简单了一

金岳霖（后排右二）与梁思成、林徽因全家合影。

些，“可是因为金先生的英式英语特别高雅漂亮，牛津的教师大多数对他很尊敬”。

金岳霖的哲学同行难以完全理解他为自己的转变所给出的“逻辑论证”，今天许多研究者也觉得，对于他后来的转变，很难理解。因为作为曾经“最倔强的个人主义的哲学家”，以金岳霖的过去推断他后来的转变，这中间“缺乏合理的逻辑过程”。

1922年，还在留学的金岳霖在国内发表长文《优秀分子与今日的社会》。文中，他第一希望知识分子能成为“独立进款”的人，“我开剃头店的进款比交通部秘书的进款独立多了，所以与其做官，不如开剃头店，与其在部里拍马，不如在水果摊子上唱歌”，第二希望知识分子不

1929年在清华大学北院7号叶企孙先生住宅前的合影。左起：陈岱孙，施家炀，金岳霖，萨本栋，萧蘧，叶企孙，萨本铁，周培源。

做官，也就是“不做政客，不把官当做职业……独立过自己的生活”。

1955年，金岳霖离开北大，调任中国科学院哲学研究所副所长。另一位副所长告诉他应该坐在办公室办公。他在办公室待了一上午，也没弄明白如何“办公”。他说：“他们说我应该坐办公室办公。我

不知‘公’是如何办的，可是办公室我总可以坐。我恭而敬之地坐在办公室，坐了整个上午，而‘公’不来，根本没有人找我。我只是浪费了一个早晨而已。如果我是一个知识分子的话，我这个知识分子确实不能办事。”

1926年，金岳霖留学回国后发表了他的第一篇哲学论文。他在文中说：“世界上似乎有很多的哲学动物，我自己也是一个，就是把他们放在监牢里做苦工，他们脑子里仍然是满脑子的哲学问题。”

后来，这个“哲学动物”于1953年加入中国民主同盟，1956年加入中国共产党。他自己说：“解放后，我们花大功夫，长时间，学习政治，端正政治态度。我这样的人有条件争取入盟入党，难道我可以不争取吗？不错，我是一个搞抽象思维的人，但是，我终究是一个活的、具体的人。”

研究者称，金岳霖的转变，乃是一个时代知识分子的普遍选择。

王浩不曾面临这样的选择。在他的记忆中，1939年到1946年在昆明（西南联大），他享受到生活贫苦而精神食粮丰盛的乐趣，因为与金先生有着“共同的兴趣”和“暗合的视为当然的价值标准”，他觉得心情愉快。

当年的经历，使王浩衷心希望：愈来愈多的中国青年可以有机会享受这样一种清淡的幸福！

叶公超
一派文人气的外交家

叶教授隔壁是一户美国人家。其家顽童时常翻墙过来骚扰，叶不胜其烦，出面制止。顽童不听，反以恶言相向，于是双方大声对骂，秽语尽出。美童家长闻声出视，堂堂教授正厉声大喝："I'll crown you with a pot of shit!（我要把一桶粪浇在你的头上！）"

叶公超（1904～1981），名崇智，字公超，从政后以字行，广东番禺人。早年留学美国和英国，归国后任北京大学、清华大学、西南联大等校教授，后入政坛，曾在台湾任"外交部长"、"驻美大使"等职。

那位家长慢步走了过来，并无怒容，问道："你这一句话是从哪里学来的？我有好久没听见过这样的话了。你使得我想起我的家乡。"

结局皆大欢喜，一句粪便浇头的脏话使得叶公超和邻居从此成了朋友。

梁实秋为我们记录了这桩轶事。老友此举，他毫不惊讶，因为"公超是在美国读完中学才进大学的，所以美国孩子们骂人的话他都学会了。他说，学一种语言，一定要把整套的骂人话学会，才算彻底。”

待到粉墨登场，那又是另一番景象了。

叶公超出使美国，应邀发表演讲，“不看讲稿，出口成章，手挥目送，亦庄亦谐。有时声若洪钟，排山倒海；忽然把声音降低到如怨如慕，窃窃私语，全场听众屏息静听。”演讲完毕，三四百位听众起立鼓掌，历数分钟不息。在场的多位名教授都赞许他的英语是“王者英语”，声调和姿态简直可以和英国首相丘吉尔相媲美。

作为学者从政的典型，后人评价叶公超：在他从政后的举止言行里仍然可以看出他基本上是一个读书人、一个书生、一个知识分子，一生中都放不下他那知识分子的身段，丢不掉那股知识分子的傲气。

1961年，因蒙古加入联合国问题，叶公超被蒋介石电召返台，随即被免去“驻美大使”职务。记者问其感想，他愤然曰：“叶公超死了，以后别来找他！”一代外交家的谢幕辞，却丝毫无关外交辞令，纯然一派文人气。

赋闲之后的叶公超曾到台大和台师大兼任教授，开的课还是老本行“现代英美诗”。台下听者如云，他于是感慨：还是文人最自由啊，早知今日，何必当初。

然而毕竟文人最天真。不久，有关方面便来干预，向校方施压。叶教授的课匆匆上了一个学期，便被迫收场。

人问：“假如生命可以重新来过，你打算如何？”叶公超不假思索答：“我再也不做同样的事！”

外交家叶公超总是西装笔挺，风度翩翩，这是他“玩熟了”的一套规则。然而平日生活中，他给人的印象却是“处处藐视外国规矩”。他讽刺西装，说西装袖子上的纽扣现在用来装饰，其起源却是防止大家吃喝之后，用袖子揩嘴巴。洋人打领带，更“妙不可言”，是为了便于让人牵着脖子走，且面对牵着他的人，表示由衷的臣服。

这是骨子里的文人气。他的同时代人不用“gentleman”来描述他，虽然他在“绅士”的故乡剑桥大学拿过学位，又长期悠游于最重礼仪的外交界。更贴切的形容是“名士”——雅到与王室、首相相提并论者，乃名士；俗到与顽童骂架者，亦名士。

名士习惯于“见大人，则藐之”。当“驻美大使”，他对朋友说：“见了艾森豪（美国总统），心理上把他看成是大兵，与肯尼迪（美国总统）晤谈时，心想他不过是一个花花公子、一个有钱的小开而已。”

从前的学生祝贺他荣膺“驻美大使”，他一笑，俯耳低声说：“别提了，是赔本儿生意！”

朱自清日记里提到叶公超，形容他“喜怒无常、狂狷耿介。和他相处，如同喝一杯醇酒，吃一碟辣椒……”

在上世纪30年代那段文人自由的岁月里，朋友们总是习惯“深埋进叶教授家舒适的沙发（清华最舒适的沙发），呷着叶教授家著名的普洱茶，听任叶教授把他有趣的谈话不受节制地一直讲下去”，他的谈话“涉及太阳底下的一切，外加太阳之上的一些——百科全书的全部范围”。

然而也有朋友尝过辣椒的滋味。一次叶公超与友人谈起某某英国诗人，叶取出其人诗集，翻出几首代表作，要友人读，说读过之后再讨论。友人倦极，抛卷而眠。叶公超竟大怒，顺手捡起一本大书投掷过去。友人虽未头破血出，却也大惊失色。

叶公超晚年幽居台湾，以书画排遣寂寞，“怒写竹，喜写兰”，只是，写竹多于写兰。

陈贻焮
教授的洒脱与落寞

作为陈贻焮的弟子，北京大学教授钱志熙永远记得先生的落寞与洒脱。

他曾与先生在北大校园散步，陈先生说起刚才在路上碰到中文系的一位老师，问陈先生要不要到国外去讲学一段时间，“好赚点养老的汤水费”，陈先生说他很感谢那位老师的好意，可人老了，哪里都不想去，只想待在这校园里。钱志熙静静地听他说这些话，觉得带着几分落寞。

陈贻焮（1924～2000），字一新，湖南新宁人。北京大学教授，治魏晋南北朝隋唐五代文学史，亦工诗。

说话之际，两人已登上操场看台。这天刮着一点风，微微扬起沙尘，操场上没什么人，远处跑道边一排高大的白杨树簌簌作响。陈贻焮的情绪像是突然被激发起来，开始用他的湖南腔高声朗诵李白的诗：“我来竟何事，高卧沙丘城。城边有古树，连夕起秋声……”钱志熙直到现在还清晰地记得，当时先生的神情是何等豪迈与潇洒。他以为先生吟诗后还会感叹几句，谁知先生吟完，倏地站起身来，只大声地说了一个字：“走！”

钱志熙说，先生豁达而洒脱，丝毫不像一般书生那么拘谨。

找学生有事，陈贻焮一般不上楼，而是习惯在楼下高声喊他们的名字。“他这种落落大方的气派，我们是学不来的。你要让我去楼下喊学生的名字，我就喊不出来。”钱志熙笑着告诉记者。

称陈贻焮为“大师兄”的北大教授谢冕也回忆起这样的情形：这位大师兄总是骑着自行车来找他，一般也不进屋，只在院子外面喊他的名字，每当这时，他就知道必定是大师兄又作了一首自己满意的诗，或是写了一幅自己得意的字，要来和他分享这份喜悦。

有时大师兄会进屋，两人一道喝茶品诗赏字，直到灯火阑珊；也有时他并不进屋，留下要谢冕看的东西，就匆匆骑车走了。谢冕说，大师兄的行止常使他想起《世说新语》中的“王子猷居山阴”，颇有“乘兴而行，兴尽而返”的神韵。

陈贻焮喜好吟诗，且是以湖南乡音按古调吟诵，这在北大中文系是有名的，不少学子甚至将亲耳聆听陈先生吟诗视为入中文系的一大幸事。

陈贻焮的名片上，只印“北京大学教授”一个本职，其他头衔通通省略，却印了籍贯“湖南新宁人”。在钱志熙看来，先生是颇有古风的，讲究籍贯自然在情理之中。

如此一教授，该是何种风采呢？当年钱志熙到北大考陈先生的博士生，在他原本的想象中，先生该是很潇洒的，顾盼生姿的那样一种名教授的风度，有些才子气。见面后，他发现先生的风采不全是他想象的那一种，高大、淳朴如父老的印象，甚至出于他意想之外。

钱志熙记得，多少次先生送登门拜访的他出来，一直送过半个未名湖，在博雅塔下才挥手告别。先生一边与他说话，一边跟碰到的熟人打招呼，“他认识的人真多，老幼中青都有，招呼也打得极其热情，完全是乡村的老人在他的村落中行走的那种光景，让人觉得极其有人情味。”

“文革”中北大教师下放江西“五七”干校。一个雨天，教改小分队的师生几十人，乘汽车从围湖造田的农场到南昌去教学实习，明知堤上非常危险，却谁也不敢冒“活命哲学”的罪名，建议把队伍带回去。结果一辆汽车翻到了大堤下。车子掀起来时，发现有一位老师和一位同学遇难。

亲历其事的教师后来回忆，陈贻焮本人也是被扣在车底下的，当他爬出来时，看见同伴遇难的景象，竟面对着茫茫鄱阳湖，放声痛哭起来。“没有顾忌，没有节制，那情景，真像是一个失去亲人的孩子。他哭得那么动情，那么真挚，那么富于感染力，直到如今，那哭声犹萦绕耳际。”

到了晚年，陈贻焮的诗词集出版，嘱其弟子葛晓音作序。葛晓音没有直接评论先生的创作艺术，而是把自己所了解的先生的人品和性情作为序文的重点，她认为自己是懂得先生心事的。当她把序文念给陈贻焮听时，让她难忘的是，先生竟像孩子一样哭出声来。葛晓音于是明白了，“先生心里的积郁，其实很深。”

曾昭抡

袜子底永远破个洞

曾昭抡的学生、北京大学已经退休的苏勉曾教授，在接受笔者采访时开门见山强调："曾先生始终是一个学者，他不是政治家，更不是政客。他始终相信科学救国这一点。"

曾昭抡（1899～1967），湖南湘乡人，著名化学家、教育家，中国化学学科的奠基人和领导者之一。曾国藩的曾孙。1926年在美国麻省理工学院获博士学位，历任中央大学、北京大学、西南联大、武汉大学教授。

政治家之说，也许源自解放后曾昭抡曾担任过教育部副部长、高教部副部长等重要职位。而更早些时候，他的学者地位已无可撼动：1948年他当选为中央研究院首届院士，1955年又当选为中国科学院的首批学部委员。

这位名教授从来不修边幅。据苏勉曾回忆，从他1943年进入西南联大化学系的第一天起，他所见到的曾先生，始终是一身斜襟的蓝布长衫，穿双布鞋，"脱下来，袜子底永远破个洞。"

在曾昭抡同时代人的回忆中，有关曾先生的怪癖传闻很多。他曾经站在沙滩红楼前，和电线杆子又说又笑地谈论化学上的新发现，让过往行人不胜骇然；一次，他带着雨伞外出，天降暴雨，他衣服全湿透了，却仍然提着伞走路；在家里吃晚饭，他心不在焉，居然拿着煤铲到锅里去添饭，直到他夫人发现他饭碗里有煤渣；他忙于工作，很少回家，有一次回到家里，保姆甚至不知道他是主人，把他当客人招待，见他到了晚上还不走，觉得奇怪极了。“而他所穿的鞋，在联大学生中几乎都知道，是前后见天的。”

费孝通曾这样评论曾昭抡的种种“怪癖”：“在他的心里想不到有边幅可修。他的生活里边有个东西，比其他东西都重要，那就是‘匹夫不可夺志’的‘志’。知识分子心里总要有个着落，有个寄托。曾昭抡把一生的精力放在化学里边，没有这样的人在那里拼命，一个学科是不可能出来的。现在的学者，当个教授好像很容易，他已经不是为了一个学科在那里拼命了，他并不一定清楚这个学科追求的是什么，不一定会觉得这个学科比自己穿的鞋还重要。”

早年，他联合同行发起组织中国化学会，自己出钱创办了《中国化学会会志》，亲自担任总编辑前后达20年之久。这笔庞大的开支他从来没有向别人提起过。他一生没有子女，但他的同行、朋友和学生都知道，他为了这本刊物、为了化学这门学科在中国的开创和成长，为此而花钱，就像父母为孩子交学费那样心甘情愿。

后世的人评价：“中国大学里做实验、搞研究的风气，至少在化学这门学科里，可以说是从曾公开始的。”不错，曾昭抡在

西南联大湘黔旅行团途中，曾昭抡给学生作报告。

担任中央大学和北京大学化学系主任期间，就力主建立实验室，并要求学生做毕业论文。

“反右”期间，由于他与钱伟长、华罗庚等著名学者一起向国务院提交了一份《对于我国科学体制问题的几点意见》，被说成是“章罗联盟”的反动纲领之一，遭到公开批判，曾昭抡因此被划为右派，撤销了高教部副部长等职务。

这个“大右派”面对个人处境的一夜逆转，始终泰然处之。1958年，曾昭抡应邀到武汉大学执教，回到熟悉的讲台，他不但丝毫没有心存贬谪之苦，反而由衷感到兴奋和鼓舞。他的干劲又上来了。正是在这里，他开创性地进行了元素有机化学这一新学科的教学和研究工作，并编写了二百多万字的讲义。

简介前那幅照片照得并不好，曾先生的头和眼睛都低着，但这却是他真实的神态。据说，曾先生平日里就是这个样子。早在西南联大时期，曾昭抡在路上见了熟人不搭理就是出了名的，因为他总是在想化学上的事情。

苏勉曾说，曾先生平日里走路总是低着头，不是不理人，而是根本就看不见。他在60年代曾经去过一次武大，在那儿他最后一次见到了曾先生。当时，曾先生依然低着头走路，没有搭理他。

刘文典
世上已无真狂徒

2005年岁末，红学界颇不安宁，于是遥想当年，西南联大教授刘文典这样讲《红楼梦》：

其时天已近晚，讲台上燃起烛光。不久，刘文典身着长衫，缓步走上讲台，坐定。一位女生站在桌边用热水瓶为他斟茶。先生从容饮尽一盏茶后，霍然站起，有板有眼地念出开场白："宁—吃—仙—桃——一口，不—吃—烂—杏—满筐！仙桃只要一口就行了啊……我讲《红楼梦》嘛，凡是别人说过的，我都不讲；凡是我讲的，别人都没有说过！今天给你们讲四个字就够了。"于是他拿起笔，转身在旁边架着的小黑板上写下"蓼汀花溆"四个大字。

刘文典（1889～1958），字叔雅，安徽合肥人，民国大学者。

这次讲座原定在一间小教室开讲，后因听者甚众，改为大教室，还是容不下，只好改在联大教室区的广场上，学生席地而坐，洗耳恭听刘教授高论。

教室内，刘文典时有妙语。他教学生写文章，仅授以“观世音菩萨”五字。诸生不明所指，他解释说：“观”乃多多观察生活，“世”乃需要明白世故人情，“音”乃讲究音韵，“菩萨”，则是要有救苦救难、关爱众生的菩萨心肠。诸生恍然大悟。

刘氏在西南联大开《文选》课，不拘常规，常常乘兴随意，别开生面。上课前，先由校役提一壶茶，外带一根两尺来长的竹制旱烟袋，讲到得意处，就一边吸着旱烟，一边解说文章精义，下课铃响也不理会。有一次，他却只上了半小时的课，就忽然宣布说，今天提前下课，改在下星期三晚饭后七时半继续上课。原来，那天是阴历五月十五，他要在月光下讲《月赋》一篇。有学生追忆：届时，在校园里月光下摆下一圈座位，他老人家坐在中间，当着一轮皓月大讲其《月赋》，“俨如《世说新语》中的魏晋人物。”

刘文典讲课时，同样是守旧派人物的吴宓也会前去听讲，而且总是坐在最后一排。刘教授闭目讲课，每讲到得意处，便抬头张目向后排望，然后问道：“雨僧（吴宓的字）兄以为如何？”每当这时，吴教授照例起立，恭恭敬敬地一面点头一面回答：“高见甚是。高见甚是。”两位名教授一问一答之状，惹得全场为之暗笑。

这位学术界名流竟是一位憔悴得可怕的人物。

清华校史研究专家黄延复认为，不论是在抗战前的北大和清华，还是在战争时期的西南联大校园里，刘文典都是最有学术威望、最受学生欢迎的教授之一。由于他性格耿率，形象生动，学生们易于和他接近，有时还敢跟他开点儿善意的玩笑，因而留下了许多逸闻或趣话。尽管学生们大多是道听途说而无法举出实证，但这些“段子”却令人信服地广泛流传着。

一日，日机空袭，警报响起，联大的教授和学生四下散开躲避。刘文典跑到中途，忽然想起他“十二万分”佩服的陈寅恪身体羸弱且目力衰竭，于是便率几个学生折回来搀扶着陈往城外跑去。他强撑着不让学生扶他，大声叫嚷着：“保存国粹要紧！保存国粹要紧！”让学生们搀着陈先走。这时，只见他平素藐视的新文学作家沈从文也在人流中，便顾不得自己气喘如牛，转身呵斥道：“你跑什么跑？我刘某人是在替庄子跑，我要死了，就没人讲《庄子》了！你替谁跑？”

刘文典多年潜心研究庄子，出版了十卷本《庄子补正》，陈寅恪为之作序，推崇备至。曾有人向刘氏问起古今治庄子者的得失，他大发感慨，口出狂言道：“在中国真正懂得《庄子》的，只有两个人。一个是庄周，还有一个就是刘某人。”

狂则狂矣，当下不少见，但其背后那股子傲骨嶙峋的气度，却是今人学不来的。

1928年，蒋介石掌握大权不久，想提高自己的声望，曾多次表示要到刘文典主持校务的安徽大学去视察，但刘拒绝其到校“训话”。后来，蒋虽如愿以偿。可是在他视察时，校园到处冷冷清清，并没有领袖所希望的那种隆重而热烈的欢迎场面。一切皆因为刘文典冷冷掷出的一句话：“大学不是衙门。”

后来安徽发生学潮，蒋介石召见刘文典。之前刘氏曾有豪言：“我刘叔雅并非贩夫走卒，即是高官也不应对我呼之而来，挥手而去。蒋介石一介武夫耳，其奈我何！”见面时，刘称蒋为“先生”而不称“主席”，蒋很是不满。进而两人冲突升级，刘文典指着蒋介石说：“你就是军阀！”蒋介石则以“治学不严”为由，将刘当场羁押，说要枪毙。

后来多亏蔡元培等人说情，关了一个月才获释。

后人赞曰：“好个刘文典，名士风流，还是狷介狂人？我不知道，我能知道的是，今天，这样的知识分子已无处寻觅，所谓‘风流总被雨打风吹去’。”

黄侃
"斯文"的传说与真实

"黄侃？这样的老派学者，关于他本人的资料不会太多吧。"笔者向北京大学中文系一位博士生提起黄侃，他如此作答。

季刚先生精研小学、经学，是中国近代学术史上的重镇。也许他的学问太过精深，人们似乎往往更乐于传播他性格中狂放的一面，于是便有了各种稗官野史中无法证实却也难以证伪的传说。

黄侃（1886～1935），字季刚，湖北蕲春人，精文字、音韵、训诂之学，一个真正当得起"国学大师"称号的人。

"黄侃在学术史上自有他的地位，但在更广义的文化史上，他像是一个符号。"北大博士生说，"承载了人们关于旧派文人狂狷性格的追慕与想象。文人的风雅，其实也是'斯文'的一种。今天——唉，不提也罢——早就斯文扫地了。那些传说中的逸事，当真很妙啊。"

他引用明朝人张岱的话："人无癖，不可与交，以其无深情也。人无疵，不可与交，以其无真气也。"

言谈间，其神情，俨然写着一份“追慕与想象”。

传说黄侃年轻时，拜访大学者王闿运，王对黄侃的诗文激赏有加，不禁夸赞道：“你年方弱冠就已文采斐然，我儿子与你年纪相当，却还一窍不通，真是盹犬啊。”黄侃听罢美言，狂性立刻发作，竟道：“你老先生尚且不通，更何况你的儿子。”好在王闿运通脱，并未计较。

黄门弟子程千帆则为我们记载了一事。他流寓成都时，在一位学者家里读到老师黄侃答复这位学者的信，措辞极其谦和。这位学者去信赞赏黄侃所撰《音略》，黄侃回信说：“尝自笑非经略之略，乃疏略之略也，何意先生称道之乎？”

程千帆于是感慨，老师脾气坏，爱骂人，所以人们常忽略他性格中非常谨慎谦虚的一面。

黄侃素性狂傲，不惯趋炎附势。他早年参加同盟会，国民党在南京执政后，其同盟会故友多据要津，他耻与往来。居正当时被蒋介石软禁，无人顾惜，唯独黄侃念及旧情，常至囚地，与他聊天解闷。后来居正东山再起，官至国民政府司法院院长，黄侃便不再出入其门。居正觉得奇怪，亲赴黄宅诘问，为何中断往来。黄侃正色答曰：“君今非昔

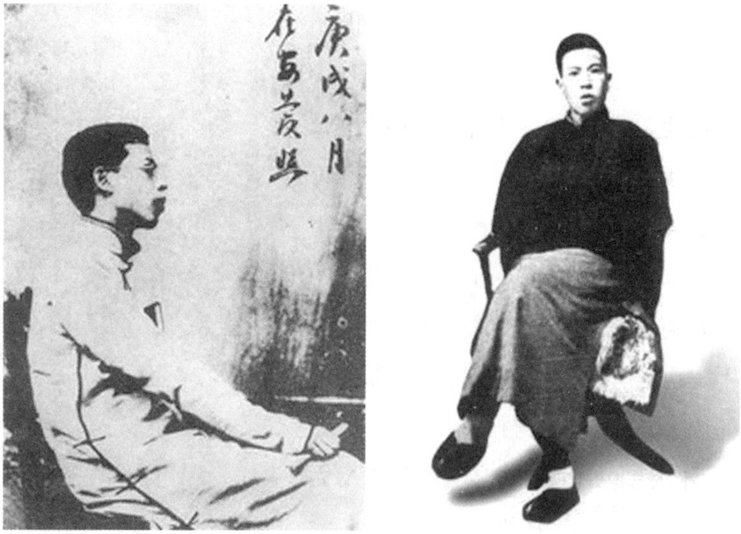

黄侃，承载了人们关于旧派文人狂狷性格的追慕与想象。

比，宾客盈门，权重位高，我岂能作攀附之徒！”

1915年，他的老师章太炎因触怒袁世凯，被软禁在北京钱粮胡同一处宅院内，黄侃立刻晋京探望，以“研究学问”为名，住进宅院侍奉恩师。

这段史实，被演绎出一段真假难辨的传闻。黄侃爱好佳肴，是个美食家，川菜、粤菜、闽菜、湘菜、苏州船菜、东洋菜、法国菜、俄国菜……他都要一饱口福。这次，虽有陪同恩师共患难的义举，无奈章氏向来不重口腹之欲，饭菜很不讲究，厨子手艺差，菜式单调。黄侃对政治风险谈笑自若，对此般饭菜却是举箸难下。于是，他怂恿章太炎换了个四川厨子。

谁知如此一来却坏了事。黄侃无意间得罪了那位假扮厨子的警察（此公贪污伙食费，恨黄侃断其财路），没几天黄侃就被赶出来，不准再入宅“研究学问”了。

黄侃曾任教于北京大学国学门。周作人说，要讲北大名人的故事，黄侃是断不可缺的一个人，因为“他的国学是数一数二的，可是他的脾气乖僻，和他的学问成正比例，说起有些事情来，着实令人不能恭维”。

传说他在课堂上，讲到紧要处，有时会突然停下来，对学生说，这段古书后面隐藏着一个极大的秘密，对不起，仅靠北大这几百块钱薪水，我还不能讲，谁想知道，得另外请我吃馆子。

章太炎在《黄季刚墓志铭》中的记载则无疑是可信的。黄侃与陈汉章同为北大国学门教授，两人“言小学不相中，至欲以刀杖相决”——切磋学问，一言不合，竟闹得要决斗。不过，两位教授“后又善遇焉”。

时人作诗题咏北大校内名人，题黄侃的一句是“八部书外皆狗屁”，指他坚守典籍，尤重《毛诗》、《左传》、《周礼》、《说文解字》、《广韵》、《史记》、《汉书》和《昭明文选》。

黄侃凡得书，必字字读之，未尝跳脱。他曾讥讽世上读书而不能终卷者为“杀书头”。传说他临终之际，所读《唐文粹续编》尚有一卷没有批点完，他吐着血，叹息道：“我平生骂人杀书头，毋令人骂我也。”

他的学生作《季刚师得病始末》，记载他临终情形：黄侃不断吐血，医生注射安眠止血药剂，“乃稍稍入睡，昏卧喃喃若梦呓，多涉学术语。”

蒙文通
儒者豪迈

蒙文通一生治经史之学，著作颇丰，但他曾告诉儿子蒙默，自己学问最深处，恰恰是不著一字的宋明理学。“理学不是拿来讲的，是拿来躬身实践的。”今天，当着笔者，四川大学历史系退休教授蒙默，还能一字不差地回忆起父亲的原话。

蒙文通（1894～1968），四川盐亭人，近代“蜀学”传人，经史大师。历任中央大学、北京大学、四川大学等校教授。

蒙默说，父亲指导研究生，上来先是两句话。第一句引陆象山言：“我这里纵不识一个字，亦须还我堂堂地做个人。”第二句是他自己的信条：“一个心术不正的人，做学问不可能有什么大成就。”

蒙文通以教书为业，却曾两次遭遇未被大学续聘的尴尬。一次是上世纪30年代在北京大学。他在历史系任教年余，却始终未去文学院院长胡适家拜访过一次，因而被同事钱穆称为“此亦稀有之事也”。据说此事弄得胡适很难堪，以致置北大隋唐史无人授课一事于不顾，也不再续聘蒙文通。而蒙文通也处之泰然，仍我行我素，后转至天津一女师任教，与“领导”交往依然如故。

另一次是上世纪40年代在四川大学，由于学阀玩弄手腕，蒙文通未被文学院续聘。但一干学生倾倒于他的学识，请求他继续授课。他说：“我可以不拿钱，但我是四川人，不能不教四川子弟。”于是让愿意上课的学生到自己家里，继续传授。

蒙文通深得理学“活泼”之旨。他曾“摆龙门阵”，用自己的名字幽过一默。“我原来叫蒙‘文通’；解放以后就有点儿蒙‘欠通’，说我这里也不对头，那里也不对头；后来干脆就变成了蒙‘不通’；现在好像是蒙‘又通’了。”

这段话说在上世纪60年代初落实知识分子政策之后，蒙文通一度以为自己“又通”了。但他最后毕竟还是“不通”，在接下来的“文革”中被批斗，关进牛棚，受折磨后旋即病卒。

曾经有川大学生回忆蒙先生：“先生身材不高，体态丰盈，美髯垂胸，两眼炯炯有神，持一根二尺来长的叶子烟杆，满面笑容，从容潇洒地走上讲台，大有学者、长者、尊者之风。”

他讲课有两个特点，第一是不带讲稿，有时仅携一纸数十字的提要放在讲台上，但从来不看，遇风吹走了也不管；第二是不理会下课钟，听而不闻，照讲不误，每每等到下堂课的教师到了教室门口，才哈哈大笑而去。

他的考试也颇有趣味，不是先生出题考学生，而是由学生出题问先生，往往考生的题目一出口，先生就能知道学生的学识程度。如学生的题目出得好，蒙先生总是大笑不已，然后点燃叶子烟猛吸一口，开始详加评论。考场不在教室，而在川大旁边望江楼公园竹丛中的茶铺里，学生按指定分组去品茗应试，由蒙先生掏钱招待吃茶。

蒙文通曾对蒙默讲，自己对问学者知无不言，就像钟，“大叩之则大鸣，小叩之则小鸣。”他的学生常晚上登门问学，他总是热情接待，有问必答，侃侃而谈。夜深，学生告辞，他常不准走，令再谈一阵，等他燃过两根抽水烟的纸捻后才放行。

若白天登门问学，他多半邀对方去家隔壁的茶馆，一边吃茶，一边讲学，一边操着带些盐亭土腔的四川话得意地说："你在茶馆里头听到我讲的，在课堂上不一定听得到喔。"

他的学生吴天墀说："先生豁达大度，不拘小节，行乎自然，喜交朋友，社会上三教九流，一视同仁，所以有不少和尚、道士跟他有交情。喜欢上街坐茶馆，和人作海阔天空的闲谈，也爱邀熟人上餐馆小吃一顿。"

另一位学生隗瀛涛回忆说，一次，遇见蒙先生坐三轮车去学校。蒙先生一眼看见他后高声喊道："隗先生（对他的戏称），我家有四川近代史资料，你快来看了写文章。我的文章发表了可以上耀华餐厅（成都著名的西餐厅），你的发表了也可以吃一顿回锅肉嘛！"

蒙文通爱听川戏，戏园子里好多人都认识这位"蒙先生"。他又好酒，据蒙默说，父亲喝黄酒至少有一两斤的量。

许多学者都曾慕名到成都拜访蒙文通，交往过后，他们往往发出这样的感叹："读先生的书，以为只是一个恂恂儒者，没想到先生还这么豪迈。"

缪钺
文史回翔　诗词并美

若喜欢中国古典诗词，缪钺的书，大概是不能不看的。

上世纪40年代，开明书店出版了缪钺的《诗词散论》。曹聚仁评价，文艺批评家之中，周作人、朱自清、王力为前辈权威，而“后起的钱钟书、缪钺，他们的见解以及贯通古今中外的融通之处，每每超越了王国维、鲁迅和周作人”。

久居海外，于上世纪80年代回国的诗词名家叶嘉莹曾回忆说：“我对缪先生之钦仰，盖始于三十余年前初读其著作《诗词散论》之时。我当时所最为赏爱的评赏诗词的著作有两种，一种是王国维的《人间词话》，另一种即是先生的《诗词散论》。我以为这两本书颇有一些共同的特色，那就是他们均不只是诉之于人之头脑，而且也是诉之于人之心灵的作品。在他们的著作中，都是既充满了熟读深思的体会，也充满了灵心锐感的兴发。”

缪钺（1904～1995），字彦威，原籍江苏溧阳，生于河北迁安。历史学家、文学史家，诗词、书法亦堪称大家。

从那时始，缪钺和叶嘉莹合著了《灵溪词说》。这是又一部于词学研究和鉴赏领域，不可不读的书。

缪钺的儿子缪征明回忆父亲：他常在屋里走来走去，背诵古人的诗词，或者自己作诗填词。“他的声音有高有低、有长有短，像唱歌一样。可能那种时候，对他来说是很大的享受吧。”

缪征明是四川教育学院的退休教授。在他记忆中，从没见过父亲暴怒，也没见过父亲欣喜若狂。“大概只有在逗小孩的时候，他会哈哈大笑。”

缪征明说，父亲这辈子最高兴的时候是听到抗战胜利。“当时他就在屋里走来走去，欣然四顾，嘴里不停念叨着‘好了，好了，这下好了’。”

而父亲这辈子最烦闷的时候，是在抗战中，当时他为了国事、为了学校欠薪，经常在屋里踱步。“他也只是叹气，就这样，‘唉……唉……’的。”

缪钺生性清淡。文人的习惯中，他于酒没什么兴趣；喜欢喝茶，而且非常讲究。秋天，他喜欢吃螃蟹。虽然在四川大学任教授几十年，但螃蟹是不会做成麻辣味的，而是最简单的清蒸。

在缪征明家中，两面墙上分别挂着父亲的两幅字，临王羲之《兰亭集序》和《尺牍》。有研究者认为，缪钺的书法“颇得学养之助”，“缪先生当千余年后，其诗文书法皆能得魏晋之髓，若非其学养至深厚，是难以达到这一境界的。”

1981年缪钺在成都杜甫草堂。

缪钺为人也颇具魏晋风度。红学家周汝昌上世纪50年代初任教于四川大学，出版了他的名作《红楼梦新证》，于是送一本至缪钺处。不久，时值大年初二，他要进城，在汽车站遇见缪钺。缪钺老远就打招呼，过年过节的话一概不及说，开口便是："你的书，我接到后很'贪'地一下子读完了，甚至耽误了吃饭和入睡。我已作了两首七律咏它。"说着，就将诗逐句地高声诵给周汝昌听。

当时，在站台候车的人们都惊讶地望着这个"怪人"，不明白是怎么回事。后来，周汝昌回忆："先生当时的那种兴奋的神情，旁若无人的风度，至今历历如在目前。"

缪钺不是一个幽默的人，但偶尔也会有一两句妙语。抗战期间，他任教于内迁遵义的浙江大学，和数学家苏步青是同事。苏步青喜好诗词，常来缪家谈论。缪钺会指着他告诉儿子："苏伯伯是大数学家，他'数不清'还当数学家！"

缪钺的孙子缪元朗从小和爷爷长大，他说："爷爷从来喜欢安静。"一次，儿时的元朗在家中跑来跑去，踩得地板嘎吱作响。缪钺也不呵斥，而是把他叫进书房，抱起放在自己身旁的藤椅上，说："咱们比赛闭上眼睛打坐好不好？"

缪元朗笑着回忆："于是我就上当了，闭着眼睛一心要比过爷爷。坐了半天，睁开眼睛，发现他早在那儿写他的东西了。"

关于文史大家，总是会有很多记忆力超群的故事，比如陈寅恪。缪钺也不例外。上世纪70年代，他患严重的白内障，双眼一度完全失去视力，但仍坚持给研究生上课。当时，缪先生坐在讲桌前，全凭记忆引经据典，他的一位学生则站在他身后，在黑板上书写。

1989年，缪钺获得了一项很高的荣誉，国家教委普通高等学校优秀教学成果国家级特等奖。

他去世以后，史学大家周一良曾撰一联："文史回翔，绛帐春风三千弟子。诗词并美，灵溪妙谛一代宗师。"

很多人认为，这是对缪先生最精当的评价。

何鲁
真名士自风流

有许多关于何鲁的传奇。其中最“玄”的一则流传于上世纪三四十年代：因为何鲁智慧超群，美国人愿以50万美元在他死后买下他的头颅，以供研究。

何鲁（1894～1973），字奎垣，四川广安人。数学家，最早将近代数学引入中国的先驱之一，在民国时期的科学界、教育界、文化界具有极高声望。

笔者向何鲁的儿子何培炎求证。何培炎听后大笑，称自己很早就听说过这个传闻。“应该是没有这回事的。不过父亲一直负才子之名，所以也一直有很多夸张的传闻。”

何鲁早年入清华留美预备学校，因外籍教师侮辱中国学生人格，仗义执言，率同学严辞批评教师，被校长认定为“闹学潮”。在开除他的全校大会上，矮个子何鲁面对校长侃侃而谈：“经此次学潮，清华能改革进步，何鲁一人纵牺牲学籍也无关系。若不改弦更张，而使最高学府萎靡腐败如故，就请我来读，我也不得来的。”说罢，在全场学生的掌声中，扬长而去。

作为最早赴法勤工俭学的中国留学生，何鲁1912年入里昂大学，1919年获得数学硕士学位，成为第一个获得科学硕士学位的中国人。

何鲁的学习能力曾倾倒了他的教授，以至于教授经常在课堂上赞扬这个来自中国的小个子：“你们猜，谁的作业做得最好？连法文也写得最好？还是那个中国娃娃！”

当后来大批中国学生赴法时，他们中许多人在下车伊始就听说，曾经有一个中国天才在这里学习过。据何培炎回忆，1949年后，一些曾经赴法勤工俭学的国家高层领导，见到何鲁时，还会双手抱拳，尊称一声“老前辈”。

从何鲁25岁归国担任教授起，不少著名学者都曾受业于他。如物理学家严济慈、钱三强、吴有训、赵忠尧，数学家吴文俊、余介石，化学家柳大纲等。

华罗庚是数学家熊庆来的学生，他一直说，何先生虽然没教过我，但也是我的老师。华罗庚在西南联大时期完成数论经典著作《堆垒素数论》，送交中央研究院，竟无人能审。后送教育部，交由何鲁主审。

时值盛夏，何鲁在重庆一幢小楼上挥汗审阅，其间不时击案叫绝，一再对人说：“此天才也！”阅后，他不仅长篇作序，还利用自己是全国仅有的6位部聘教授之一的声誉，坚持给华罗庚授奖。1941年，华罗庚终于成为国民政府唯一一次数学奖的获得者。

在南京高师教授数学时，何鲁有时会趁着兴致高，开讲座讲古典诗词。据说，每逢此时，连窗台上都挤满了学生。在中央大学时，他更与国学大师章太炎门生黄侃等结为忘年交，意气相投，诗酒相和。代理安徽大学校长期间，他以数学家身份，却被学生视为与郁达夫等著名文人相比肩的“风流名士”，尊其为“酒仙”。

何鲁是现代著名书家。在重庆时，他与沈尹默谈论书法，慕名而来的听者如云。日本前首相田中角荣极为推崇何鲁的书法，曾邀请他率中国书法代表团访日，终因何鲁不久即去世而未能成行。

许多人回忆，何鲁平易近人，对求字的人几乎有求必应。40年代在重

新中国第一次全国高等教育会议合影。从左至右前排中六人为：周恩来、毛泽东、马叙伦、郭沫若、何鲁、钱俊瑞。

庆大学时，他甚至经常在讲课之前，在休息室为学生们写条幅或对联。

上世纪50年代，何鲁调到北京。荣宝斋极为珍视他的书法作品，曾派人拿着他的字拜访他，问他如何标价。何鲁却扔下一句："我的字，千金不卖；朋友要，分文不取！"

何鲁敢言，批评蒋介石犹烈。国民党特务头子康泽曾在重庆著名的沙利文西餐厅"宴请"何鲁。康泽问他："何先生是否有过对委员长不敬的言论？"何鲁一笑："是啊，经常骂。不知你说的是哪一次？"

1949年春末，解放军渡江战役后，重庆局势恐慌，何鲁在暗杀黑名单上名列榜首。幸而重庆卫戍司令杨森与他有同乡之谊，见黑名单后说："这是一个喜喝酒的读书人，不会造反的。"将其名字勾掉，何鲁这才幸免于难。名单上的其他人全部被枪杀。

后来，毛泽东接见全国政协委员，在与何鲁握手时，专门说："你的胆子不小！"

自1919年回国后，何鲁西装一脱，一辈子穿长袍。何培炎给记者看了一张老照片，第一次全国高等教育会议合影。前排中间6人，毛泽东、周恩来、马叙伦、郭沫若、何鲁、钱俊瑞。

唯何鲁一人，一袭长袍。

罗念生
单纯的高贵

2004年，筹备近10年的10卷本《罗念生全集》终于出版。但百年诞辰的罗念生依旧寂寞着。

彼时正热映的好莱坞史诗巨片《特洛伊》，突然激起公众对古希腊的某种热情，但人们不会想到，特洛伊、海伦、阿喀琉斯，这一个个美妙的名字，全都出自罗念生上世纪50年代制定的《古希腊语专用名词译音表》。

罗念生（1904～1990），四川威远人，具有世界声誉的古希腊经典著作翻译家、中国社科院外文所研究员。他穷毕生之力完成了近千万字的翻译和文论。

老人一生中的最后岁月，完全沉浸在“原汁原味”的特洛伊战争中。他首次尝试用汉语新诗体，翻译古希腊原文《伊利亚特》。

罗念生的一生，只有一个单纯的主题：古希腊。他的成就让雅典科学院折服。他们将“最高文学艺术奖”的殊荣，授予这位中国老人（迄今为止，全球只有4人获得过）。在答谢辞中罗念生说："每天早上，我展开希腊文学书卷，别的事全部置诸脑后，我感到这是我生平的最大幸福。"

出川赴京，就读于清华学校的那个弱冠少年，第一次念的英文课本就是"阿喀琉斯"大战"赫克托耳"——这是英译本的《伊利亚特》；留学美国，在俄亥俄大学、哥伦比亚大学、康奈尔大学，他攻读的是古希腊文学和英美文学，并开始尝试从古希腊原文翻译悲剧作品；作为第一个留学希腊的中国人，他在雅典学院选修了古希腊戏剧、建筑、雕刻和雅典城志。

回国后，罗念生将翻译和研究古希腊经典著作作为自己的终生事业。抗战期间，颠沛流离，在避乱的平房里、昏暗的油灯下、躲警报的间隙中，翻译仍是他每天固定的工作。即使在"文革"期间，这个"反动学术权威"仍抱定一条宗旨：红卫兵、造反派来找他，他就跟着他们出去"运动"；来抄家，他也"配合"他们的工作；但只要他们不来，他就一头扎进他心爱的古希腊翻译。

罗念生几乎翻译了古希腊三大悲剧家埃斯库罗斯、索福克勒斯和欧

1986年罗念生（怀抱鲜花者）与中央戏剧学院《俄狄浦斯王》剧组合影。

里庇得斯的全部传世作品，而在他自己的“戏剧”里，最重要的“道具”就是那张伏案翻译的书桌。那是一张小桌子绑了几块床板做成的加宽书桌，上面摆满了他的书和稿纸。

罗念生在自己的书房中。

每晚，桌前的身影映在窗户上，引起院子里孩子们的好奇。有一次，他们联合起来，向里面大声齐呼“书呆子，书呆子”，于是老人离开书桌，凑到窗户跟前，笑着向孩子们招手。老人耳背，怕有人敲门自己听不见，于是在门上贴了一张纸条，“有事请敲窗户。”

他一生充盈着古希腊，用古希腊著作的精神来面对世界。儿子小时候接受的故事全是古希腊的；和友人聚会，他讲的笑话全部不出古希腊；好友失恋要自杀，他劝好友：“去看看《俄狄浦斯王》吧，你会明白人的意志多么宝贵。”

罗先生是个安静的人，但他曾有两次不顾一切地大喊。有一次，当大家讨论怎样把莎士比亚戏剧搬上舞台时，他当众喊道：“你们为什么不重视一下希腊戏剧呢？”还有一次，他重访希腊，朋友请他到海边游玩。他突然离座，撇下手杖，颤巍巍地小跑到浅滩上，把手浸进海水里，突然高举着湿漉漉的双手朝这边高声喊道：“我沾到爱琴海的海水了！我沾到爱琴海的海水了！”

罗念生的长子罗锦鳞是中央戏剧学院的教授，曾导演过多部古希腊悲剧。但在接受采访时，他更像是一个演员。他说起当年自己劝说父亲不妨去争取一些头衔和荣誉，他父亲凑近他，说：“我不要那个，那个是虚的。”此时，罗锦鳞似乎完全沉浸在回忆中，他凑近了我，带着一种混合着顽皮、满足和欣喜的神态——我相信，这就是当年他父亲对着他时的神态——向我模仿道：“我不要那个，那个是虚的。”

18世纪，德国艺术史大师温克尔曼称，古希腊艺术是“高贵的单纯和静穆的伟大”。6月19日，在“罗念生先生百年诞辰纪念会暨《罗念生全集》首发式”上，后辈学人说，这其实也正是罗先生一生的写照。

周太玄
科学家的人文情怀

毫无疑问，周太玄是一位科学家。他填补了中国水母研究的空白，被称为“我国腔肠动物研究的鼻祖”。在巴黎大学研究院学习期间，他以细胞研究中染色问题上的重要突破和在腔肠动物、尤其是水母研究方面的卓越成就，于1930年被授予法国国家理学博士学位。这个学位的要求近乎严苛，淘汰率常常在80%以上。

周太玄（1895～1968），四川成都人，本名焯，后改名无，号太玄。诗人、著名生物学家，“少年中国学会”发起人和重要领导人之一。

不过，似乎是人生的一种隐喻。周太玄解决细胞染色问题的灵感，来自他所熟悉和热爱的中国文人笔墨。他利用一种墨性染料对细胞进行染色，成功地将细胞内部结构呈现在人们眼前。

2005年8月19日，在周太玄的儿子周仲璧家中，笔者看到了80多年前太玄先生年轻时的手迹。以小楷写在笺纸上的诗词，集成一册，取名《桂影疑月词》。纸微微发黄，但仍挺括，墨迹如新，书法极为漂亮。其中有“别浦香沉家梦远，秋坟月小孤雁返”，“南山笑我，犹解生死离别。五夜梦里，三生石上，那有情怀堪说？只匆匆春荣，秋谢金风弄晚节”等句。

据周仲璧介绍，这些婉约诗词当年都未发表，父亲生前甚至没有和他们提起过，这本小册子还是子女整理遗物时才发现的。

周太玄写有为数不多的新诗，不仅发表过，而且还被收入《中国新文学大系·诗集》。他的名作，写于1919年赴法途中的《过印度洋》，被胡适在新文学里程碑式的论文《谈新诗》中加以引证。1922年，赵元任为这首诗谱曲，在当时广为传唱：“圆天盖着大海／黑水托着孤舟／也看不见山／那天边只有云头／也看不见树／那水上只有海鸥。”

他还是现代文学史上的巨著《死水微澜》的第一个读者。中学时的同窗好友李劼人写完这部小说，首先就把手稿拿给他看，希望听听他的意见。

早在成都高等学堂分设中学堂读书时，周太玄就已负才子之名。比他高一班的郭沫若后来回忆：“他是翩翩出世的一位佳公子……多才多艺。据我所知，他会作诗，会填词，会弹七弦琴，会画画，笔下也很能写一手的好字。”

另一位同学、后来曾任四川大学理学院院长的魏时珍，甚至将周太玄与古代著名的美男子潘安相提并论。潘安路过街市，女子竞相围观。而魏时珍记得，一次周太玄在学校空地上踢毽子，四个班级的同学蜂拥而出，不仅争观他高超的技艺和优美的姿势，更想一睹他俊美的仪容。

几年后，就读于上海中国公学时，同学冯友兰和许德珩还专门买了昂贵的七弦琴，请周太玄教他们弹奏。

在北京，周太玄结识了被他称为“知心的老大哥和道德的典范”的李大钊。后来，他和李大钊、王光祈等人发起成立了“少年中国学会”——五四时期影响最大的社团之一，会员中包括毛泽东。

多年后，国共两党领袖都还记得“少年中国学会”。上世纪30年代中期，蒋介石两次到成都均问起学会会员中在四川的还有哪些人。第二次甚至专门约见了周太玄和魏时珍，并告诉他们可以直接写信给他。

1945年重庆谈判期间，毛泽东宴请民主人士，周太玄三次受邀。毛泽东当面询问，“少年中国学会”能否恢复，周太玄告之，学会内部分歧实在太大，已难重整。

不过，据周仲璧分析，父亲“一生脾气温和，不太露锋芒，甚至有点儿退让”。所以，面对毛泽东的询问时，他很可能是不太愿意“撑这个头”。

出川前风雅照，中间为周太玄。

作为文人，周太玄和新闻界也渊源颇深。早年他曾在上海和北京担任过报纸编辑，上世纪40年代又为《大公报》写过不少文章。他一生新闻事业的亮点，是1919年在巴黎和会期间创办的“巴黎通讯社”。

巴黎和会上，中国作为战胜国之一，却遭受屈辱，而北洋政府竟然准备在和约上签字。巴黎通讯社得知这一消息后，连夜组织电讯稿，迅速将事实真相传回国内，由各报披露出来。旋即，五四运动爆发。

也许还是周太玄的朋友李璜了解他。李璜曾评周太玄：“他本是一感情深厚与文笔优美之词人，而乃一意要学科学。”

袁翰青
事非春梦岂无痕

袁翰青与化学结缘颇有戏剧性。十几岁就读于南通师范学校时，在当时还很罕见的中学实验室里，一堂化学实验课，要求在一块玻璃上面涂蜡，蜡上刻字，再在玻璃反面放个盘子，装进硫酸加少许荧石，于是产生氟化氢，蜡被融化，玻璃上面就印上了字。

袁翰青（1905～1994），江苏南通人，化学家、化学史家、科技文献学家。

那一次，他印在玻璃上的是“努力”二字。

努力的袁翰青，后来考入清华学校化学系，留学美国伊利诺大学，回国先后担任中央大学、北京大学教授，1955年当选为中国科学院学部委员（院士）。

然而1949年后，他逐渐淡出了自己的有机化学专业领域，被委以众多行政管理工作。他的小女儿袁其采曾问过他：“你要是当初不回国，一直搞你的专业呢？”

袁其采并不讳言，自己内心里替父亲感到几许遗憾。“我总觉得，搞科学的人不能搞这么多的社会事务。”

当时，面对女儿的问题，袁翰青只是笑笑，并没说什么。袁其采猜测：“可能觉得我幼稚吧，理解不了他们那辈人的想法。”

人生暮年的袁翰青

现在回望，袁其采承认，从1949年到1957年，父亲虽然离开了专业，但干的都是开创性的工作，“他自己可能不会感到遗憾。”

袁翰青先是出任中央科普局首任局长，商务印书馆由沪迁京，他又担任总编辑。1955年，他奉命负责筹建中国科学院西北分院，在科学院领导与他谈话确定工作的第二天，他就出发赴任。1956年，第二个五年计划把建立科技情报研究机构作为发展科技事业的一项重点工程，袁翰青被委派负责筹建中科院科学情报研究所，并担任代理所长。

当选学部委员时，撰写个人情况，袁翰青写道：“无论哪一次工作调动，我都高高兴兴地接受，努力去做好……”熟悉他的人都说，“努力”，是他身上最本质的东西。

与之相伴的是好强，这使他乐于接受白手起家的开创性工作，生活中也同样如此。家住北京东四，到灯市口买了床板，六十多岁的人，偏不要车，自己扛回家。晚年身体有病，行动不便，一日到图书馆领图书证，回家特别兴奋，带点儿孩子气地向女儿炫耀："我今天去图书馆，你猜，我领了个第一号！"

在女儿眼中，袁翰青身上有种文人气质，感触颇多，读诗词、看小说和电视时，也容易感伤。"但又不是带着颓废那种，他的内心是很坚强的。"袁其采说。

1957年的"反右"运动中，袁翰青被打成"右派"；"文革"中他又顶着"反动学术权威"的帽子，被轮番批斗、隔离审查，直至送到河南劳动改造。根据他在干校的简单日记，3年中他放牛、喂猪、挖塘泥、修田埂、插秧、挠秧、参加一天18个小时的割麦大会战，同时还要写交代材料，接受批判。

他本喜欢苏东坡的一句诗"事如春梦了无痕"，后来曾改易二字为"事非春梦岂无痕"。二字之易，给袁其采留下很深的印象。她觉得，父亲所指，倒不是事业上的变动，对那些，他不应遗憾，"使他这样感触的，主要还是政治风云的变幻"。

然而即使是在困境中，他身上的那种气质，也能为生活点亮某些奇妙的情趣。袁其采还记得，自己结婚时，父亲从干校请假回家，俨然一副老乡模样，肩上挑着条扁担，除物什外，还特地从河南挑回了烟花鞭炮。"其实他在干校很苦的，年过花甲的人了，要换成我，肯定情绪低落。但是他回来，把欢乐带给我们，也把对生活的热爱显示给我们"。

一次放牛时，袁翰青差点儿被牛顶死。回北京探亲，他专门跑去买了一个小雕塑作为纪念。塑的是，牧童坐在牛背上，闲适地吹着竹笛。

忆及此事，袁其采的目光投向远处，柔声说："这东西现在在我一个姐姐那儿……爸爸，在屈辱的情况下还有对生活的那种……"

丁西林
奇妙的混合体

一伙年轻的戏剧爱好者去赴名震剧坛的丁西林先生的茶会。他们一路上直担心，不知道丁先生的客室有多大，方容得下这十来位喜欢演剧的好动的客人。谁知道按着门牌找去，却在“陈列的尽是仪器的大实验室”中见到了这位戏剧前辈。

那是1940年的一天，丁西林的正式身份是：国立中央研究院物理研究所专任研究员兼所长。他的工作，就是在那样的实验室中；而戏剧，十几年来只是他的“业余爱好”。

丁西林（1893～1974），江苏泰兴人，出色的物理学家和卓有成就的戏剧家。

然而仅凭这个业余爱好，丁西林就成了“独幕剧圣手”、“中国现代第一位喜剧大师”。现代文学研究者钱理群称：“丁西林在20年代，以至整个中国话剧史上，都是一个独特的存在。中国现代话剧是以悲剧为主体的，他是为数不多的喜剧作家之一；中国现代话剧的主要代表作大多是多幕剧，而他却执著于独幕剧创作的艺术实验……他出现在中国现代话剧的初期，可是从起笔就达到了高水准，表现出一种艺术上的成熟。”

丁西林早年留学英国，在伯明翰大学攻读物理学和数学，同时对萧伯纳等人的戏剧非常着迷。1920年回国后，他被聘为北京大学物理系教授，后来担任北大物理系主任。1927年，他应中央研究院院长蔡元培的邀请，赴上海筹建物理研究所，并出任所长，直至1948年，其间曾三次代理中央研究院总干事这一统筹全国学术研究的重要职位。

1923年，物理学家的处女作独幕剧《一只马蜂》问世。剧本机智的对话、幽默的风格一时脍炙人口，广泛上演。时人评论：“在五四以后不久，看到好几种初期的通俗剧和闹剧，浅显易晓，忽然看到丁西林的《一只马蜂》，便觉得突出同侪，耳目为之一新。”甚至有人拿其中的主人公吉先生，同“鲁迅氏所描写的阿Q”相提并论，认为“艺术手段是同样的高妙”。

来拜访的那伙年轻人，从发表的那些喜剧作品里去设想和寻觅这位作者时，也许会把丁先生猜成是修长的身躯，活泼的行动，幽默的语

丁西林先生的早期喜剧《三元钱国币》剧照。

言，时而会爆发出一两句轻松的使你发笑，时而又会溜送出一两句隽永的使你回味，总之，该是位非常风趣的人。孰料，恰巧相反，我们的丁西林先生是矮矮胖胖的身材，一派严肃的神态，俨然一位老成长者的风范，实实在在是位冷静的学者。

丁西林与丁玲访问莫斯科高尔基文学院。

年轻人和丁西林聊起来，于是顺理成章，正像是物理学似的，丁先生所要求于演员之演技的是清淡、平易，循着生活的自然法则进行。近8年来，这位著名的戏剧家只看过5场戏，结果就给年轻的演员们下了一个总结——过火。

丁西林认为喜剧是一种理性的感受，必须经过思考，必须有味。他不喜欢夸张，因为喜剧的笑不同于闹剧的哄堂、捧腹，而应是“会心的微笑”。所以他一贯地走着那条清淡的路子，他的喜剧全都选取最朴素、最微妙的一点，来揭示人生的真谛。“喜剧而不夸张，这不仅是技术的炉火纯青，且是作者生活态度与世事观照的深静。”

他的《北京的空气》，不曾渲染北京的富丽相，也不曾涉露北京的暗涩面，可是却生动地把活在那氛围里的人们圆滑的心态完全表达了。写得那样清淡，只觉得就像北京的空气，原本就是那么无所谓地摸不着边际。人们不由得感叹：“据说陈年的花雕，其醇是甚至于没有酒味的。”

评论者提醒我们，丁西林剧中没有我们熟悉的阶级矛盾的双方、水火不容的敌我，别指望从他那里得到欣赏悲剧、闹剧时冰火相激、响鼓重锤似的痛快淋漓，只有心理与价值观念的磕磕碰碰——像是被马蜂蜇了一下的感觉，有点儿麻，有点儿痒。

丁西林是个妙人。他的短剧《酒后》是在两个朋友的极力怂恿下，根据另一个朋友的小说写出来的。于是他昭告读者：你们若是喜欢这剧，应该将赞许都送给小说的著者；若是不满意，那——那只好归咎于我的那两位朋友——因为是他们要我写的。

像是文人在游戏文字。然而看看他的名剧《妙峰山》题辞："献给国立北京大学，并纪念蔡孑民先生。在他的直接领导之下，我替国家社会服务近二十年，从未厌倦。"

好一派严肃与庄重，毕竟是研究员、所长、总干事、物理学家。

施蛰存
清清淡淡的悠远

2003年11月25日，巴金老人百岁诞辰，文坛学界隆重纪念，盛誉曰“见证文学史的世纪老人”。此前6天，11月19日，小巴金一岁、同在上海华东医院的施蛰存寂寞辞世，中国现代文学史鲜为人知的“另一面”随之凋零。

当时有人写下“巴金的热闹与施蛰存的孤寂”之语，伴以长长一声叹息。

施蛰存（1905～2003），浙江杭州人，现代著名作家、翻译家、学者。

哈佛大学教授李欧梵拜访施蛰存，问他喜欢看美国什么杂志，他出口说道：“Vanity Fair（名利场）”，于是李欧梵返美后寄了几本给他。问他看了没有，施蛰存摇摇头，淡淡地说：“看了，大不如前了！”李欧梵恍然，当年——上世纪30年代——施先生爱看的这本文化杂志，品位比现在“高出许多”。

后来又见施蛰存，李欧梵又问他喜欢看美国什么杂志，他说：“寄几份看过的《纽约时报》书评和《星期日》特刊吧。”这次，李欧梵迟迟没有寄出，“原因无他，怕施先生较前次更失望”。

上世纪30年代，施蛰存主编《现代》杂志，法文译名意为“当代人”，指能够和世界文艺潮流同步的人。李欧梵称：“现在再翻开这个杂志的内容，特别是内中介绍的西方文学，仍然令我咋舌，惊异不止，在当时的环境下，竟然如此‘识货’，几乎所有的西方重要现代作家都介绍了。”

在《现代》上亮相的，包括乔伊斯的《尤利西斯》、普鲁斯特的《追忆逝水年华》，还有当时只是美国“文坛新秀”的海明威、福克纳等人。文学史家评论：直到20世纪70年代末80年代初的“新时期”，中国当代作家才通过汉语译本“重新发现”了这批作家，并从中找到灵感和自己的文学偶像。“当人们在80年代手捧艾略特的《荒原》为其深刻地反映这个时代的本质而感慨万千时，殊不知，早在50年前，《现代》杂志早已介绍过这位诗人的这部作品，只不过，以自己长着一个希腊式的鼻子而自傲的邵洵美把这部大著的名字译成了貌不惊人的《荒土》而已。”

施蛰存晚年

施蛰存早年就读于教会大学，故英语、法语皆佳，加上上世纪30年代上海滩开放的文化风气，使他能轻易快捷地看到各国最新出版的文艺杂志和书籍，从中建立自己的文学创作、批评以及编辑的标准，“实际上，他所建立的标准，正与当时世界文学潮流的标准相接轨”。

他的小说，《将军的头》、《石秀》、《梅雨之夕》、《魔道》、《夜叉》……几乎每一篇都是实验性极强的作品。与李欧梵谈论西方现代文学，他对任何“冷门”问题，都如数家珍，对答如流，以至于李欧梵自愧：“我多年身在美国，购书和借书都甚方便，为什么施先生说的书名和作者大多对我仍然陌生？”李曾对自己的学生说，“我们这一大堆学者，集全部精力研究西方现代文学，恐怕还比不上30年代的一个年轻人——施蛰存先生。”

施蛰存主编的《现代》杂志

施蛰存去世后，有杂志刊文：拥有“中国现代派鼻祖”和“中国现代小说的先驱者”称誉的施蛰存，以冷眼笑看着发生在21世纪新新人类身上的一切，“今天的一些女作家，爱用‘身体’写作，施老说，这些不新鲜，30年代的左翼都玩过……”

早年专注于现代主义文学的探索，后来长期担任大学教授，研究中国古典文学和金石碑帖，施蛰存堪称传奇的经历表现在个人魅力上，形成一种奇妙的混合体，被赞叹为“包含着中国古典温雅气息与西方文化绅士情调”。

毕业于华东师范大学的作家李劼回忆起与施先生的交往：“我后悔当初没有早点登门拜访你。我一直误以为，你像其他前辈一样，被几十年的思想改造弄得面目全非。再说，我所在的那个中文系，你是被人谈论得最少、少到了几乎要被人遗忘的老前辈。”

后来，李劼无意中听到在系资料室做了几十年的老资料员偶尔说起施先生：当年挨批斗时被打翻在地，镇定自若站起来，理理衣衫，拾起被打飞的帽子，掸去尘土，戴在头上，重新站直了继续听凭折腾。老资料员感慨：“施先生当时的风度好极了。”

于是，李劼立即前去拜望，因为那种“清清淡淡的悠远，不是皎皎者易污，也非峣峣者易折”。

6 背影渐远犹低徊

曾经有那样一个时代，曾经有那样一批人物。他们那样地想着，那样地活着。他们离我们今天并不遥远，但他们守护、在意、体现的精神、传统、风骨，已与我们相去甚远。

司徒雷登　杨　晦　张申府　曹聚仁

吕彦直　吴兴华　马约翰　曹靖华

杨荫榆　陈西滢　林　庚

司徒雷登
别了？司徒雷登

这是一个奇怪的洋人：他在中国大大地有名，在自己的祖国却默默无闻。自从伟大领袖“钦点”之后，他的名字就成了声名狼藉的代称。

“他是美国侵略政策彻底失败的象征。”毛泽东一语断定。

1949年8月2日，这位73岁的瘦高个老人，黯然离开中国。8月18日，新华社播发毛泽东的著名檄文《别了，司徒雷登》，该文被收入中学语文教材。从此，“司徒雷登”成为一个失败的符号，成为一代又一代中国青年嘲讽的对象。

司徒雷登（1876～1962），生于杭州的美国人，基督教传教士、教育家、外交官。曾任燕京大学校长及校务长、美国驻华大使。

然而，历史学者林孟熹告诉我们：“整个20世纪，大概没有一个美国人像司徒雷登博士那样，曾长期而全面地卷入到中国的政治、文化、教育各个领域，并且产生过难以估量的影响。”

司徒雷登曾说自己“是一个中国人更多于是一个美国人”。从血统上讲，他是一个纯粹的美国人，父亲是美国到中国的第一批传教士，母亲也是美国人。但他出生在杭州，从小说的是杭州话，11岁时回到美国的弗吉尼亚州上学，邻里小孩嘲笑他是个不会说英语的“土八怪”。1904年，年轻的司徒雷登像当年他的父亲一样，带着新婚妻子回到杭州，开始从事传教事业。

“九一八”事变后，司徒雷登亲自带领数百名燕大师生走上街头游行，在队伍最前方高呼“打倒日本帝国主义”。

1934年司徒雷登赴美，突然接到燕大请他火速返校的急电：原来北平学生为反对政府对日不抵抗政策，组织请愿团赴南京，燕大学生宣布罢课。学校里的多数外籍教授反对学生罢课，而未南下的学生与中国教授们坚决不许开课，双方严重对立。司徒雷登匆匆赶回后，立即召开全

冰心和吴文藻的婚礼1929年夏天在燕京大学临湖轩举行，司徒雷登即为主婚人。1936年，当司徒雷登60岁生日到来之际，冰心撰文对校长的懿德嘉行给予高度评价：“这团体上上下下、前前后后，总有上千上万的人，这上千上万的人的生、婚、病、死四件大事里，都短不了他。为婴儿施洗的是他，证婚的是他，丧礼主仪的也是他。你添了一个孩子，害一场病，过一次生日，死一个亲人，第一封短简是他寄助，第一盆鲜花是他送的，第一个欢迎微笑，第一句真挚的慰语，都是从他而来的。”

校大会。一些人以为，作为校务长，他是绝不会支持罢课的，不料司徒雷登却说：“我在上海下船时，首先问来接我的人，燕京的学生是否也来南京请愿了？我听到的答复：‘是’，这才放心。如果此次燕京学生没有参加请愿，那说明这些年来我的教育就完全失败了！”

抗战期间，他因拒绝与日军合作，曾被囚禁近4年之久。

1946年，司徒雷登出任美国驻华大使。当时曾有人这样评价他：“既是政客又是学者，既是狡猾的对手又是温馨的朋友。”

曾为燕大学生、时任燕大教员的冰心这样赞扬自己的校长：“这团体上上下下、前前后后，总有上千上万的人，这上千上万的人的生、婚、病、死四件大事里，都短不了他。为婴儿施洗的是他，证婚的是他，丧礼主仪的也是他。你添了一个孩子，害一场病，过一次生日，死一个亲人，第一封短简是他寄的，第一盆鲜花是他送的，第一个欢迎微笑，第一句真挚的慰语，都是从他而来的。”

据近年披露的史料，司徒雷登在离开中国前夕，曾与中共高层秘密接触，甚至计划好了前往北京，磋商美国政府承认新中国事宜，但最终被召回，未能成行。

不论司徒雷登当时的政治倾向如何，但他在那个历史转折关头，力图避免使中国与美国乃至西方完全隔绝所作的努力，被后来的历史证明是更加理性的选择。

毛泽东讽刺司徒雷登“总之是没有人去理他，使得他‘茕茕孑立，形影相吊’”。不知是不是“一语成谶”：司徒雷登回到美国后，晚年寂寞而悲凉，被国务院下“禁言令”，被“麦卡锡主义”者骚扰，终因患脑血栓，终成半身不遂与失语症。

他的遗愿之一是将骨灰送回中国，安葬在燕京大学的校园内，但这一心愿未能实现。

2005年1月3日下午，笔者在未名湖畔看见，一只寒鸦掠过临湖轩。那是当年司徒校长为年轻教员冰心和吴文藻主持婚礼的地方。

杨晦

绝口不提当年勇的勇士

杨晦被认定为一个英雄。成就英雄的舞台背景是五四运动。“大师传略”中关于杨晦一条这样写的：1917年考入北京大学哲学系，1919年积极参加五四运动，为火烧赵家楼领导者之一。

杨晦（1899～1983），原名兴栋，字慧修，后因痛感社会黑暗，改名为晦。辽宁辽阳人。现代作家、文艺理论家。

但他始终沉默着。

杨晦的老友臧克家曾回忆说：“我读到参加过五四运动的别的老同志所写的火烧赵家楼、痛打卖国贼的回忆录。文章说，当年冲在前头，越墙而过的有七八个英雄人物，杨晦先生就是其中之一。可是，我与杨先生相识这么多年，未曾从他口中听到这消息。”

他的学生吴泰昌说：“杨晦老师不愿谈起自己。我是从一位北大老校工那里知道他是五四运动火烧赵家楼的勇士之一的。”

他的另一个学生黄修己说：“只凭他是五四运动中带头跳进赵家楼的健

将，而又绝口不提当年勇，就够我们佩服一辈子了。”

“我父亲是从小地方出来的，家里很穷，他的性格里其实有一种保留了一辈子的农民的影响。”2004年5月19日，杨晦的小儿子杨铸接受记者采访时这样评价父亲。

在杨铸眼里，父亲话不多，也不太爱交际，在当时的北大，绝对算不上是一个出风头的人。“不过，我感觉那个时期北大的风气始终对他有很大的影响，所以参加五四是很自然的事。”杨铸强调。“后来就传得比较神了，好像说他是第一个跳墙进入赵家楼曹汝霖住宅的学生。我父亲曾经偶尔提到过，他肯定是比较早进去的，至于是不是第一个，他的原话是‘不一定’。他从来不认为他当时是领导者，而只说是一个参加者。”

与杨晦相交60年的冯至，说起他这位挚友称，“他在一般人面前沉默寡言”。

杨晦50岁生日那天，他在北大哲学系的同班同学朱自清发来贺信，信中写道：“我直到现在还清清楚楚地记得您的脸，您的小坎肩儿，和您的沉默！”

曾师从杨晦念研究生的郁源回忆说：“既是北大的一级教授，又是北大的系主任，多么了不起！所以在我见到他之前，我想象中的杨晦先生应该是高大轩昂且有些脱俗的、傲气的。结果，出现在我眼前的是一

1949年3月，杨晦（左二）与端木蕻良、张暮辛、臧克家、周纲鸣合影于香港，两小孩为杨晦之子。

1949年3月，杨晦（左一）与臧克家、吴祖光（右二）合影于香港九龙荔枝角九华经臧克家陋室内。

位身穿旧拉呱几中山装、面容消瘦、身材矮小、年近60的土老头儿，这大出我的意料。”

郁源还提到，“文革”期间，在一次批判杨晦先生执行“资产阶级”教育路线的大会上，杨晦先生仍然说一些自己认为是正确的话。当学生们叫了一通“打倒杨晦”的口号后，要把他轰出去，可是他竟舍不得离开，一边被拖着，一边口里叫着：“年轻人，我是爱你们的呀！”

从1950年直到“文革”，作为北大中文系历史上任职时间最长的系主任，杨晦留给中文系的不仅有这些故事，还有一句流传广泛，并深刻影响了中文系学风的“名言”：“中文系不培养作家！”

直到今天，这句名言仍然不时被提及，或褒或贬，或仅为谈资。只不过，很多学生已不知道这句话原本出自他们的老系主任杨晦之口。

杨晦打消了学生们的“作家梦”，但他并不是反对作家。事实上，他自己的“头衔”之一便是作家。在他看来，作家不是靠大学里的学科教育和学术训练就能培养得出来的，中文系应该培养并且能够培养的是，文学和语言的研究者和工作者。

因此，他要求中文系的学生接受全面的训练，尤其是要上好语言课，“因为文学和语言关系密切，有着有机联系”。于是，“作家梦”破灭的学生们就画了一幅漫画，贴在北大文史楼中文系办公室的走廊上。画上是两摞并列的资料，一摞写着“文学”，另一摞写着“语言”；一只大公鸡一脚踩在“文学”上，一脚踩在“语言”上，题为“有鸡联系”。

没有人知道杨晦看见这幅漫画后的反应，但学生们猜测，“以杨先生的大度，对学生的调侃当然不会介意，所以也就不可能发生什么不愉快的事”。

张申府（上）
记忆的证明

张申府起身，离席，走出激烈争论的会场。周恩来在过道拦住他，劝他不可一时冲动。

“但我终于离开。我想我是一个宁折不弯的人。”张申府说罢，仰天大笑。他为想到这四个可以表达他性格的字而高兴。他把这四个字写在纸上递给舒衡哲，然后，又满意地低低一笑，“是，我时常都是这样：1925年、1948年、1957年。”

张申府（1893～1986），名崧年，以字行，河北献县人。哲学家，政治活动家。

1925年1月，中共“四大”在上海召开。与李大钊、陈独秀联系密切、参与组建中国共产党筹备活动的张申府，在讨论党的纲领时因意见分歧而负气离席并提出退党。尽管李大钊、赵世炎等人反复劝说挽留，但他仍执意持“在党外来帮助党工作”的立场。

1935年，他参加著名的“一二·九”运动任游行总指挥，并因此被国民党当局逮捕入狱。国共内战爆发后，他在

1948年发表《呼吁和平》一文，受到中国共产党的严厉批判，并被民盟开除盟籍。

面对前来访谈的美国女历史学家舒衡哲（Vera Schwarcz），张申府讲起，自己经常与同代人发生冲突：1921年在欧洲时与中国驻法教育长官摩擦，1957年“反右”时顶风支持章伯钧（结果连带自己也遭批判）……说完这些故事后，他仰头向天，又是一轮大笑：“我想，我是太不世故了。任何时候，我和大部分人意见不合时，我就走我的道路，我退出。我不通，所以我不干。”

忆起历史，张申府经常仰天大笑，声震屋瓦，笑声发自他的喉咙深处——这与舒衡哲熟悉的那些历尽劫难的知识分子的拘束、紧张的笑声不同。

关于张申府不甚多的描述中，他显得异常奇特：他参与了中国共产党的创立、黄埔军校的筹建、民盟的成立等重大政治活动，但又长期被政治所冷落；是他介绍周恩来、朱德加入中国共产党，但他自己不久便又退出。

章乃器之子章立凡这样概括这位“先父的老友”：他半生徘徊于学术与政治之间，本可以创立自己的哲学体系，也可以成为政治领袖，但最终两者都没有结果。他有心提携了一位伟人（周恩来），也无心忽视了一位伟人（毛泽东），栽了花也栽了刺。他参与筹建了一个政党，中途退出后仍与之合作；但当这个政党即将在内战中获胜时，他却又呼吁和平。为此，他在共和国成立后坐了20年冷板凳，晚年才成为“出土文物”。

1919年，张申府（右一）与梁漱溟（右二）、李大钊（右三）、雷国能（右四）合影。

1986年6月，张申府去世。7月，《人民日报》刊发讣告，给予他最后的评价是“著名的爱国民主人士”和“中国共产党的老朋友”。香港出版的报纸似乎补充了《人民日报》只重视其政治活动的不足，张申府以政治以外的面貌出现，“学界耆宿，文章楷模”。然而这让舒衡哲感到疑惑：张申府，一个学者模范？“像张申府被塑造成一个爱国同志一样，这个称谓对在王府仓胡同他的家中和他长谈了5年的我来说，显得有些平淡。我觉得张申府太奇特，不能归入模范学人一类。”

舒衡哲第一次与张申府会面是1979年11月，在张1949年起一直供职的北京图书馆。这个86岁的老人给她的第一印象是十分虚弱，然而谈起话来却是精力充沛，谈笑风生。“张申府的记性，好得令人惊奇。”当时，外国人还不能随便探访中国人的家，舒衡哲却提出希望到他府上拜访，进一步交谈。张申府望着坐在对面的图书馆党委书记，回答说：“我也希望这样，很希望这样。我们一定要坦率地谈，说出真相的时间不多了。”

后来，“说出真相的时间不多了”成为舒衡哲所著《张申府访谈录》的标题。

1980年3月的一次访谈前，张申府不舒服，“眼神模糊，在陈旧的帽子下游移不定”。可是经过一下午的谈话，当舒衡哲离开时，他已经变得“双目炯炯有神，精神亢奋”。舒衡哲不由感叹：“记忆能治病，我今天算是领教到了。”

5年的访谈，舒衡哲感觉自己“进入了张的生命”，这生命“挑战和克服了要它遗忘历史的政治压力”。

然而时间真的不多了。张申府的记性迅速衰退，这让尝试为他记录回忆录的章立凡受困于零散的记忆片断，最终作罢。章立凡因此有些伤感：“老人曾被历史遗忘，待到历史想起他的时候，他却记不起历史了。”

张申府（下）真相的颜色

直到晚年，张申府仍然记得狱警凶神恶煞地喊叫着他的名字："张崧年！张崧年！"从1936年的那段日子起，他开始憎恶自己的名字，出狱后便不再用了，而只用自己的字：申府。

于是很少有人把他同中国哲学界一个显赫的名字联系起来：张岱年。后者在文章中写道："吾兄申府，原名崧年。……因参加'一二·九'运动任游行总指挥而被反动当局逮捕入狱，后由冯玉祥将军保释出狱。"

张申府（1893～1986），名崧年，以字行，河北献县人。哲学家，政治活动家。

毫无疑问，这是一项相当光荣的履历。1980年5月25日，张申府向来访的美国女历史学家舒衡哲（Vera Schwarcz）回忆起他在1935年"一二·九"运动中的角色。他仰起头，迎着透过窗帘照射进来的阳光，描述了自己怎样"不经意"地参加了这个"自发事件"。

12月9日，学生游行当天，张申府与清华学生姚克广（姚依林）、女一中校长孙荪荃、学生郭明秋，四人同到西单亚北咖啡馆楼上喝茶，算是组成了一个临时指挥部。他只是静静地与三个年轻人坐在楼上，看着游行队伍平静地走过，慢慢向天安门广场进发。

在舒衡哲看来，张申府记忆的这个片断是“黑白色”的，与另一种“带有火红颜色”的回忆十分不同。

1983年5月26日，舒衡哲在人民大会堂一个巨大的会议厅里访问一位参与“一二·九”运动的当事人，他准备向她回忆自己在运动中的角色。一些报社记者也来了，围着这位老人拍照。“大概注意到了有记者在场以及他的话对日后可能产生的影响，”舒衡哲写道，“他作了一个英雄式的描述，整个画面充满了共产主义的英雄色彩：我们组织了这个运动，我和妻子负责领导。我妻子来自湖南，是毛主席新民学会的早期会员。12月9日，我们带领示威群众开始大游行，警察拿着水炮在后面追赶我们。但我们胜利了……”

舒衡哲听着这位当事人讲他的故事，摄像机的灯光照得她精神不能集中。她知道，这位当事人已经无数次写过他在1919年的“五四”运动和1935年的“一二·九”运动中所扮演的角色，他的回忆闪烁着许多被官方认可的英雄色彩，这些英雄色彩在张申府的叙述中是没有的。与他不同，张申府只愿意承认自己是一个旁观者，他只是不自觉地被一起自发的学生游行事件拖了进去。“他不认为需要加进警察啊、水炮啊等等惊险的情节”。

关注清华大学校史的清华退休教师虞昊告诉记者，他查阅了1935年12月23日《国立清华大学校刊》第707号，上面刊登了北大、清华等6所大学校长联名告同学书。“经过几天的实地调查”，校长们告诉学生，“9日北平学生

张申府在书房

美国女历史学家舒衡哲1983年访问张申府先生时摄。

游行，并无女生受伤致命之事。至于城内各校所传清华有学生伤亡之谣言，查明亦非事实”。

结合他看到多种清华老校友的回忆文章，虞昊开始质疑长期以来人们所接受的“一二·九”叙述。在他看来，个别学生领袖以大无畏气概“英雄造时势”的说法，也许不那么准确。

对于革命，张申府曾说过这样的话：“革命被人误解了。革命是一桩人为的自然的事。革命是不得已的。然而人乃以为名贵。然而人乃以为名高。”

在见惯了太多出于种种原因而被扭曲的历史叙述后，张申府被视为一位真正意义上有价值的“幸存者”。他是中国共产党建党的幸存者之一，是“一二·九”运动的幸存者之一，也是中国思想界曾经有过的那个多元格局的幸存者之一。所以有人感叹：“这位杰出的人物竟然在现代中国政治史、思想史上被忽略了，简直不可思议！”

舒衡哲写出以“说出真相的时间不多了”为题的《张申府访谈录》后，曾谈及指导她完成这一访谈的历史哲学，她引述了这样一种呼吁——历史学家应当停止说教式的编史工作而去倾听幸存者的声音：“历史学家是回忆的医生，医治创伤、医治真正的创伤是他的光荣。作为医生，他必须不顾医学理论而采取行动，因为病人患了病。所以，历史学家应该在道德压力之下行动起来，去恢复一个民族的记忆。”

曹聚仁
一根会思想的芦苇

曹聚仁踏上罗湖桥，一步一回头。前面是香港，后面是大陆，他“如屈原一样眷怀反顾，依依不忍去”。

1950年，到香港第四天，曹聚仁在《星岛日报》的专栏“南来篇”上发表第一篇文章。第一句就是“我从光明中来！”他赞扬“中共治天下非常成功”，但又以不偏不倚的“中立派”自居，对肃反、土改工作中的一些做法提出异议。

曹聚仁（1900～1972），浙江金华人，作家、学者，抗日期间投笔从戎，成为一名战地记者。1950年只身赴香港，后逝于澳门，被史家称为“谜样的人物”。

这样一个备受各方瞩目的人物，发出这样的声音，顿时引来舆论大哗。反对共产党新政权的人，指责他“对于中共大力而深心地似帮闲而帮忙，实际上帮凶，做中共文特文工所不能做的工作”，称“《南来篇》是矫情之作……称大陆是光明的地方，但自身却又舍光明而远徙”。

另一方面，左派文人却视曹聚仁为“反动文人”，认为他在文章中“一连串散布着毒素，我们不能再缄默了，作为一个中国人，我们有抨击这些毒素的充分权利，指出这些毒素，提高读者警惕，作为一个新中国的新闻工作者，我们更有这些充分的权利”。

这场“围剿”整整持续了20个月，批曹的文章，经人剪存，竟达八百余篇。

事实上，曹聚仁在恪守中立、独立原则下，确实潜藏着内心的矛盾。1950年6月，他赴港之前一个月，艾思奇在北京大学的一次演说中谈道：“一块砖砌到墙头里去，那就推不动了，落在墙边，不砌进去的话，那就被一脚踢开了！”曹聚仁读后感触很深，他写道：“……像我这样离开了齿轮的地位，到自由主义的圈子中来，对于我以后的命运，关系是很大的。我也如屈原一样眷怀反顾，依依不忍去，然而我终于成行了，这也是我心理上的矛盾。”

曹聚仁在抗日前线采访时期留影。

有研究者对曹聚仁的定位是“自由报人”，并且指出，他的“自由”并非源自现代西方自由主义，而更像是讲究自由自在的中国文人传统，正如他自己所言：“我这个人，从来不领导别人，也不让别人来领导我。”

因为1950年这个“自由”的选择，曹聚仁在大陆和台湾几乎被湮没。虽然，他22岁时就笔录了国学大师章太炎奇崛深奥的讲演录，并以此出版了《国学概论》，被视为章太炎的关门弟子；虽然，他仅毕业于一个五年制师范学校，但却昂然走上复旦、暨南等大学的讲坛，当了二十多年的教授。

抗战期间，他投笔从戎，深入前线，是最先报道台儿庄大捷和首先向海外披露“皖南事变”真相的著名记者。

台湾作家回忆，当年岛内视曹为毒蛇猛兽，他的著作被列为禁书，胆敢偷偷带进台湾，“一旦被发觉，坐牢，绿岛管训，都很难说。”

大陆一方，也是直到1980年代之后才出版了少量的曹著。直至今日，提及曹聚仁，最好的定语不是其他任何身份，而是“凤凰卫视著名评论员曹景行的父亲”——知道“名嘴”儿子的多，而知道“名家”父亲的少。

曹景行说：“来香港后，曾看到好几篇文章，作者都讲到早年如何受益于我爸爸之教，对于我来说，这却是一种奢望，难以企及。其实，我连父亲的书都没看过，因为内地不出版。他的著作，我是在香港期间才看到的。”

1969年底，曹聚仁曾给在上海的女儿曹雷写过一封信，信中如此倾诉道：“19年来，我的孤独寂寞生活，只有窗外月知道，我要是不会写文章的话，我早变成疯子了。”

所幸，曹聚仁会写作。他一生写了四千多万字，单把这些文章的题目凑起来就有三四万字。他可以用各种各样的笔写，也可以在各种各样的纸上写，他“好像随时都可以写”，甚至可以在陪人吃饭时突然掏出纸笔，在饭桌上写起文章来。他不爱戴帽，因为这样会“影响写文章的思路”。

曹聚仁曾在重病住院期间写成《浮过了生命海》一书，谈病中所悟：“人不过是一根芦苇，是自然里面最脆弱的东西，但他是一根会思想的芦苇。”

吕彦直
千载一时艺术之名

2005年3月30日，中国国民党副主席江丙坤率代表团拜谒南京中山陵。此前一天，代表团在广州黄花岗烈士陵园举行祭奠仪式。虽然没有前往拜谒，但江丙坤应该知道，广州市内还有著名的中山纪念堂和越秀山巅的中山纪念碑。

吕彦直（1894～1929），字仲宜，山东东平人，融汇中西的杰出建筑师。

在孙中山逝世80周年之际，又逢1949年之后国民党代表团首次归省大陆，这三处以中山先生命名的建筑显得尤其受人关注。除去政治历史意义，若以建筑史观之，这三处建筑其实还有另一种命名方式，它们属于一个流星般炫目而短暂的名字——吕彦直。

吕彦直幼年随其姐侨居巴黎，后进北京五城学堂，曾受教于翻译名家林纾。后世评论者认为，这对他立志发扬民族文化，融汇东西方艺术，不无影响。

1911年，吕彦直考入清华学堂留美预备部，1913年毕业，以庚款公费派赴美国留学，入康奈尔大学，先攻读电气专业，后改学建筑。毕业前后，他曾作为美国著名建筑师亨利·墨菲的助手，参与金陵女子大学（今南京师范大学）和燕京大学（今北京大学燕园）校舍的规划和设计。回国后，他在上海开设了自己的彦记建筑事务所。

1925年3月11日，孙中山在临终前一天明确表示：“吾死之后，可葬于南京紫金山麓，因南京为临时政府成立之地，所以不可忘辛亥革命也。”

孙中山逝世后，国民党人意识到，这座陵墓“不特为民族史上之伟大永久纪念，即在中国之文化与美术上亦有其不朽之价值”，因而有必要“合海内外美术专家之心思才力以计划此空前之建筑”。于是，葬事筹备处向海内外公开悬奖征求陵墓设计图案。

当时年仅31岁、尚名不见经传的吕彦直，在报名应征后潜心研究中国古代皇陵和欧洲帝王陵墓，参照紫金山地形，用两个多月绘制出设计图案，被评判顾问评为首奖，轰动一时。

他的设计被称赞为“合于中国观念”且“融合中西文化”，“全体结构简朴浑厚”，“形势及气魄极似中山先生之气概及精神”。

不久，吕彦直受聘担任中山陵建筑师，监理陵墓工程。1926年工程启动后，他时常奔波于沪宁之间，终因辛劳过度，病倒在上海寓所。

年仅31岁的吕彦直设计的中山陵，被称赞为“合于中国观念”且“融合中西文化”，“全体结构简朴浑厚”，“形势及气魄极似中山先生之气概及精神”。

但他仍坚持技术环节必须由他亲自裁决，连选用的建筑材料，除必须遵照他指定的商标、产地之外，还要选送样品，经上海南洋大学试验并超过当时的美国标准，他才签字准用，否则定要返工。

他的一丝不苟，曾引来营造厂发出“吕建筑师欲成其千载一时艺术之名，处处以试验出之”一类的怨言。如此精美的设计和一丝不苟的监理，注定了中山陵成就“千载一时艺术之名”，然而此名却似乎并不属于吕彦直。他的名字当时虽蜚声海内外，今日却罕有人提及，甚至在中山陵的官方网页上，人们也难以找到这个名字。

中山陵尚在施工中，1927年，由吕彦直主持设计的广州中山纪念堂和纪念碑，又在28份中外建筑师应征设计方案中夺魁。

1929年2月，中山陵墓室、祭堂基本完成，卧床不起的吕彦直写信给营造厂，要求全部工程必须在3月9日前完成，以便在定于3月12日的奉安大典（后推迟至6月1日）前验收交工。然而就在自己呕心沥血的工程即将全部竣工迎接他来验收之时，这位才华横溢的建筑师却在上海不幸逝世，年仅35岁，终生未婚。

以中山陵为起点，当时的首都南京和国内许多城市，都出现了一批中西合璧形式的建筑，形成中国近代建筑的独特风格。建筑大家梁思成评价中山陵：“虽西式成分较重，然实为近代国人设计以古代式样应用于新建筑之嚆矢，适足于象征我民族复兴之始也。”

20世纪10年代，在美国康奈尔大学建筑系学习的吕彦直毕业之际，作为美国著名建筑师亨利·墨菲的助手，参与了金陵女子大学（今南京师范大学）和燕京大学（今北京大学燕园）校舍的规划和设计。

1930年，中山陵管理委员会曾为吕彦直立纪念碑，石碑上半部为吕彦直半身像，由孙中山大理石卧像的作者、捷克著名雕刻家高祺制作，下半部为于右任手书碑文，文曰：“总理陵墓建筑师吕彦直，监理陵工，积劳病故。总理陵园管理委员会于十九年五月二十八日议决立石纪念。”

由吕彦直主持设计的广州中山纪念碑

此碑原安放于中山陵祭堂西南角的休息室内，抗战中不知去向，至今下落不明。而今，巍巍中山陵昭示，这位建筑师的名字，不应像他的纪念碑般缥缈。

吴兴华
天才的人生炼狱

张芝联老人以手掩面，声音哽咽着。此刻，这位北京大学历史系的名教授，沉浸在对亡友的怀念中："兴华比我小3岁……如果他还活着，可以写出多少好东西……如果他还活着……这只是我们的幻想，谁知道这个翻译过但丁、莎士比亚的天才自己会怎么想？"

吴兴华（1921～1966），原籍浙江杭州，诗人、学者、翻译家，一个天才，一个悲剧人物。

2005年4月17日，"吴兴华诗歌朗诵会暨《吴兴华诗文集》首发式"在北京大学百年纪念讲堂"四季庭院"举行。在被湮没了数十年后，诗人的名字在朗诵声中熠熠生辉。当年曾受教于吴兴华的学生感慨："今天，他的名字又在北大响亮起来！"

上世纪30年代，在今日北大所在之地的燕京大学校园内，吴兴华便享有"才子"之誉。他到图书馆借书，一次要借10本，管理员不准，按照规定，限借3本。他说我不带走，就坐在书库里面看。不到闭馆时间，10本书的主要内容都已纳入他的脑中，于是，他从容把书交还管理员，出馆找人打桥牌去了。

他打桥牌的做派更是朋友圈中的美谈，十足“谈笑风生，睥睨一切”：他一边出牌，一边讲笑话，手里还拿着一本清代文人的诗集，乘别人苦思对策的间隙，扭过头去看他的书。

吴兴华精通英、法、德文，熟悉拉丁文、意大利文、西班牙文等多种语言，于中国传统典籍也浸润极深，被认为学养堪与陈寅恪、钱钟书相提并论。他的夫人谢蔚英回忆，他曾说过自己的治学计划是40岁之前苦读，奠定根基，40岁以后开始一一兑现自己的雄心壮志。

1948年，年仅27岁的吴兴华被聘为燕京大学副教授，踌躇满志。一年后，这个年轻的“旧知识分子”开始极力改造自己，力争尽快适应新社会。在他和弟弟吴言的通信中，谈的主要就是这个话题。吴言告诉记者：“当时《光明日报》上登知识分子的座谈，引用他很多话，可见他是极力想跟上这个形势的。”

1952年后，他进入北京大学西语系。在随后的“反右”运动中，他因直言反对苏联专家的英语教学方法而被扣上右派帽子，剥夺了教学和写作的权利。1962年“摘帽”后，他开始着手自己的两项“雄心壮志”：一是根据意大利原文，严格按照但丁诗的音韵、节拍翻译《神曲》；二是创作历史小说《他死在柳州》，以柳宗元为主角，力图包容唐代中外政治、经济、文化交往的全貌。据谢蔚英回忆，他还打算翻译《荷马史诗》和古希腊悲剧。

这个阶段本该是令人向往的。吴兴华自己曾说过：“闭上眼睛，仿佛就到了唐朝，衣着打扮，人来人往，宛如自己置身其中。”然而命运总是嘲弄天才，随即开始的“文化大革命”使吴兴华感到深刻的恐惧。为了怕人说“含沙射影、恶毒攻击”，他亲手烧毁了书稿。

谢蔚英当年偷偷保留了一小章节吴兴华翻译的《神曲》，如今被收入诗文集。“白昼正渐渐消逝，昏暗的影子／解除了大地上面一切生物／辛劳的感觉；只有我一个人，独自／准备着应付双重战斗的任务／……我随着他走的方向／踏上一条艰涩荒凉的小道。”

“文革”初期的暴虐，张芝联称“以下的悲剧不忍着笔”，他宁愿借吴兴华翻译过的《神曲》，视之为“炼狱”和“解脱”。这是对亡友的凭吊，也是对自己的慰藉，而事实却惊心动魄。

1966年8月的一天，吴兴华和西语系其他被勒令“劳改”的教授一起清理校园里的杂草。劳动中他体力不支，又被红卫兵灌下从化工厂污水沟里排出的污水，当场昏迷。红卫兵说他是“装死”，仍对他又踢又打，不准送学校医务室。等到晚上，看他还不能起来，才送医院。次日凌晨，壮志未酬的天才离开人世，年仅45岁。

从此，吴兴华的名字不见于文学史、学术史、翻译史……在几乎整个当代史中，他被彻底地遗忘了。偶尔，只是很偶尔地，一些人会发现他的名字。参加朗诵会的一位英语系大三学生说，自己第一次知道这个名字是在大二，从图书馆借的一本古旧的《古希腊修辞学》后面，借书卡上的最后一个名字，写着“吴兴华”。

马约翰
体育亦有名家

马约翰是一个异类。他因为体育而被奉为“名家”，和国学大师、科学巨擘们相提并论；他因为体育而成为一所大学的标志性人物——走进清华园，室内外公共场所共有十二座雕像，和马约翰同享此等尊崇的，是梅贻琦校长、蒋南翔校长，是朱自清教授、闻一多教授，是叶企孙教授、梁思成教授……

马约翰（1883～1966），福建厦门人，出生于基督教家庭，享有极高声望的体育活动家、教育家。

研究者论及上世纪30年代清华之盛，往往从梅贻琦的名言“所谓大学者，非谓有大楼之谓也，有大师之谓也”推延开去，罗列诸如陈寅恪、熊庆来等文理各科的一代名家，其中不可或缺的一个名字，便是马约翰。

上世纪50年代，清华校长蒋南翔曾说过，清华于1911年建校，马约翰1914年到清华，服务清华的历史差不多同清华的校史同样悠久。“所有在清华上过学的学生，差不多统统受过马先生的热心

马约翰为清华工作了52个春秋。图为他在辅导体弱班锻炼。

教诲”。

热心教诲通常是这样的：“Boy，太瘦了，这样太不行了，要好好锻炼。”学生们回忆，马约翰在体育课上有一股劲，瞪大眼睛，双手攥拳在胸前挥动，号召大家“要动！动！动！”往往说得学生热血沸腾。

晚年的梁思成常笑着对后辈说：“别看我现在又驼又瘸，当年可是马约翰先生的好学生，有名的足球健将，在全校运动会上得过跳高第一名，单双杠和爬绳的技巧也是呱呱叫的……好了，好了，好汉不提当年勇。不过说真的，我非常感谢马约翰。想当年如果没有一个好身体，怎么搞野外调查。在学校中单双杠和爬绳的训练，使我后来在测绘古建筑时，爬梁上柱攀登自如。”

马约翰曾教过学生许多有趣而又奇怪的运动，比如“拖尸”。除夕之夜，二年级的学生深夜闯进新生宿舍“拜年”，把他们从床上拖起来，四个老生抓住一个新生的四肢，甩来甩去，并且数着数，一直数到十几下，才把可怜的新生扔回床上。

1928年，清华学校改为清华大学，首任校长罗家伦认为体育不过是蹦蹦跳跳、打打闹闹，大、中、小学都一样，都是哄着学生玩，没有设教学职称的必要，因而下令免去马约翰的教授职称，把体育教师统统改称训练员。许多人为这位清华元老忿忿不平，他却说：“降职有什么关系，我教体育既不为名，也不为利，为的是教育青年人锻炼身体。假如不让我教体育，那我倒真要和他干一场了。”

1929年，华北足球比赛大会在天津举行，马约翰率清华大学队出征，荣获冠军。球队返校时，全校师生夹道欢迎，抬着马约翰和队员走进校门。这样一来，校长不得不恢复了他的教授职称。

马约翰早年就读于上海圣约翰大学时曾是赛跑冠军，关于他当时的风采，有过这样的传说：那时还是清朝，男人脑后留辫子，马约翰能把辫子跑成水平！这让很多孩子津津乐道，他们心目中的马约翰，俨然是评书中所谓的“大侠”。

70岁时，马约翰给北京医学院作报告，一个箭步跃上讲台，身手矫健不输当年。1958年他76岁高龄，与清华大学一位中年教师搭档，获得北京市网球比赛男子双打冠军，并获国家一级运动员称号。据称，直到临去世的84岁时，他还能做13个俯卧撑。

作为体育教授，马约翰对学生的指导时常别开生面。曾有学生因

1958年，马约翰等体育教育家和学生运动员在一起。

马约翰在厦门的塑像。

为神经衰弱来向他诉苦，他冲着学生的肚子就是一拳，那学生急了，他却笑了：“你说你神经衰弱，看你的紧张样子！”然后他带那个学生到球场上，让他去把别人正在比赛的篮球抢下来，和别人一起打，并且鼓励他：“你看，你神经不但没毛病，还挺不坏呢！”到了晚上，那个学生洗完澡，来找马约翰，高兴地说：“现在我精神好极了，好像没病了。”

马约翰给人留下的印象如此之深，以至于一位老法学家在一次论坛上，看着台下风华正茂的青年学子，脱口而出：“Boys and girls，good evening！”他解释说，自己55年前在清华大学时，每当上体育课，总有一位慈祥长者像这样用英语问候大家，给人如沐春风之感。今天他自己看到这么多充满活力的面孔，也就情不自禁地说了当年马约翰教授说过的话。

曹靖华
凄清而华美的译笔

曾经有那么一个年代：苏联文学寄托、塑造了几代中国人的爱与恨、青春与梦想。那些伟大的抱负、坚强的个性和敏感的灵魂，通通在译成中文的俄文字句里找到过共鸣。

对于那个年代过来的人，问一句，还记得《铁流》、《虹》、《第四十一》、《保卫察里津》、《我是劳动人民的儿子》吗？对于他们的子孙辈，问一句，这些小说可曾读过？

曹靖华（1897～1987），河南卢氏人，翻译家、散文家，五四以来中国译介苏联文学的前驱者，鲁迅和瞿秋白的挚友。

对于父与子不同年代的人，同问一句，那个和绥拉菲摩维奇、瓦西列夫斯卡娅、拉甫列涅夫、阿·托尔斯泰、卡达耶夫，以及整个苏联文学相连的中国名字，可曾记得？可曾知道？

一个年代结束，一种文学淡出，一个国家消失，一个名字飘落——曹靖华，一如他自己的散文《飞花集》。

一位研究者曾在北京大学图书馆发

现过一本1931年由曹靖华翻译、瞿秋白代译序言、鲁迅编校并自费印刷的初版《铁流》。这个版本仅印了1000册，当时又是禁书，能保存下来，弥足珍贵。

书的内封上，写着6个钢笔字“心爱的书之三”，落款“冯凭”。其后的两张扉页上，有一段同样字迹的“写在《铁流》前面”：《铁流》一出版，就“受着广大群众的热爱”。他也买了一本，两年间，此书跟着他“在日机的炮火下逃过难”，他却一直未曾认真阅读。1934年，国民党颁布禁书条例和禁书单，《铁流》被“明令禁止”，这反而促使他认真地读起此书来，结果发现这“绝非凡品”，而是“明珠”，是“有着绝大意义的一本书”。阅读中，这本书却被人拿走了，于是他“好似丢掉了恋人一般，终日念念不忘，大有废寝忘餐之概了”。后来，此书经过一番周折又回到手中时，他感到如见“久别重逢的故人”，“在半空中悬挂着的一个心，才算落到实地，嘴里不由地说了声‘我的天，你到底又物归原主了’。”

著名的江姐和不那么著名的丁佑君，都是被敌人虐杀的蜀中女杰。研究者称，她们有一个共同的榜样——娥琳娜，苏联小说《虹》中的女主人公。她们都曾和自己的女友一道买过、读过、讨论过曹靖华翻译的这本书，都为书中娥琳娜落难受辱而始终不屈的形象所震撼，都立志一旦同样的考验来临之时自己要像娥琳娜那样坚强。

曹靖华的译笔被赞叹为凄清而华美。评论者说，读过此书的人们恐怕对书中的大部分情节早已淡忘，但相信这样一个场面是决不会从他们的记忆中轻易抹去的：

这时月明如昼。月光把全世界都变成了一块天青色的冰块……一个裸体女人在通往广场的路上跑着。不，她不是在跑，她是向前欠着身子，吃力地迈着小步，蹒跚着。她的大肚子在月光下看得分外清楚。一个德国士兵在她后边跟着。他的步枪的刺刀尖，闪着亮晶晶的寒光。每当女人稍停一下，枪刺就照她脊背上刺去。士兵吆喝着，他的两个同伴吼叫着，怀孕的女人又拼着力气向前走，弯着身子……这就是她，娥琳娜。

曹靖华译笔下的另一个场面同样难以磨灭：

一艘白匪的小船向荒岛驶来，中尉奔向小船，在他身后，玛柳特迦毅然地举起了枪。应声倒下的，是她的爱人，也是被她击毙的第四十一名白匪。

抗战时期，从太行山区敌人包围中出来的革命青年把一本油印的苏联小说《第四十一》送给译者曹靖华，告诉他，战士们遇到生死关头，随身携带的一切都可以抛弃，唯独这本书和枪留在身边，或者冲出重围将它们带走，或者同归于尽。

而今，人们评价，尽管苏联解体，政治地图发生巨变，这部充满着浪漫主义色彩的革命文学作品却依然闪耀着光华。

人民文学出版社的资深外国文学编辑孙绳武在不久前接受笔者采访时，把当年的翻译编辑工作称为“替人民过滤‘不良’文学”。他认为，上世纪50年代，由于政治意识形态的影响，中国对苏联文学介绍的分量大，现在看来，“也许有些二三流的作品不介绍过来也可以，算是做了一些多余的工作。”

如今，那个年代不再。然而那些“优良”的苏联文学，永远值得怀念。每当这时，就不能不想起曹靖华。

杨荫榆
真实的面貌离我们而去

杨荫榆（1884～1938），江苏无锡人，女教育家，先后留学日本和美国。任北京女子师范大学校长期间，未支持学生的爱国运动，受到鲁迅等著名人士的谴责，不久被迫辞职。1938年1月1日在苏州斥责日军暴行被杀害，时年54岁。

查阅北大图书馆各种资料，没能找到一张杨荫榆的图片。看来，她的真实面貌，只能随她那代人的离去而离去了。

钱钟书夫人杨绛在提到她的这位三姑母杨荫榆时曾说："如今她已作古人，提及她而骂她的人还不少，记得她而知道她的人已不多了。"

就此，记者专门采访北京大学中文系的陈平原教授。陈教授的回答非常干脆：在对杨荫榆的评价上，人们在回忆文字中所提及的她死于日军杀害，和当年鲁迅对她的批评，两者并不矛盾。

"鲁迅曾经批评过很多人，现在对这些人的评价会有一些改变。"陈教授直言。

有些研究者注意到，记录在“正史”上的杨荫榆，是那个曾被鲁迅批评过的杨荫榆。

鲁迅在《“碰壁”之后》中有过一个比喻：杨荫榆视校长学生之关系为婆媳关系，以婆婆自居，视学生为童养媳。“许多媳妇儿，就如中国历来的大多数媳妇儿在苦节的婆婆脚下似的，都决定了暗淡的运命。”在《女校长的男女的梦》中，他指责“杨氏的诬妄”，“诬蔑是她的教育法的根源”。《寡妇主义》也是暗中讥讽杨荫榆之作。

《鲁迅全集》的注释中是这样为杨荫榆“定性”的：“她依附北洋军阀，推行封建奴化教育，肆意压迫学生，激起进步师生的强烈反对。”她的“罪状”之一是，在任女师大校长期间，开除了六名学生自治会负责人，其中，包括许广平，以及鲁迅名篇《纪念刘和珍君》中的刘和珍。

女作家苏雪林曾经不满地说：“她（杨荫榆）原是已故某文学大师（鲁迅）的对头，而某大师钦定的罪案是从来没人敢翻的。”

因为这桩“罪案”，当代中国人并没忘记杨荫榆这个名字，以至今天仍有人写下这样的文字：“鲁迅《华盖集》中谈及‘女师大事件’的文章，为我们勾勒出女师大校长杨荫榆的形象。由此给我脑海中留下了可怕的印记。她似乎是童话中那个披着黑斗篷、骑着扫帚、干瘦、翘鼻、凹眼、十指尖尖的老女人。”

有关杨荫榆的殉难，似乎从来就没有进入过“正史”的文字。

被排斥在《现代文学史》之外的作家苏雪林，在上世纪30年代末的一篇纪念文字《杨荫榆之死及其它》中写道：

数月前一位旧同学从桂林来信告诉我说：“女教育家杨荫榆先生已于苏州沦陷时殉难了。”死的情况，她没有说明白，因为这消息也不过从苏州逃难出来的朋友口中听来。只说荫榆先生办了一个女子补习学校，苏州危急时，有家的女生都随父母逃走了，还有五六个远方来的学生因为归路已断，只好寄居校中，荫榆先生本可以随其亲属向上海走的，因要保护这几个学生，竟也留下了。“皇军”进城，当然要照例表演他们那一套烧杀淫掳的拿手戏，有数兵闯入杨校，见女生欲行非礼，荫榆先生正言厉色责以大义，敌人老羞成怒，将她乱刀刺死，所有女生仍不免受了污辱云云。……前日高君珊先生来嘉定看朋友，谈起荫榆先生，才知道她是真死了。不过并非死于乱刀之下，而是死于水中。是被敌军踢下桥去，又加上一枪致命的。她的尸首随流漂去，至今还没有寻获。死状之惨烈，我想谁听了都要为之发指，为之心酸的吧。

杨绛在《回忆我的姑母》一文中也提到了杨荫榆的殉难：

三姑母住在盘门，四邻是小户人家，都深受敌军的蹂躏。据那里的传闻，三姑母不止一次跑去见日本军官，责备他纵容部下奸淫掳掠。军官就勒令他部下的兵退还他们从三姑母四邻抢到的财物。街坊上的妇女怕日本兵挨户找“花姑娘”，都躲到三姑母家里去。1938年1月1日，两个日本兵到三姑母家去，不知用什么话哄她出门，走到一座桥顶上，一个兵就向她开一枪，另一个就把她抛入河里。他们发现三姑母还在游泳，就连发几枪，见河水泛红，才扬长而去。

在杨荫榆殉难之前19天，1937年12月13日，在距离苏州并不遥远的南京，杀害她的这支军队开始制造一场大屠杀。6周之内，中国军民，死，三十余万。

陈西滢
鲁迅的第一个论敌

他的眼睛总是清澈明亮，那里面好像各种优点都有——洞察、理解、敏捷、机智，唯独缺乏善意。

他其实是个外冷内热的人，对家人骨肉的情感是很深挚的，虽自少留学西洋，脑子里中国伦常的观念却保留得相当深厚。他孝于父母，也笃于友人，对待朋友是不负责则已，既负责则负责到底，任何艰难在所不顾。

陈西滢（1896～1970），本名陈源，字通伯，笔名西滢，江苏无锡人。留英博士、学者、评论家，鲁迅著名的论敌。

这是同时代人对他的两段迥异的评价。似乎很难说这是一个好人还是坏人，不过，这样的人物多多少少应该有些意思吧。

然而此人一直以来却被定性为一个面目可憎、很没意思的坏人。他大大有名，这名气却让许多人不屑一顾。

在鲁迅的笔战史上，他要算是第一个论敌。

大凡知道陈西滢这个名字，多是因

为他被鲁迅骂过。照中国人惯常的理解，和好人打架的肯定是坏人，于是，各种读物乃至中学教科书里都把他视为坏人。这便是陈西滢“名气”的由来。

中国现代文学馆研究员傅光明对此颇为“惋惜”。他说：“坏人的文章也就不值一读了，这实在令人惋惜，倒不是为陈西滢，而是为那些因此不读他文章的人。”

有人认为，得益于深悟英国散文之妙谛，陈西滢这辈子文字生涯里唯一的一本《西滢闲话》就足以使他跻身中国现代散文十八家之列。他的朋友梁实秋说，西滢笔下如行云流水，有意态从容的趣味；才女苏雪林则赞为文笔晶莹透剔，更无半点尘滓绕其笔端。

在傅光明看来，陈西滢的行文非常独特，一件普通人眼中习以为常的事，经他七扭八拐地一说，就显得荒诞和不公平了；一个人人痛恨、力争铲除而多年未果的社会现象，由他轻笔点拨几句便将其深藏不露的根挖了出来。

总之，“他的书实在是非常好看！”

不过也有另一种声音。学者阎晶明认为，在《西滢闲话》里，有不少观点互相矛盾，难以自圆其说，从文章的角度讲，陈西滢的作文之道，还没有完全进入火候，所以他的“闲话”惹得他自己一身尴尬。

更实质性的问题是，多年的留学经历使陈西滢看惯了英国文化的理智和有序，对中国的一切都带着几分偏见而看不入眼。他对中国人的劣根性十分不满，却又同鲁迅“哀其不幸，怒其不争”的态度有质的区别，他的态度里少有热爱。他字里行间那种理智的态度和傲慢的神情，缺少了和时代相呼应的热度，让人很难接受。

所以，陈西滢与鲁迅的论战，无论从结局上还是道义上，他都是一个失败者，“失败得让人难以同情”，而失败的结果，是他至今仍是中国新文化运动史上的一名“反派”角色。

阎晶明评价，陈西滢的过于“理智”，使他在人们的印象中滑向了“反动”，也就是鲁迅所讽刺的“正人君子”和“绅士”。

但陈西滢也自有他的性情。

他骨子里有所谓“爱伦尼”（Irony，嘲谑、讽刺等义）的气质，但人们纳闷，此公以爱说俏皮话而出名，口才其实不怎么样，虽不至和司马相如一般口吃，但说话时总是期期艾艾，好半天才能蹦出一句来。

母亲逝去，他方寸全乱，哭得像个小孩，旁人简直没法劝慰。苏雪林感慨：“想不到一个平日感情深蕴，又惯以冷言冷语讥讽人的陈源教授，此时竟会显露他婴儿般的纯真。”

他本身就是一个矛盾的人。正如与他同时代、同为留英博士的温源宁所描述，陈西滢喜爱英国女作家简·奥斯汀，他的所言所行中很有一些“理智与情感”，对人对事的看法中则掺杂着不少“傲慢与偏见”。

按照当代研究者的说法，陈西滢实在是上世纪前半叶中国现代知识分子里的一个“另类”。

曾有学者专门研究“鲁迅和他骂过的人”，感叹曰：现在的读者往往以为鲁迅的杂感，不过是攻击个人的文章，或者有些青年已经不大知道“陈西滢”等类人物的履历，所以不觉得很大的兴趣。其实，“陈西滢”等类的姓名，在鲁迅的杂感里，简直可以当做普通名词读，就是认作社会上的某种典型。

不过，也有越来越多的人认为，文字中的和历史上的一个个人物，不应只是一个个“普通名词”，他们的履历、各自的面目和性情，颇值得关注。

林 庚

喧闹时代里的隐退者[①]

张 伟

他曾以现代派诗歌闻名，又以古代文学研究立身，却被这个喧闹时代中的人们渐渐遗忘。与他同时代的巨匠们一个接一个离去，这一次，离去的是他——

如果不是他去世的消息被媒体报道，林庚似乎已被人们遗忘了。今年中秋节的前两天，这位97岁的老人在睡梦中辞世，人们这才又记起早年与吴组缃、李长之、季羡林并称“清华四剑客”、后来又与吴组缃、王瑶、季镇淮并称“北大中文四老”的林庚先生。

2006年10月4日，与往常一样，他吃过晚饭，上床休息了一会儿。晚7时左右，家人发现，中国现代文学史上这位杰出的诗人已经停止了呼吸。

“他赤条条地来，又赤条条地去。”北京大学中文系教授钱理群说。他曾告诉自己的每一个学生，要去接触林庚，拜访林庚，因为这位老人有着故去的知识分子们身上最深厚、最值得传承的精神财富。

---

① “钩沉”开篇之初，我想到了北大中文系的林庚先生，还曾细细收集资料，准备写他晚年的“归隐”。后来随着这个专栏的行进，逐渐定位为追忆已过世的先生们，心念中的林先生也就放下了。2006年10月4日晚，林先生辞世。两周后，我的同事、也毕业于北京大学的张伟写出了《林庚：喧闹时代里的隐退者》，作为《冰点周刊》的“封底人物”。我将此文附录于下，作为对林先生的纪念，也作为对心念中其他许多先生的致敬。

这笔精神财富近20年来一直隐居在北京大学燕南园里。上世纪80年代林庚从北大退休，便一直居住在这里。他在园子里种了花草，学生们从门口偶尔路过，能看到在那扇油漆有些脱落的大门里，林庚先生正静坐在藤椅上，看着花丛思索，阳光洒在他身上，他的侧影清癯而安详。

林庚（1910～2006），福建闽侯人。1928年考入清华大学物理系，后转中文系。1933年毕业留校，任朱自清的助教。1952年院系调整，改任北京大学中文系教授。他是上世纪30年代著名的现代派诗人，对古典文学特别是楚辞和唐诗的研究有极深造诣。

这些学生再也听不到林庚讲课了。

据听过课的人们回忆，林庚讲课，有时身着白衬衣，吊带西裤，有时身着丝绸长衫。他腰板挺直，始终昂着头，大多时间垂着双手，平缓地讲着，讲到会心关键处，会举起右手，辅以一个有力的手势。他从不用讲稿，偶尔看看手中卡片，但旁征博引，堂下鸦雀无声，仿佛连“停顿的片刻也显得意味深长”。

北大中文系教授张鸣还记得，一次听林庚讲“独立小桥风满袖，平林新月人归后”，讲到“风满袖”的意蕴时，他平静地、引经据典地讲着，站在写满优美板书的黑板前，静静地看着学生。张鸣忽然“感到了先生绸衫的袖子仿佛在轻轻飘动”，虽然那时教室里并没有风。

“从那时起，我才感受到了诗的魅力，那是一种静默中的召唤。”张鸣说。

林庚退休之前，中文系特意为他安排了一堂“告别课”。尽管从1933年在清华大学给朱自清当助教开始，林庚已经执教半个世纪，但他的讲课题目还是几经更换才定下，讲课内容也斟酌再三，教案足足准备了一个多月。这一课，讲的是“什么是诗”。

讲课那天，他穿一身经过精心设计的黄色衣服，配黄皮鞋，头发一丝不乱。照钱理群的说法，“美得一上台就震住了大家”。然后，他款款讲来，滔滔不绝。但是，课后当钱理群送他回家，他一进门便倒下，大病一场。

晚年，燕南园里这位坐在藤椅上的老人，已经少问世事，不接受媒体访问，淡出公众视野，甚至，连那些从他门口路过的学生，有些也已经不知道他是谁了。“功利、名望，仿佛已经完全从先生的心里消失。”张鸣说。

但老人的隐居生活却似乎自得其乐。一次，张鸣去拜访他，请教学问。两人正高谈阔论，忽然屋里响起一阵响亮的鸡叫，随后锣鼓声大响。张鸣大吃一惊，不知所措。林庚见了，在一旁得意地拍起手，哈哈大笑。原来那是儿孙们送给这位年过九旬老人的一件玩具，只要说话声音过大，就会自动发出声响。这是林庚十分喜爱的玩具。

林庚还喜欢孩子们送给他的玩偶“悟空”和“八戒”，特意挂在窗前，只要一碰，两个玩偶便手脚乱动。他还酷爱风筝，常到学校围墙外的空地放风筝。他在床头挂了一只花蝴蝶的风筝。在那只花蝴蝶的相伴下，他睡到生命的最后一刻。

1945年，林庚一家在厦门大学。

“他纯真、率真、赤诚，就像一个真正的孩子。而这是做一个大师最大的特点。”钱理群说。

这位九旬老人脸上孩子般的笑容，让为他制作遗像的照相馆师傅感到惊讶：“这么精神的老人，从来没见到过。”

隐居中的林庚，唯独在有人请他为学生讲课时绝不推辞。“对学生，对年轻人，林庚有一种超乎寻常的感情和期待。”张鸣说。

在他那间二十多年毫无

变化、简朴陈旧的客厅里，他面对来访的学生，很容易激动起来。阳光从东、南、西三面的窗户里洒进来，学生们“坐在他面前，甚至连敬仰的心都很难产生，他实在太随和，太真诚”。学生袁行霈回忆，他从不对学生耳提面命，疾言厉色，也不肯当面表扬，或者说些惯常的客套话。

北大燕南园62号的林庚寓所

学生去看望他时，他起身迎接。离开时，又总是要送出大门，说声“谢谢”。北大毕业生余杰曾撰文回忆读书时他与林庚的一次接触。林庚站在料峭的寒风中迎接他，主动与他握手，说话总带着“歉意的微笑”，告别时走出很远，回头看，他仍“站在门外望着”。

张鸣等人回忆，与林庚交谈，他从不爱提身边琐事，只谈论学问和文章。不过有时候，师生之间也会回忆起过去的北大。他还会谈到当今学术水平的下降，谈到校内草坪上盖楼是破坏了那里原来建筑的“和谐”，为完美景观的破坏感到惋惜。

“他对学生是不设防的，更是宽厚的。”张鸣说。

林庚写信给自己的弟子孙玉石，会提笔写道：“玉石兄如晤”。上世纪五六十年代，林庚的一些学生创办刊物《红楼》，被打成右派，发配外地，颠沛流离。林庚一直挂念在心，直到他90岁生日时，仍然凭记忆列出他们的名字，嘱咐张鸣，把他们务必请来见面。

林老先生讲究衣着，爱戴围巾，素来整洁。即使披一件夹克，不扣扣子，也能让人觉得“高洁”。

“他很干净。”张鸣评价说，“这种干净，是由内而外的。”

这位曾经的北平现代派诗人、后来的古典文学研究者，一生追慕的是“寒士文学”和“布衣感”。他推崇不在权贵面前低头、“贵者虽自贵，视之若尘埃。贱者虽自贱，重之若千钧”的骨气。

他的学生袁行霈至今记得先生的一句话：“人走路要昂着头，我一生都是昂着头的。”

不过，“文革”中林庚曾被选调入“两校写作小组”。这段历史，成为有人指责林庚的罪名之一。但钱理群向记者转述，在一次为一本古书做注的讨论会上，江青曾送给林庚一枝花，托他“转交夫人”。林庚不卑不亢，接过花，随手放在桌上，没有任何受宠若惊的表情。

“这起码说明林庚先生的态度。他是温和的，他不是激烈反抗型的文人，这与他的性格，一向相符。而他对政治里的事情，原本并不清楚。”钱理群说。

他认为，此前和此后，林庚与政治，再无半点瓜葛，可以作为一个证明。而林庚晚年的隐居，被钱理群看作“从根底上是自由的精神”。

“在做人上，他是成功的。”钱理群评论，“相比一些在世时被推上高位，被别人供奉的人，林庚的结局是最美的。”

“他并不显赫，社会上的人也许并不知道他是谁，然而学生却永远

林庚先生在家中。林庚一生推崇寒士、布衣精神，他自己亦极简朴。谢冕说他的家：“绝对与豪华无涉，说是清贫，也未见过分。”

铭记。”钱理群说，这是作为一个老师，可以得到的最高评价。

季羡林来庆贺林庚90寿辰。

而在北京大学的一间课堂上，曾有一名中年教师将手中的书掷在桌上，抬起头，眼睛望着屋顶，慢慢地说：“想当年，林庚先生，衣服整洁，风度翩翩地站在讲台上，那时候……”讲到这里，他有些陶醉，教室一片静默。接着，他又一低头，发出一声叹息。

林庚给他的学生留下了这样的笑容：“他抬起头，微微含笑，望着屋宇的东方，目光中有坚毅，有安详，有回忆，有思索，有自足，有憧憬。”

这样的笑容已经成为历史。2006年10月4日黄昏，林庚由保姆陪伴，又一次来到北京大学未名湖边。很快将是中秋，他有些失望地说：“怎么月亮不圆啊？”

“快了，后天就是中秋了。”保姆答道。

“好，到时候我们出来看月亮。”林庚有些高兴地说。这天晚上，他在燕南园62号的家中，永远地离开了。

延伸阅读

大学氛围不存　大学精神焉附

进入9月了，大学新学期又要开始，新生要入学。但愿他们度过当得起“大学”二字的4年。

比尔·盖茨日前发表言论，预测教育的未来，认为互联网将成为人们学习的场所，取代学院与大学。“5年之后，你将能在互联网上免费地获取世界上最好的课程，比任何一所大学提供的课程都要好。”他说。

没错，美国名校的网络公开课近来在中国年轻网民中大热。单就技术发展和知识形态演进而言，盖茨的观点值得参考。但就现实尤其是中国高校的现状来看，且慢，这分乐观尚须分析。

课程优劣先不论。把大学与课程等同起来，或者说，把大学简化为仅仅是提供课程，是一种很值得警惕的倾向。

对于这些年来各地高校跑马圈地建新校区的冲动，批评声浪不小，尤其以引用梅贻琦的大楼与大师之论最具代表性。实际上，这种圈地运动对大学真谛的伤害，还不止于此。不少高校把本科教学完全搬到新校区，也就是说，4年读下来，学生完全是在与本校传统无关的一个环境中度过的。而新校区的内在逻辑意味着，提供教学和住宿的场所，提供课程，然后完事——这就是大学了。

这就是大学吗？大学的本质之一在于交流：师生之间的交流、同学之间的交流、思想个体之间的交流、个体与城市环境之间的交流，等等。这些交流，仅以课程是远远涵盖不了的。这其实是一种弥散性的氛围。大学的魅力，很大程度上源于这种氛围。大学对人的塑造和熏陶，得益于这种氛围，常常超过得益于具体的专业课程。

以此标准衡量新校区，它们往往位于市郊，孤零零新建在划拨或低价购得的土地上，脱离本校的原有环境——对于历史渊源深厚的大学而言，老校区里有精神地标，象征着某种值得珍视的传统；即便新晋高校，大多也与周边城市环境根脉交融——个体与环境的交流，是谈不上的。并且，教师，尤其是有影响力的名师，一般不会住在新校区，有课时来，课后便走，那种人们向往的、能提供指引性和感召力的师生交流，几乎是句空话。

有媒体刚刚给我们讲了一个故事：厦门大学学生钱小敏头两年就读于漳州校区，尽管这里洋溢着现代气息，但学生们总觉得“不带劲儿”，“大学城把一部分学生孤立了，没有老师，没有师哥师姐，不能接触到丰富的社会”，甚至有教师称其为“漳州监狱”。两年后，钱小敏搬到了本部，厦门大学老校区“透着一种说不出的文化氛围和气场”，她这才醒悟，“大学校园就应该是这样的”。

上世纪90年代，北京大学曾一度把文科大一新生安排到位于郊区的昌平校区。那几年中，每届学生普遍的反映是，读了一遍“高四”，根本摸不着燕园的脉搏。如今，对于很多大学的新校区而言，学生们不啻是在读“高四”、“高五”、“高六”、“高七”——这简直就是大学求学经历的平庸化，乃至大学精神的矮化。

上4年大学，一旦被简化为上4年大学的课，大学的价值也就被抹去了大半。现实恰恰是这样：对于那么多大学的那么多新校区的那么多年轻人而言，有时我们不得不悲哀地承认，所谓心性的滋养，所谓人格的提升，奢望而已，那不过是课程流水线上的另外4年。

课程当然重要，当然是一所大学的核心竞争力所在。但必须警惕把课程与大学本身割裂开来的倾向——所谓新校区，正是这种倾向最恶劣的代表之一。务实地说，如果大学酝酿不出、积淀不下某种氛围，它根本就产生不了好的课程。

光鲜的新校区，实在是中国大学的误区。

然而类似的畸形逻辑还在继续上演。上海刚刚放出风声，正筹建纽约大学分校，预计将于2012年开始招生，据说这将开美国高校在中国设分校的先河。

“上海纽约大学”，这多像一个怪胎，它究竟是“上海大学”呢，还是“纽约大学”？重金打造硬件，再照搬课程，上海就能纽约吗——这未免把“大学”二字看扁了。

98岁钱学森驾鹤西去
60岁中科院尚须努力

10月末的中国科学界悲欣交集。30日,中国科学院开了建院60周年纪念会，国家主席致贺信。此前一天，最年长的院士贝时璋辞世。此后一天，“科学巨子”钱学森故去。

观瞻两位科学老人留给世人最后的容颜，令人怦然心动的是他们的眼睛。107岁的贝时璋和98岁的钱学森，历国运之变幻，阅人事之浮沉，观科研之拓展，一生不可谓不复杂，然而他们在个体生命行至终点时，却保有清澈的眼神。

这眼神投向传奇般的过去——民国初年新学引进的筚路蓝缕、1948年的中央研究院首届院士评选、1950~1960年代的新中国科学崛起、1970~1980年代的“科学的春天”。这眼神也投向未来——那是一个能向“钱学森问题”交出答卷的时代吧。

唯独在当下，这清澈的眼神失焦了。60岁的中国科学院，在人类科学共同体的生命中，大概只能算是青年（15岁的中国工程院，够算少年吗）。然而翩翩少年、英挺青年的姿态有几分？但见暮气沉沉更多。至于甚者，不仅少了一分年轻的意气，老年的世故、权谋、算计，统统都有。

不苛责个人，起码如今这个科学共同体，和两位前辈对不上眼。清澈眼神若逼视，能榨出西装下面藏着的“小”来吗？

“小”病有二。一曰境界低。贝、钱一辈科学家，对于国家民族兴盛之事业，念兹在兹，对于个人物化追求，看得寡淡。这样的人生，当得起“疏朗开阔”四字，也当得起“诚挚”一词。如今学者，包括不少院士，个人私心重压下，终日营营役役，实在有辱斯文。

二曰气局窄。古老中国一旦开始现代转型，便有一批智者矢志追求最尖端的科学研究，其眼界和能力都是世界性的。钱学森的传奇故事，便是明证。如今学者，同样的，包括不少院士，自怯于开创性研究，自欺于低水平重复建设，自恋于课题、评奖，广阔的科学田野活活被切割为私家耕种的一亩三分地。

作为中国科学共同体的机构形态和水准象征，科学院（包括工程院）有诸多成果，也确有巨大贡献。但对于“小”病，它显然负有不可推卸的责任。政治性的驯化，以及利益上的交叠，使得科学院越来越失掉它本来的面目，越来越像一个政府机关。

60岁的中科院迎来许多祝贺，祝它有更大的发展。这一点其实并无疑义，发展是必然的，但发展方向和发展品质便大有讨论的空间。结构性失误不除，体制性积弊不除，“小”病不除，下一个甲子的科学院，只能是越发展，越显机构臃肿、人浮于事，越呈南辕北辙、缘木求鱼。

须知：科学院不是衙门，院士不是终身制官僚。

衙门化的科学院和官僚化的院士，已经开始伤害这个机构和这一称号在社会中的美誉。作为中国科学院原学部委员、中国工程院院士，钱学森的去世又带走了几分公众对院士的敬意，又消褪了几分科学院、工程院的神圣光环。看那漫天的纪念和致敬，如果不是对中国科学界现状的嘲讽和批判，至少应该理解为对中国科学共同体的鞭策和期许。

钱学森这个名字，代表着科学家在公众中享有的荣耀，也代表着中国科学家在世界科学史上享有的荣耀。他的去世，给科学院、工程院以及堂堂院士们提出一项挑战：如何能使得这份荣耀不归于消散、不归于虚无？如何去赢得新的荣耀——既在全球科学共同体中，也在全体国民的心间？

相比钱学森，贝时璋的离去显得寂寥。于公众层面，这无可指摘——普通民众的科学认知，需要的是明星，而钱学森的传奇经历，注定了他会成为这样的明星。我们所期望的，是贝时璋的辞世在科学院里、院士圈内、整个科学共同体中，不要太过沉寂。

院士们有义务使这位前辈的去世变得重要起来，他总结自己治学80年的心得，概括为“志勇恒爱”四字，即目标远大、一往无前、百折不挠和乐此不疲，堪为科学界座右铭。中国科学院有义务使这位元老的去世变得重要起来，因为他是大陆最后一位中央研究院首批院士，1948年那场空前（或许也有绝后之憾）的院士评选，承载着一种弥足珍贵的非政治化、非利益化的科学院组织状态。

切记：科学院不是衙门，院士不是终身制官僚。

我们期待60岁的中国科学院振作起十二分的神智，努力精进。

何为中文系　中文系何为

中文系应该被认识为“母语系”。这是北京大学中文系主任陈平原教授近日访谈中透出的意思。他说：“不能将我们的中文系跟国外著名大学的东亚系比，人家是外国语言文学研究，我们是本国语言文学研究，责任、功能及效果都大不一样。”

这还说得客气。陈教授接着从中文系建设谈到了“母语教育”的问题。“怎样进行‘母语教育’，确实值得我们好好想想。‘母语教育’不仅仅是读书识字，还牵涉知识、思维、审美、文化立场等。我在大陆、台湾、香港的大学都教过书，深感大陆学生的汉语水平不尽如人意。普遍有才气，但根底不扎实，这恐怕跟我们整个教育思路有关。”

这番话可视为中文系的检讨，当然，也不妨看作对大学、教育乃至整体社会素质的批评。

提及大学，人们往往比较关注校长。这固然不错，只是有时候未免忽视了更具知识分类学意义的系主任一职。这一职位，要求对本学科的内涵、谱系、格局都有通透的了解与思考。

今年是北大中文系建系100周年。作为中国最早的中文系，“其建立标志着中国语言文学开始形成现代的独立的学科。”这样一个机构的负责人，自然应该出来坦然面对公众与社会，阐述中文系及中文学科的价值与意义。其中最核心的一点，陈平原说透了：事关母语与母国。

中文系的工作，当然涉及我们母语的传承与演化，并且，陈平原以北大中文系为例揭示了中文系其实可以有更高远的追求——除了完成教学任务，还有效地介入整个国家的思想文化建设……教师和学生不仅仅研究本专业的知识，还关注社会、人生、政治改革等现实问题，与整个国家的历史命运紧紧联系在一起。

不过，陈也相当清醒。他承认，1990年代以后，这个国家的社会科学比人文学科发展得好，影响国计民生以及政府决策的，是经济学家、法学家，而不是哲学教授、文学教授。中文系师生在社会上有一定的影响力，但更多的是体现“位卑未敢忘忧国”，有责任，有担当，力量却不太大。

过去的中学

浙江学者傅国涌对上虞白马湖畔的春晖中学思慕已久。20世纪20年代初，夏丏尊、朱自清、丰子恺、朱光潜等人曾在那里任教，留下了中国近代教育史上的一段风流。对做过乡村中学教师的傅国涌来说，那是他心向往之的地方。

2005年夏天，他终于来到这所"梦中出现过"的学校。刚刚放了暑假，校园里空荡荡的，招贴栏上墨迹犹新的是高考成绩光荣榜，文理科分数排列俨然。傅国涌猛然感到，这里已不是当年那个洋溢着创造乐趣、以求知为最终目标的春晖，而是全封闭教学、以考分决高下的春晖。他清楚，"当然这不是春晖的悲哀，普天之下莫不如此，春晖不能幸免。"他来这里只能凭吊历史："古人说物是人非，如今恐怕是物也非、人也非了。"

北京大学教授陈平原研究晚清历史，涉及到当年轰动一时的一件事。杭州一位满族妇女惠兴创办贞文女学，却因民众冷漠而面临倒闭的危险，于是她吞服鸦片自杀，希望以此唤醒大家对新教育的支持。各界为其精神所感动，募集资金，继续把这所学堂办下去，并更名为惠兴女学堂。上世纪50年代后，这所学校更名为杭州十一中学，及至90年代又改回惠兴中学的名称。

陈平原曾专门去踏访这所中学，可惜校方没能保存多少校史资料。在他看来，这样有历史、有故事的老中学，有必要认真发掘、清理自家的传统。

然而无论是春晖还是惠兴，那些只为少数学者珍视的办学传统，常常难以进入公众视野。傅国涌注意到，当下有关老大学的书籍已不少了，但有关老中学的书籍却难得一见。

这或许与人们头脑中固有的对中学的偏见有关。陈平原就曾被问到：一般我们觉得中学最主要的事情就是考上大学，关注中学的历史和文化环境，对一个人的作用有多大呢？研究中学的历史和对老中学的记忆，对我们今天有什么意义呢？

这让傅国涌感到失望。他认为，中学自身须有清楚的定位，它不是通往大学的输送带上一个机械的环节，不是大学的预备学校，不是大学生生产流水线，而是应有自己基本的独立价值。比如要让每一个学生的人格得到陶冶，知识得到训练，视野得以开拓，即使不再升学，作为一个人，他的文明素养，他对世界的认识，对社会人生的理解，也都在这个阶段初步得以成型。

面对今天的中学教育，傅国涌担忧，“一个人一旦错过了中学时光，要想再补救确实就有点晚了。”他很赞同在一次《中学人文读本》的座谈会上，历史学者雷颐的发言。雷颐说，一个人在中学阶段所读到的东西，会溶进生命，化入血液，而到了大学阶段、成年以后读的，往往只能作为知识存在。

曾有记者问傅国涌：“你心目中理想的中学应该是什么样的？”他不假思索地回答：“我理想的中学已经不需要虚构，不需要想象，它们曾经存在过了，在不太遥远的历史中，在20世纪前半叶。南开中学、北京师大附中、扬州中学、春晖中学、天津耀华中学……还有许多并不知名的中学都是我心目中理想的中学。”

“一个老师、一所中学如果不能给予学生在人格、精神上的影响，就不可能是好老师、好中学，无论其创造多高的升学率。”傅国涌笃定地说。

痛感于此，他收集老一辈知识分子的旧文新作，编了《过去的中学——人生最关键阶段的教育和学习》。书中，透过许多老辈人的回忆，人们恍然发现，不仅那些百年名校有许多可圈可点之处，就是散落在全国各地的普通中学，无论公立、私立，还是教会中学，“都一样富有特色和个性，一样卓有成效，培养出了许多民族精华”。

理想的中等教育，是全人格的教育，决非何种职业之准备

1901年成立的北京师大附中是中国最早创办的公立中学之一。从1922年始，北京高等师范学校（即北京师范大学前身）教授林砺儒兼任北京高师附中主任（即校长）长达10年。在他治下，学校率先推行六三三学制（初中高中各三年），对中国中等教育革新有开拓之功。

林校长就任附中主任的演说《我的中等教育见解》中，批驳了中学教育不过是通往大学的一道桥梁这样的谬见。他提出，“中等教育其自身就是目的，决非为将来某种专门之准备。”所以，“中等教育的任务就是引导少年人格之放射线到各方面去。例如文学的陶冶，并非要把少年立刻造成一位名家，也不是准备将来卖文讨饭，乃是要引导他的人格的活力往文学方面去。科学的陶冶也不是要养成科学家或准备做农工，乃是要引导他的人格的活力往科学方面去。艺术的陶冶也是一样的理由。……我认定理想的中等教育，是全人格的教育，决非何种职业之准备。要全人格的陶冶受得圆满，那么将来个性的分化才算是自然的。若有人问我中学毕业生做什么，我就说也不为士，也不为农，也不为工，也不为商，是为人：也可为士，也可为农，也可为工，也可为商。”

师大附中当年出了两个学生，一个陈舜瑶，一个池际尚，很好地诠释了林校长的这段话。陈的各科成绩都极出色，老师们常夸她为附中十几年中最好的学生。大家都以为她将来定能成为大科学家。谁知，抗战期间她在重庆成了周恩来的秘书，在周手下工作直到全国解放。陈舜瑶的同班同学池际尚，在学生运动中非常活跃，所有人都以为她将来会成为一个革命家，结果她后来却成了著名的地质学家。

毕业于师大附中的哲学史家、北大教授张岱年说，自己永远忘不了林校长1924年对全校学生的一次演讲。其中讲到德国哲学家康德的三大律令中，最重要的一条就是把人人都看作目的，不要看作手段，并认为

这是康德的大发现。令人感慨：校长对着全体中学生大讲康德哲学，不知该慨叹教的人水平高呢，还是听的人程度深。

师大附中《校友会会刊》当年发表纪念马克思的文章，国民党当局要抓人。林校长毅然站出来，说不能由学生负责，“是我们教师没有仔细审查稿，我们要做检查。”

张伯苓任南开中学校长，留下近代教育史上的一段佳话：陶行知在南京办的晓庄师范被封，陶本人遭通缉，被迫出国。他写信给张伯苓，希望其子陶宏能到南开中学读书。陶行知的教育思想和办校方法，与南开截然不同。但张伯苓面对陶行知的托付，欣然答应，让陶宏免费入学，丝毫不顾忌通缉之事，也不担心陶宏把晓庄的思想带到南开来。

除了有担当，老中学校长往往还有让贤的风度。茅盾回忆过自己在湖州中学求学的一段经历：一日，久未视校的校长沈谱琴突然召集全体学生讲话。沈校长说自己做校长多年，对教育却实在是外行。旋即郑重介绍与他同来的一位矮胖老人，“这位钱念劬先生，是湖州最有名望的人。钱先生曾在日本、俄国、法国、意大利、荷兰等国做外交官，通晓世界大势，学贯中西。现在钱先生回湖州来暂住，我以晚辈之礼恳请钱先生代理校长一个月，提出应兴应革的方案。”

教育家经亨颐，一生历任浙江第一师范学校、春晖中学和省立宁波四中校长。1920年创办的私立春晖中学，是他经历多年对“政府摧残教育”、“乱我清净教育界”之不满后，依其“以哲人统治之精神自谋进行”的思路办学。这所中学，寄托着经亨颐的教育梦。如今，他与夫人的墓碑仍立在校园内。

中学校长之任，曾经代表着有识之士的一种教育理想。天津耀华学校校长赵君达是哈佛大学的法学博士，回国后先为北洋大学教授，但他一直有志于基础教育。耀华学校创立后，他辞去大学教职应聘为校长，希望按自己的意图办一所完整的中小学。在许多耀华学生看来，这本身就体现了过人的胆识和理想主义。

赵校长治校极严，每天早晨都在大门口迎接师生，8点钟上课铃响过后就关校门。迟到者只好在大门外站到第一堂课后再放行。据说有一次校长自己迟到，他也坚持不让门房开门，在门外等了一个钟头。

天津沦陷后，利用耀华地处英租界的条件，赵君达接纳不能随南开大学迁往内地的南开中学的学生，使大批学生不致失学。同时，他拒绝按日伪旨意更换教科书。1938年夏，赵在早晨散步时遭暗杀。耀华师生视校长之死为以身殉职、殉国。

好校长治下的好中学，甚至能为好的大学校长奠定教育理念的基础。当过华中理工大学校长的中国科学院院士朱九思多次提及扬州中学给予他的深刻影响："我很幸运，青少年时上的中学是当时很好的一所中学——江苏省立扬州中学。当时的社会舆论是'北有南开，南有扬中'。我在扬州中学接受了6年教育。这所学校一个突出的优点，就是文理并重。……我中学时代母校的办学模式，给了我终身难忘的印象，成了我思想深处办学的一个重要榜样。"

在朱九思的记忆里，扬州中学的好，首先好在教师水平高。校长周厚枢，留学美国，在麻省理工学院取得硕士学位，"他最大的功劳就在于聘请了一批好教师，不仅从本地聘，而且从江南聘，因为江南不论在经济上还是文化上都比扬州所在的江北发达。不仅主课教师要聘好的，而且音、体、美各科教师也要聘好的。"

名报人徐铸成早年就读于无锡的江苏省立第三师范（当时此类师范学校为中学程度）。学校第一任校长顾述之规划设计了制度和办学方针，定校训为"弘毅"，取意于"士不可以不弘毅，任重而道远"。这些给徐铸成的感觉是，开阔了学生的眼界，立志于做一个于国于民有用的人。学校的各科教师，都是顾校长精心挑选的，国文教师钱基博、钱穆等人，尤为一时之选。

北京101中学的前身晋察冀边区联合中学，仅存在3年，却颇值得注意。它与解放区所办的其他培训式学校完全不同，是一所准备全国解放后同国统区中学接轨的正规中学，所以各门课程几乎都有。校长郝人初能比较自由地实行他的教育思想，没受到外来干预。他用人主要看专业水平，不拘泥于一般的"历史问题"。这种信任教师、从不干涉教学的气度，被学生称为"颇有蔡元培先生的遗风"。

当教育传达出对学生的善意、信任和关爱时，唤醒的是学生的向学之心和向善之志

朱自清曾任教于春晖中学。一次，学生王福茂写了一篇作文《可笑的朱先生》。其中写道："他是一个肥而且矮的先生……近右额的地方有个圆圆的疮疤……最可笑的，就是他每次退课的时候，总是像煞有介事的从讲台上大踏步地跨下去，走路也很有点滑稽的态度。"朱自清不以为忤，反而在这篇作文下面画了许多双圈，并在课堂上读给大家听，赞其是一个榜样，描写人让人读后如见其人。

研究过春晖中学校史的张清平评价：当教育传达出对学生的善意、信任和关爱时，唤醒的是学生的向学之心和向善之志。

北京师大附中的数学老师程廷熙，鼻子大，又有些鹰钩，学生给他起外号"程大鼻子"。学生对他的教学非常佩服，但有时也跟他开小小的玩笑。一次，某生上课前在黑板上画了程先生的侧脸像，特别突出了大鼻子。全班担心程先生进来会大发雷霆，谁知他站在讲台前，对着黑板端详了好一会儿，笑了笑，操着他那皖南口音评论道："嘴太小，鼻子太弯。"同学们哄堂大笑，紧张气氛一下子松弛了。

夏丏尊曾留学日本，先后在复旦大学任教、在暨南大学任中文系主任，并在开明书店出任过编辑所长，然而他在春晖教书时期，却对学生说："我是只配教教初中的，教高中就不胜任了。"后来朱自清应聘到春晖任教，还未到校，夏丏尊就向全班宣布："朱自清先生就要来校了。朱先生学问比我好，他来后请他担任你们二年级的课。我仍教初一年级。"

同样在春晖，训育主任匡互生初到校。晚饭时学生们照例进入食堂（教师另有食堂），却见一位身穿长衫，方脸浓眉，两眼炯炯，身材中等结实的人，进来坐下。大家都惊异地看着他。"先生，这是学生食堂。""啊！我叫匡互生，和大家第一次见面，我和同学一起吃。"他操着浓重的湖南口音说道。

让朱自清快乐的是，当时的春晖"邀集了一批气味相投的朋友执

教”。朱光潜在春晖教英文，与朱自清身材相似，性情相投，许多人以为他们是兄弟。朱光潜的第一篇美学论文《无言之美》，就是在朱自清、夏丏尊的鼓励下写成于春晖的。

陪都重庆时期，南开中学的国文老师孟志荪，毕业于金陵大学外文系，学的是西洋文学，几十年教的，却是中华文学。他那一口略带天津口音的普通话，给南开学生打下扎实的国学基础，儒、道、墨、法诸子均有所涉猎。学生回忆，听孟老师教书真是如沐春风。

南开中学从初一到高三，国文课教材均自编，孟志荪为主编者之一。当时蒋介石欣赏的王阳明，一篇也未入选，而曾国藩家书只选了一篇。时人评价，从这里可看出孟夫子没有丝毫媚骨，“在那个高压时代，这是多么难能可贵。”

当时南开还曾出过一个关于偏科的故事。其中所透露的，不仅是学生的才华，更有中学老师的风采。南开学生谢邦敏富有文学才华，但数、理、化成绩不佳。1941年毕业考试时，他物理交了白卷，但心有不甘，即兴在卷上填词一首，调寄《鹧鸪天》。物理老师魏荣爵水平之高、态度之严谨，校内有口皆碑。他评谢的卷子，也在上面赋诗一首：“卷虽白卷，词却好词。人各有志，给分六十。”于是谢邦敏顺利毕业，并考入西南联大法律系，毕业后先在北大法律系任助教，后任职法院，成绩斐然。

史学大家钱穆就读常州府中学堂时，国文老师童斐平日里庄严持重，步履不苟，同学以道学先生称之。然每逢上课，童先生便判若两人，“善诙谐，多滑稽，又兼动作，如演文明戏”。讲《史记·刺客列传》中荆轲刺秦王，他会夹着一卷地图上讲台，边讲图穷而匕首见，边翻开地图。图穷，果然有一把小刀。他拿起刀，掷向教室后面的墙壁，竟入壁而不落。然后开始绕讲台疾走，效追秦王状。

学校昆曲选修课也由童斐教导。钱穆随他学吹箫。后来，“遇孤寂，辄以箫自遣，年逾七十，此好尚存，实为生平一大乐事，则乃伯章师当年之所赐也”。

名律师张思之至今仍感念60余年前的一堂中学语文课。抗战时四川三台的国立十八中，东北大学教授傅庚生应邀来校教国文课。那堂课讲李清照的《声声慢》，诗意浓浓，阐发精微，使张思之为之迷醉，也开启了他终生对宋词的爱好。

张思之回忆，高二时的英语课，老师是英译《红楼梦》四家之一，分译了二十回。课上，他笑着告诉学生：即使是薛蟠的几句歪诗，也难译得传神。张思之仍记得这位老师低吟怀念初恋情人的诗作时的哀怨声调，“他读英文诗真有味道”。

晋察冀边区联中时，国文老师给蓝英年和同学们讲李后主的词：“帘外雨潺潺，春意阑珊。罗衾不耐五更寒。梦里不知身是客，一晌贪欢。”在当时环境下，这让学生们觉得简直不可思议。2004年，蓝英年和同学去看望这位国文老师，问他当时怎么会讲这个。他答，虽然有顾虑，但还是大胆选了，因为“你们应当知道中国文化的精华”。

衡量一所中学好不好，主要不是看它的占地面积、校舍楼房、先进仪器之类

清华大学老校长梅贻琦曾留下名言：“所谓大学者，非谓有大楼之谓也，有大师之谓也。”傅国涌套用这句话：衡量一所中学好不好，主要不是看它的占地面积、校舍楼房、先进仪器之类，而是看它能在多大程度上吸引、凝聚最优秀的老师，能在多大程度上培养出具有独立思考能力的学生，开启他们的心智。“与这些关乎到教育本身目的的指标相比，那些只能让平庸之辈、趋附之徒用来自豪、自夸甚至作为进身之阶的硬件，都将失去重量”。

曾有记者问陈平原：纵览这一百多年的历史，一所优秀的中学最珍贵的品质是什么？陈回答，一是培养学生良好的交流与对话的能力，一是形成丰富多彩又别具一格的校园文化。

他解释说，现在的中学生，不少书读得很好，但缺乏与他人沟通的能力。学生出了问题，我们常在思想道德上找原因，其实好多时候是心理障碍。健康的心理状态、良好的人际交往，还有审美以及爱与被爱的能力等这些对人生影响极深的因素，大都是在中学时代形成的。

之所以强调校园文化，因为中学是养成气质的地方。陈平原在台湾大学授课时，同事教他辨认哪些是建国中学的男生、北一中的女生，往往很准。那是台湾最有名的男校和女校。大陆其实也一样，好中学的学生，大都有一种特殊的气质，这是校园文化熏陶的结果。“不能说哪个中学或哪些风格最好，但好中学一定是有个性的。”陈平原说。

当年南开校门侧，悬一大镜，镜旁镌刻箴词曰：“面必净，发必理，衣必整，纽必结，头容正，肩容平，胸容宽，背容直；气象：勿傲，勿暴，勿怠；颜色：宜和，宜静，宜庄。”学生出入，知所儆戒。哈佛大学校长伊利奥博士（Dr. Elliot）来校参观，见南开学生仪态与在其他学校所见者不同，很好奇。张伯苓于是领他到镜旁，将箴词详加解释。

著名指挥家李德伦上世纪30年代就读于北京师大附中。他把“附中味儿”总结为附中多年来积累形成的校风，“这个校风就是浓厚的学术空气、文化气息、好学精神、文雅而富于幽默的谈吐和爱好体育健康活泼的作风，不死读书，而是生气勃勃，具有广阔的视野”。他在校运会上参加长跑比赛，最后一个跑下来，结果得了个“坚持奖”。

陈平原觉得，一个百年老校，和一所刚创立的新学堂，感觉就是不一样。这个不一样，除掉有形的建筑，更重要的是学校的风格。“所谓的‘传统’，不是三五年就能够形成的。”

傅国涌在春晖中学校内还能见到经亨颐的铜像和墓碑，在校外也还能见到夏丏尊住过的“平屋”和丰子恺住过的“小杨柳屋”，但他能触摸到的，却只是历史的记忆。

当年，夏丏尊在这里实践“爱的教育”。假日学生出门，他会殷殷地拉着叮嘱：“勿吃酒！铜钿少用些！早些回校！”

春晖最大的两间教室，是美术教室和音乐教室，丰子恺任美术、音乐老师。蔡元培在春晖的演讲中肯定和赞美了这里的“美的教育”。唱着“碧梧何荫郁，绿满庭宇，羽毛犹未丰。飞向何处？乘车戴笠，求无愧于生。清歌一曲，行色匆匆”这样的毕业歌离开校园的春晖学子，会拥有怎样的精神世界和心灵？

丰子恺第一幅公开发表的水墨漫画“人散后，一钩新月天如水”，便作于春晖任教期间。只是，他们那一辈人真散去后，意境已经不再。

俞平伯在春晖旁听了朱自清的一堂国文课，认为“学生颇有自动的意味，胜第一师范（浙江一师）及上海大学也”。其实，当年许多中学培养出来的学生，水平之高、见识之广、思力之深，在今天看来近乎“匪夷所思”。

学者散木读了1932年北京师大附中学生刊物《附中新闻》上一篇名为《剿匪》的短评，惊讶于这些中学生的见解。把它和一年后发表于大刊物《自由言论》上留美教授彭文应写的《剿民乎？剿匪乎？》相较，他觉得，几乎找不出什么差距。

胡适入上海澄衷学堂时，还叫胡洪骍。因读《天演论》，用“适者生存”的“适”，取表字“适之”，并偶用“胡适”作笔名。1910年考取留美官费时正式用胡适的名字。就这样一个中学生，读梁启超的学术思想史，缺了几个部分，失望之余，“自己忽发野心，心想我将来若能替梁任公先生补作这几章，岂不是很光荣的事业。”“这一点野心就是我后来做《中国哲学史》的种子。”

历史学家蒋廷黻回忆，他在上湖南湘潭的教会学校益智中学时，西洋史课上读过麦尔斯所著《通史》中译本后，便“认为我应该研究整个西方世界的进步情形”。念书之外，他和同学常做白日梦，其中最重要的一种是救中国。“我们幻想许多使中国富强的方法，还把工作分配好，我常任军事领袖，其他同学有的从事教育，有的从事财政，有的从事农业。”

重庆南开中学内，结社、演出、办壁报、时事辩论赛、社会名流演讲，不一而足。经济学家吴敬琏阐释了南开教育之所谓的“高贵”：“我虽然只在南开念过两年书，但南开给予我的基本训练方面的影响，却是极其深远的。除语文、数学等功课外，从逻辑思维、语言表达，‘公民’课上关于如何开会、如何选举、如何表决的训练……都使我终身受用不尽。‘高贵’，指的并不是生活上的奢侈和安逸，也不是目中无人和颐指气使，而是对德、智、体、美四育并进的高素质要求。”

“我们从当年重庆南开中学的学生回忆中，可以真切地感受到，他们在那里受到的教育，在许多方面，足以给他们一生提供精神的支撑，成为他们未来生命中一个不能缺少的支点。”傅国涌评论。

中学的历史，本身就是中国现代化进程的一个重要环节。

历史学家吕思勉曾任教于常州府中学堂，是钱穆的老师。1941年钱穆到常州拜望老师，吕思勉领他参观常州府中学堂旧址，已改为常州第五中学。吕思勉让钱穆对在校学生百余人发表演讲。钱穆告诸生，此学校四十年前一老校长，带领其四十年前一老学生，命其在此讲演，“今日此一四十年前老学生之讲辞，乃求不啻如其四十年前老校长之口中吐出。今日余之讲辞，深望在场四十年后之新学生记取，亦渴望在旁四十年之老师长教正。学校百年树人，其精神即在此。”

在后辈研究者眼中，这是对中学校史极生动的诠释。陈平原认为，中学的历史，本身就是中国现代化进程的一个重要环节，它的得失成败，是和这一百多年中国的现代化进程联系在一起的。这里所说的“中学”，既包括具体的某某中学，也包括作为整体的中学教育。

在谈到当下中学校史教育时，陈平原说：“对于大学生来说，个人的记忆和学校的历史，二者容易勾连起来。至于中学，似乎缺乏这种努力。”

而当进行这样的努力时，陈平原明确提出，要超越为了校庆募捐这种狭隘的思路。他说，不要只强调出过多少部长、院士、作家，而要挖掘有趣的故事和教育理念，比如教学方式的变革，教材的演进，师生之间的交流等，以便进一步反省今天的中学教育。

他特别提醒了两个问题。其一，关于历史记忆的有效性与局限性，谈论五十年前甚至一百年前的中学，很容易美化它，因为留下来的、能够被记忆的，大都是美好的东西。其二，著名的老中学往往对校史比较热心，只有十几二十年历史，或排名比较靠后的中学则往往不太热心。其实，历史有长短，名声有大小，任何一所中学，都有值得骄傲的过去。不外是借助“讲古”这一活动，让学生们触摸历史，了解自家的传统。任何老中学都是从年轻中学成长起来的。

谁是卢作孚？谁的卢作孚？

重庆编剧张鲁讲过一事：与人说起自己正在撰写的剧本《卢作孚》，人问，卢作孚，什么孚，是和叶挺打了一仗，输在什么桥下面那个人吗？张鲁回，你说的，是吴佩孚吧？

尴尬成双。吴佩孚在军阀标签的重压下，被脸谱化、丑化了数十年，近来稍得喘气，被人记起曾是首个登上美国《时代》周刊封面的中国人，曾有"豫民何辜"、"且先种树"这样兼具秀才文气与刚正风范的批示。卢作孚呢，没被丑化，却被遗忘和丢失，成了现代史上浅浅一道淡墨痕——哪怕他率领其民生公司完成的宜昌大撤退保存了国家命脉，被誉为"中国的敦刻尔克"，是抗战中浓墨重彩的一笔。

电视剧《卢作孚》很应该拍，至少，比清宫戏、言情片要来得有潜在价值。关键是，怎么拍。如今烽烟起：卢的长孙女、作家卢晓蓉及孙女婿、北京大学文科教授严家炎发表文章，指目前正在拍摄的电视剧《卢作孚》的剧本"被调包"，作为承包方的导演工作室，"用偷工减料、粗制滥造的导演工作台本替换了原剧本"。

卢家后人对张鲁与人合作的剧本是满意的，认为导演台本偏离了方向，伤害了对卢作孚的塑造。导演王冀邢与制片方尚未回应。

相比公众知晓度更高的历史人物，围绕卢作孚的这场争议关注者寥寥。但实际上，在可能深刻影响大众的影视传播当中，卢这样的人物以何种面目第一次出现，是个严肃而重要的话题。随着越来越多的史料被钩沉，下这样一番断语并不为过：卢作孚可以是当今很多中国人的卢作孚，可以是我们的导师和模范，他的建设理念、事业策略、人格操守，足以构成我们梳理今日中国的坐标。

问题是，子孙的卢作孚与导演的卢作孚起了冲突。从卢晓蓉、严家炎的文章看，他们对电视剧中史实和精神气质的担忧不无道理，他们向公众呈现了卢家后人的卢作孚。因此我更希望看到导演的回应，他的卢作孚是什么面目。怕的是，现在不回应，电视剧硬生生出来，伤害到那个“公众的卢作孚”。

卢作孚在世时，郭沫若提出要为他写一本传记。卢说，我自己的故事还是自己来写吧。但令人遗憾的是，他留下的文集涉猎广泛，包括抗战、社会建设、公司管理，“唯独没有说到自己。”

欢迎胡适先生回家

今天是北京大学中文系百年系庆日。作为中国建立最早（1910年3月31日）、声誉最隆的中文系，它的生日是值得好好过过的。其中非常好的一项，便是设立了“胡适人文讲座”。以胡适与北大及其中文系渊源之深，值得好好说上一句：胡先生，欢迎回家！

胡适未满而立即任北大教授，后以不惑壮年出任北大文学院院长兼中国文学系系主任，再后更被任命为北大校长。如今，胡教授、胡院长、胡主任、胡校长来祝寿，中文系面子天大。

不过胡适的面子并不是好借的。北大中文系主任陈平原表示，开设“胡适人文讲座”计划已久，但多次向国外基金会寻求资金支持未果。此次借系庆契机，得系友捐赠，设想终成。陈教授的话务实，钱是要紧处。但还想追问一句：果真没有其他障碍吗？自1954年那场由最高领袖发动的百万知识分子对胡适政治、哲学、文学、历史、教育等领域的思想展开的大批判后，胡适一度成为一个危险的符号。即便时过境迁，他也还是“令人尴尬”的。所以，北大中文系请回胡适，纵然谈不上勇气，见识也算高。

如若系主任的话无隐晦，很值得我们高兴。因为这显露了时代的进步。上世纪80年代,考古学家李济的儿子曾想用父亲的遗产设立“李济考古学奖学金”，但有领导发话：不能以一个1949年离开大陆的人的名义来设立奖学金。20世纪90年代，海内外上百位知名学者联名向清华大学呼吁为物理学家叶企孙建立铜像。叶曾是清华最重要的人物之一，但在“文革”中受累于莫须有的“特务”罪名，遭到迫害，1987年他逝世10年后才得平反。即便平了反,为他塑像之事也“不无周折”，最终铜像只能安放在偏僻教学楼空荡荡的门厅里，而不是人们希望的那样，树立在校园中心区。

如今，胡适这般堂皇地回来，好!

我们乐见北大的新气象，并且，我们可以谨慎地认为，这并非一所大学孤立的进步。去年10月，清华大学设立“梅汝璈法学讲席教授”。梅是清华校友、著名法学家，曾代表中国出任远东国际军事法庭法官，审判日本战犯。但随着1949年后中国法学学科建制的巨变，他越来越显得“不合时宜”，渐成一个空洞的符号。如今“请出”梅汝璈，清华方面并不讳言：利用社会资源，设立冠名讲席教授，吸引世界一流学者任教，是国际一流大学行之有效的经验。但无论如何，清华能想起并开始尊崇这个曾被遮蔽和遗忘的大法官，着实显出眼光。

另一方面，不管是请回胡适还是请回梅汝璈，我们都衷心地期望，这些系、学院、大学请回的不止是面子、声望和利益，而更能请回胡适们代表的精神、气质和操守。

百年庆典和历史名人，至少对于北大来说，是有不太令人满意的记忆的。1998年北大百年校庆，学生自发排演话剧《蔡元培》，但其间阻力重重，以至于此事成为一个“微妙而敏感的话题”。话剧最终得以上演，但有北大教师慨叹：“坐在办公楼礼堂，看学生演的话剧《蔡元培》。环望一下四周，该来看一看的人，大都没有来。”

在一个最应该纪念蔡元培的时刻，这所大学的主事者缺乏足够的勇气直面老校长，百年校庆也因此失色并留下遗憾，甚至是恶劣的影响。如今，至少是一个很应该纪念胡适的时刻，北大中文系的主事者拿出了足够的诚意和智慧，尝试与老系主任跨时空沟通。从这一点上说，百年系庆有了让人称道的潜质。

但仅仅是“潜质”而已。以胡适冠名的讲座，能在多大程度上承续他的人文情怀，传播他的自由理念，并参与塑造契合时代精神的中文系特质，尚需观察。

欢迎胡适先生回家。愿这是个好的开端。愿他能督促后人，清扫堂前屋后，归置家中物件，窗明几净，然后发奋办学读书。

谁为季羡林任继愈二先生撰墓志铭

假设一下，如果季羡林先生独驾鹤西去，堪为他撰写墓志铭的，大概是任继愈先生。而如果独独任先生故去，其墓志铭由长他5岁的季先生来做，也再恰切不过。然而事实是，二位先生在同一天辞世。

谁来为二老撰写墓志铭，谁能做这两篇文字？细想，无解。

最近几年，两位耄耋老者之于我们这个社会，更像是一种仪式性的存在。这一层意思，以国家总理自2003年以来5次看望季羡林先生，彰显得最为明显。

文化的传承需要仪式性。这也是为什么尽管本人或坚决请辞或淡然不应，公众还是习惯为他们戴上“国学大师”的冠冕。任何一个文明，总需要个体的可感的存在，来接续某种抽象的群集的传统。但考察这些年来社会对二老尤其是季先生的态度，则难称正常。过于虚无的尊崇，并不能增加文化老人的荣耀，也无法证明传统的活力——甚至恰恰相反，它表征着这种传统在当代是多么地缥缈、脆弱。

一个人是不是真的被其时代所理解，中国幽深的文人传统中，有一条标准可作判定：在他身后，是不是有一篇“真正”的墓志铭。远的不说，与季、任二先生都有关系的陈寅恪、胡适二先生，一位撰写了一篇世人传诵的碑铭，另一位则获得了一篇深情凝重的墓志。

陈寅恪作《王观堂先生纪念碑铭》，文中论思想自由之真谛曰：“先生以一死见其独立自由之意志，非所论于一人之恩怨，一姓之兴亡……先生之著述，或有时而不章。先生之学说，或有时而可商。惟此独立之精神，自由之思想，历千万祀，与天壤而同久，共三光而永光。”

胡适墓志由其友人毛子水撰写：“这个为学术和文化的进步，为思想和言论的自由，为民族的尊荣，为人类的幸福而苦心焦思，敝精劳神以致身死的人，现在在这里安息了。我们相信形骸终要化灭，陵谷也会变易，但现在墓中这位哲人所给予世界的光明，将永远存在。”

陈寅恪以比肩王国维的思力、学力、笔力，为王之死赋予了接续与提升中国人文传统的意义。毛子水学术分量远不及胡适，但他堪称真正的“胡适之的朋友”，他对胡适有准确的把握，有理解之同情。

那么，在如今这个寥落的时代，谁来为季、任二先生撰墓志铭？以学问论，无解。以气度论，无解。以性情论，无解。仅以理解论，还是无解——若真的理解，便不会如此喧嚣地待他们。

试答严复百年前“进士考题”

近来接二连三的拆迁导致自焚事件，已使社会契约陷入险境、社会信心陷入窘境、社会进程陷入困境。与此同时，社会价值观也陷入波动。

一言以蔽之，这是关系民生根本、社会根基的重大命题。北大五教授建言是为这一命题求解的有力尝试。随后国务院法制办召开的研讨会也释放出良性信号。如今，关键中的关键是：务在宪法框架内讨论并处置这一命题。

由此想到103年前严复所出的一道试题。晚清废除科举以后，清政府曾举办游学毕业生（海外留学后归国者）考试，“考列最优等者，给予进士出身，考列优等及中等者，给予举人出身。”1906年的此项考试，以外务部侍郎唐绍仪为总裁，严复、詹天佑等同为考官。据学者曹景行的考证，其中严复为主要出题人。

“法政”一门中，严复出的题目是：“立宪何以为优胜，其所以孜孜求达之目的为何，假中国而欲求宪法之精善治安之永久，其此时所先事宜治者为何？”

现代中国的“法政”一途，虽不平坦，但毕竟已历百年，其间积累之智慧、经验及教训，足为当下法。那么，今人来答严复这道题，能不能有不输于当年进士、举人的见识？

世易时移，中国的立宪乃至修宪，已经历完整步骤。作为人类文明业已达成的共识，“立宪之优胜及其孜孜求达之目的”，已不须作答。

严复考题如果说还有现实意义，主要在于“中国欲求宪法之精善治安之永久”这一诉求。

法学家应该有精当的回答。但普通公民如我等，其实也能提供一种基础的信念。“治安之永久”系于“宪法之精善”，而“宪法精善”的前提，在于宪法在社会实践中起到真切的作用，能够被援引，也能够被执行。一部理念上或想象中完满的宪法并不难，文字而已。但这并不能称之为“精善”。只有既维持法的理念的高度，又能与现实的社会运行相契合，并规训和匡正社会运行轨迹的宪法，才当得起“精善”二字。

宪法是纲，纲举目张。社会运行中疏见宪法的踪影，纲不能提振，如何达到“治安”的社会形态？基于此，“此时所先事宜治者”，请自重申并维护宪法的权威始。

出题人严复曾译《群己权界论》，辨析“群”（社会公域）“己”（个人私域）之间缠绕的关系。要之，个人行使自由权利的界限是不侵犯他人的自由，而个人自由是公权力不得侵犯的天然界限，公共领域的权力是为了保护私人领域的权利。

实际上，严复自己的译著就是回答其试题的参考书。只有当宪法能够真实而有效地界定群己界限，即个人权利和公权力的关系，这样的宪法才称得上“精善”，社会才有可能“治安”。

具体到眼下紧迫的社会问题，开发商、拆迁方的个人私域与被拆迁人的私域如何产生交集，各地各级政府代表的公权力又如何与上述两类私域尤其是后者产生交集，显然并未被纳入宪法框架。而既然未能在宪法层面上加以界定，其界限的混乱乃至谬误自然也就无法避免。

基于此，“此时所先事宜治者”，请自重申并维护宪法关于公民个体权利的规定始。

人类文明赖以维系的社会结构中，财产权具有决定性的价值。中国古训有恒产恒心之说，当代中国在这一领域则曾推行过过于理想主义的措施，但即便如此，关于公民财产权的宪法原则也从未被完全抹去。

考察中国自改革开放以来元气恢复、国力增长、民生飞跃的过程，始终伴随着对公民私有财产界定的日益清晰、保障的日益强化。2007年颁布的《物权法》被视为一个里程碑，意味着关于财产权的宪法原则的具体化、宪法权利的明确化。

此次北大五教授的建言，并不新鲜却非常及时有力，从法理上揭示了现行拆迁模式与宪法和物权法的抵触，并从操作层面指出了根本法律被架空的危机及其产生的危害。

如严复的诉求，一个“治安永久”的社会，必定要对财产权作出恰当的安排。如此，人心才能安定，社会运行才能稳定，发展路径才能确定。基于此，“此时所先事宜治者”，请自重申并维护宪法及物权法关于公民私有财产的规定始。

后记

对抗断裂、遮蔽与遗忘

《民国那些人》出版后，得到很多读者的厚爱，几年中我听到不少温暖的话，谢谢大家。借此次再版的机会，增加了一些“钩沉”之后写的文章，涉及严复、胡适、卢作孚、季羡林、任继愈、钱学森等人物，探讨了科学院、大学、中文系等话题。另一方面，我也可以梳理一下几年前写作“钩沉”专栏的思绪，与诸君分享。

一

陆陆续续写了七八十位老先生，既然是报纸专栏，篇幅和文体都是受限的，一期只有一千五六百字，并且记者客观写作的标准不能忽略。从技术上说，这就需要一种文体意识。冰点强调特稿写作，写人物，一定不是写其小传，而应取其特出一点。所以钩沉的这些人，每个人都够分量进行专题研究，我的短文的任务，只是向不知道他们名字的读者提出这些名字，以对抗遗忘；或者向知道他们名字，但存有固定偏见的读者呈现他们身上更多元的面貌，以对抗遮蔽。

我们面临的情况并不乐观。我举三个人，三个时期，来说明对抗的难度。上世纪80年代初，李济留给其子李光谟一笔遗产，李光谟提出设立李济考古奖学金。有领导发话：不能以一个1949年离开大陆的人的名义来设立奖学金。1992年海内外上百位知名学者联名呼吁清华为叶企孙树立铜像，其间过程，清华教授曾昭奋以“不无周折”形容之。最后虽在1995年落成，却偏置新区三教简陋的门厅里，而不是像许多人想象那样，树立在校园中心区。

2002年，雷海宗诞辰100周年，南开举行了隆重的纪念活动。有人观察，现在的纪念者大多也是当年历史的亲历者，但读他们的回忆文章，还是感觉有些史实较为晦涩，不提也罢。

知识谱系和历史意识的断裂，大概是我们今天终于可以面对，却又常常不得不欲言又止的一个领域。有一个极好的例子，王小亭，代表着缺一半的抗战影像、抗战摄影史。我为了写他，所经历的采访过程很能说明问题。

曹聚仁，像一个中间坐标，标出了一种深刻的断裂。他1950年到香港后的第一篇文章便引发巨大争议。后来，他一方面在台湾岛内被视为毒蛇猛兽，著作被列为禁书，另一方面则在大陆也遭漠视遗忘。

杨荫榆、陈西滢，记录在“正史”上的，是被鲁迅批评过的几个名字，我写他们，不是为了“翻案”，而是认同一个观点：文字中的和历史上的一个个人物，不应只是一个个名词符号，他们各自的履历、面目、性情，应该更清晰。

张申府，坦率地说，这是极专门的个人史，进入起来有难度，我主要依据的是舒衡哲的《张申府回忆录》。那种历史感太奇妙了，几乎能看到一只手的形象，在拼贴断裂掉的历史。所以忍不住，写了上下两篇，这是唯一的一个人。现在，我愿意再次引用舒衡哲用来指导其访谈工作的历史哲学：“历史学家是回忆的医生，医治创伤、医治真正的创伤是他的光荣……历史学家应该在道德压力之下行动起来，去恢复一个民族的记忆。”

关于司徒雷登，传教士是一个有些尴尬的研究领域，过犹不及。但司徒雷登无疑是大大不及的。当然，我只能写一些于史有据的故事。

专栏叫钩沉，冯友兰、潘光旦这样的人物，其实算不得“沉”。冯被尊为国学泰斗，学术史地位没有任何问题，但他早年的两篇雄文，西南联大致函抗辩教育部，以及西南联大纪念碑碑文，放在今天实在很有参照意味。潘光旦对于公众似乎也不算太陌生，但他的教育观，对教育的忏悔，放在今天看看，如何?

写金岳霖，我拟的标题是“断裂的逻辑”，见报时被改为“发展的逻辑”，收进书里改回了原题。实际上这里面很有一番意味。金岳霖自己其实是在努力建立起一种发展的逻辑，但旁人不认同，而视之为一种断裂。访英期间，他试图对牛津大学的哲学教师解释自己何以转变成一个马克思主义者，但听讲的大部分教师都觉得这样的论证“太简单了一些”。今天的研究者也觉得，作为曾经“最倔强的个人主义的哲学家”，他后来的转变很难理解，缺乏合理的逻辑过程。这种转变，其实又是一个时代知识分子的普遍选择。

二

写冯友兰，开篇一句：曾有那么一个年代，大学教授们矜持而有尊严。其实不光是教授，当时广义的知识分子群体，大概都呈现出这样的面貌。思考和写作的过程中，常会反观当下，毕竟，客观环境、主观心态都不同了。但我觉得恐怕也不能太强调环境，客观主观间，何为因何为果还是一个复杂的问题。

我新闻路上的导师杜涌涛概括钩沉，风骨风趣风雅，这是从写作呈现的人物面目来说。究其精神实质，还得说，底子上都有一个“士”字守着。士的风骨是核心，这样一种风骨没了，风趣会降调，风雅会流俗。

丁西林是个妙人，但游戏文字之外，后人常忽略其名剧《妙峰山》的题辞，“献给国立北京大学，并纪念蔡孑民先生。在他的直接领导之下，我替国家社会服务近二十年，从未厌倦。”好一派严肃与庄重！

说到知识分子的骨气，不能不提叶企孙。在他生命中最晦暗的日子里，被逼“交代”为什么会被国民政府选中担任中央研究院总干事时，他仍坦然且不无自傲地回答：“据吾推测……是因为吾对于各门科学略知门径，且对于学者间的纠纷尚能公平处理，使能各展所长。”

更典型的应该是刘文典和黄侃。刘文典与蒋介石之间的纠葛，“大学不是衙门”、“蒋介石一介武夫耳，其奈我何”两句，几乎已成经典。黄侃探望居正和章太炎的旧事，套用一句俗语，真乃雪中送炭而非锦上添花。他临终前，“昏卧喃喃若梦呓，多涉学术语”，也为后人勾勒出一番献身学术的风骨。

很多朋友对钩沉中有趣的人物和故事印象颇深。在我看，说有趣，不如说情怀。包括学人的情怀、科学家的人文情怀。当今的问题是，情怀少了。

我写了不少学人情趣，但也有无趣的，同样打动人。徐中舒和朋友下棋，可以一两个小时不说一句话。我采访他的孙子，他孙子下一断语：寡然无味。我以为这四字相当妙。现在好多教授，恐怕是太“有味”了点儿。说句不恭敬的话，太世故，甚至“过度社会化”。

三

我大致概括了一下，钩沉出来的先生们，有一部分能归纳出三个人物序列。

第一是大学校长，陆续写了十数位。回望起来，不由叹一声：“一校之长，今安在？”旧时某人出任校长，惯称“长校”。这一说法，现在已不怎么用了。说“掌校”，大约还能明白。但“掌校”真能替代“长校”吗？一校之长，恐不是一“掌”字所能表达透彻的。

这里有两位北大校长、三位清华校长、一位南开校长、三位复旦校长、两位中大校长、一位辅仁校长、一位南洋校长和一位台大校长。大部分学校今日还在，依旧得享盛名。掌校的，也都有教授头衔，甚至“副部”官位。只是，学校风气和校长风采，局促得紧，模糊得紧。若较真，用一句“长校”，难。

要振作当年精神，担子全落在今天这些校长身上，不太公平。但要说是全然事不关己（行政、体制、时代……托辞多了去了），那未免太没出息。

清华内部曾有过一种权威提法：清华有两个传统，一个是以梅贻琦为代表的买办传统，一个是以蒋南翔为代表的革命传统。蒋是圣人，梅是敌人。但随着近年来对梅评价的转变，大楼大师的说法已经被用滥了。可是，梅传统真的回归了吗？蒋传统真的有足够的辨析吗？

作为贡献巨大的北大校长，直到今天，在官方的北大校史上，蒋梦麟的位置依旧相当尴尬。于他个人，这算是被遗忘。于北大，是被遮蔽。究其原因，恐怕主要还是政治断裂。

另一个人物序列是近代以来各学科在中国的奠基人，他们很大程度上为我们框定了知识系统，但多数姓名不彰。这是极端不正常的，意味着一种可悲的断裂。如考古学之李济，现代语言学之赵元任，物理学之叶企孙、吴大猷，其中叶更堪称近代中国科学事业的奠基人之一，从目前逐渐完善的研究看，这个定位是没有任何问题的。还有地质学之丁文江，经济学之何廉，社会学之陶孟和，乃至基督教神学之赵紫宸。

还写了一位法学家，梅汝璈。中国的法学在学术史和学科建制上比较特殊，1949年后有一次彻底断裂。梅是整个一代法学专业人士、一代法学信念的缩影。今天有很多文章，写许多法学家，大致都是这样。

梅汝璈的儿子告诉我，现在家里还留着父亲当年抄写俄文单词的小本，苏联法学教材上，还有父亲留下的铅笔批注。梅当时努力按照中国共产党对“旧知识分子”改造的要求，虔诚学习俄语及苏联法系，试图不被形势甩下。

学科史有断裂的，不光法学，还有社会学。因为政治上不正确，法学是被改造，社会学干脆就取消了。所以我写陶孟和，一个学者，连安身立命的专业都保不住，那种内心的痛苦。

历史的吊诡是，从上世纪90年代后期开始，法学接替经济学成为显学，后来社会学也渐成显学。然而观近十余年知识界风气之迁移，更像是断裂后的重生，而非承续中的进化。

社会学因为有一个费孝通，有所承续。但费先生自己是明白的，比如他回忆潘光旦，回忆曾昭抡。

第三个可以形成人物序列的，我称之为“前辈们”。我想写出一种媒体包括出版的品质，我们曾经达到过并且守住了什么样的品质，像大公报、商务印书馆。

1926年大公报重新出版，张季鸾撰写本社同人旨趣，提出著名的不党、不卖、不私、不盲“四不方针”。谢泳说，中国近世新闻传统本有两个，一个大公报，一个新华日报。两个传统，我们留了一个。

再往前回溯，社会和观念的现代转型过程中，以新闻而论，我们的起点其实并不算低。从黄远生开始，到邵飘萍的《京报》、林白水的《社会日报》，他们的社会敏感、传播胆略，乃至采访技巧、文体意识，都值得我们今天重视。

我现在做编辑，回过头去看当时写的孙伏园，很有意思。他编副刊的约稿催稿艺术，真是到了一定境界，甚至关系到阿Q的生死。

说到出版，商务印书馆的张元济和王云五，两岸评价几乎完全相反，盖因其后来选择的政治道路不同。张元济留在大陆，1949年9月，毛泽东邀他同游天坛。王云五做了国民政府的部长、行政院副院长，1948年新华社发布43名国民党战犯的名单，其中包括王云五，还有顾维钧。1949年后第一次全国出版会议上，王被定性为反动分子。直到今天，大概依然属于基本上不被提及的人物。

四

再聊聊写作中的感受吧。可能说起来空疏，但于我确有真实感受，就是对时代和人物的心理感应。不敢妄言神交，但带着一种敬意和同情之想象，确有助于把握那些人物。

进入一种历史情景的能力，会对这样的写作有帮助。钩沉第三篇，写清华老校长周诒春，当时我翻阅了不少资料，也采访了他的后人，但始终感觉不足。于是在一个傍晚专程去了清华，就在水木清华那一片闲逛——诶，感觉顿时出来了。

写顾维钧时，我在北大图书馆看到《顾维钧回忆录》的亲身感受，为写作贯注了某种很奇妙的感觉。

钩沉中不少老先生和西南联大有关。联大纪念碑，北大校园里有一座，好像是从云南运来相同石料复制的。原碑在昆明，现在的云南师范大学的一角，是西南联大旧址。2004年12月，写钩沉期间，我曾去凭吊过一次。感觉很肃穆，在碑前请路过学生给我照相，回来一看，不光表情，整个人的身体都发紧，手贴裤缝，完全是军训做派——说来也怪。

通过采访来激活历史人物和历史场景，能获得几乎是任何史料都不能提供的素材。写王芸生，最震撼的细节是鼻血和白纸，都是通过采访王的儿子王芝琛获知的。“文革”中，王家的卫生间，40多年从未间断的日记，好几大箱，烧了。汗和泪，滴在日记本上，然后是大滴大滴的鼻血，不停地淌下来。后来王芸生违心批判大公报，弥留之际，手里拿着一张白纸，嘴里喃喃地说：“寄给他（指张季鸾），寄给他，我的白卷……”

1941年8月19日大公报发表的《我们在割稻子》，是中国报界抗战期间最出色的社评之一。王芝琛听父亲说过酝酿情况。重庆大轰炸，王芸生去看病入膏肓的张季鸾。王一直叹气，苦于民众情绪沉闷，不能总空言安慰国人。突然间，本来极度虚弱的张季鸾拥被而起，说，就写我们在割稻子，有了粮食，就能战斗。次日，成文。这是两人之间的高度默契。18天后，张季鸾即去世。给我讲这些时，王芝琛因为放疗，疲惫地躺在床上。讲到张季鸾拥被而起，他突然也拥被而起，眼放光芒。当时我就有一种奇妙的感觉，难道这就是历史，如此惊人地相似？

2006年2月王芝琛病逝。我正在出差，错过了他的追悼会。安息，王先生。

对于散见各处的逸事趣闻，存在一个是否采信的问题。因为是报纸专栏，我以非虚构写作严格要求自己。如赵元任，我会先写“有一则轶闻，难断真假，但颇可见赵氏当年的风光”，接着才写香港国语留声片的故事。刘文典，我会先写学生敢和他开善意的玩笑，因而留下许多逸闻趣话，“尽管学生们大多是道听途说而无法举出实证，但这些‘段子’却令人信服地广泛流传着”，接下来才写躲警报时他和陈寅恪、沈从文的故事。至于黄侃，标题干脆就叫“斯文的传说与真实”。先写史实，黄侃到北京探望被软禁的章太炎，“这段史实，被演绎出一段真假难辨的传闻”，接下来才写换厨子的故事。

五

最后想说说卢作孚这篇。原来的题目叫“毕生建设”，更能体现我自己的写作思路。从文章作法说，写宜昌大撤退更吸引人，我也看了大量的资料。但这篇是钩沉系列中比较特殊的一篇，我想写两种历史观在中国的命运。卢作孚的儿子概括父亲一生的核心是，培养建设的力量。早年，同为少年中国学会会员的卢和恽代英约定：卢搞建设，当时已加入中共的恽搞革命，双方将来要“殊途同归”。但你会发现，这绝无可能。卢本人即被革命吞噬，1952年三反五反运动中自杀。卢的孙女卢晓蓉这样解释：祖父一向看得远，他也许已经预见到未来几十年中建设的力量根本就没有用武之地，他又能奈何呢。

所以，今天我们通过各种各样的努力来对抗断裂、遮蔽和遗忘，其实就是在培养一些建设的力量。

图书在版编目（CIP）数据

民国风度 / 徐百柯著. —北京：九州出版社，
2011.9（2020.9重印）
ISBN 978-7-5108-1139-5

Ⅰ. ①民… Ⅱ. ①徐… Ⅲ. ①文化－名人－生平事迹－中国－民国 Ⅳ. ①K825.4

中国版本图书馆CIP数据核字（2011）第185184号

民国风度

作　　者　徐百柯　著
出版发行　九州出版社
地　　址　北京市西城区阜外大街甲35号（100037）
发行电话　（010）68992190/3/5/6
网　　址　www.jiuzhoupress.com
电子信箱　jiuzhou@jiuzhoupress.com
印　　刷　河北鹏润印刷有限公司
开　　本　700毫米×1000毫米　16开
印　　张　21.75
字　　数　250千字
版　　次　2011年10月第1版
印　　次　2020年9月第9次印刷
书　　号　ISBN 978-7-5108-1139-5
定　　价　29.80元